여러분의 합격을 응원하는
해커스공무원의 특별 혜택

FREE 공무원 경제학 특강

해커스공무원(gosi.Hackers.com) 접속 후 로그인 ▶ 상단의 [무료강좌] 클릭하여 이용

해커스공무원 온라인 단과강의 **20% 할인쿠폰**

3D82CD9A54D93BEH

해커스공무원(gosi.Hackers.com) 접속 후 로그인 ▶ 상단의 [나의 강의실] 클릭 ▶
좌측의 [쿠폰등록] 클릭 ▶ 위 쿠폰번호 입력 후 이용

* 등록 후 7일간 사용 가능(ID당 1회에 한해 등록 가능)

합격예측 온라인 모의고사 응시권 + 해설강의 수강권

485BD96BF3249UFH

해커스공무원(gosi.Hackers.com) 접속 후 로그인 ▶ 상단의 [니의 강의실] 클릭 ▶
좌측의 [쿠폰등록] 클릭 ▶ 위 쿠폰번호 입력 후 이용

* ID당 1회에 한해 등록 가능

쿠폰 이용 관련 문의 **1588-4055**

한 번에 합격!
해커스 감정평가사 합격 시스템

강사력
업계 최고수준
강사진

교재
해커스=교재
절대공식

관리시스템
해커스만의
1:1 관리

취약 부분 즉시 해결!
선생님 질문게시판

언제 어디서나 공부!
PC&모바일 수강 서비스

해커스만의
단기합격 커리큘럼

초밀착 학습관리
& 1:1 성적관리

해커스 합격생들의 생생한 후기!

작년에 타사 수강해서 떨어졌는데,
해커스의 우수한 강사진 덕분에
올해는 합격하게 되었습니다.

- 1차 합격생 한*철 -

해커스가 가장 유명하기도 하였고
수업의 퀄리티가 타학원들과 비교하여
남다르다고 생각했습니다.

- 1차 합격생 이*현 -

해커스
서호성
경제학원론 핵심포인트

머리말

안녕하세요. 서호성입니다.

벌써 경제학 강의를 한 지 10년이 넘는 시간이 흘렀습니다. 경제학 강의를 하면서 가장 느끼는 것은 수험생 여러분들이 경제학을 너무 어렵게 생각한다는 것입니다. 여기서 한번 생각해볼 것은 우리의 목표가 시험점수를 획득하는 것인가? 아니면 경제학을 학자가 되기 위해 공부하는 것인가 하는 것입니다. 물론 우리는 각자의 이유로 높은 점수를 얻기 위해 공부하는 것이기 때문에 그에 맞는 공부를 해야 한다고 생각합니다.

수험 경제학을 가르치는 저의 목표는 두 가지입니다.
첫째, 어렵다는 경제학의 고정관념을 깨뜨리고 싶다.
둘째, 너무 고차원적인 지식보다는 시험과 바로 연결되는 수험에 적합한 강의를 하고 싶다.
이 두 가지 목표에 도달하기 위해 해커스 경제학원론 교재 시리즈를 집필하게 되었습니다.
기본이론 – 기출문제집 – 핵심요약집으로 구성되는 시리즈의 마지막인 본 교재의 특징은 다음과 같습니다.

1. 핵심요약 정리

객관식 시험에 필요한 기본적 지식들을 순서대로 나열하였습니다. 요약정리를 통해 기본적인 내용을 숙지하고 스스로의 시험준비를 돌아볼 수 있도록 노력했습니다. 아주 핵심적인 부분만을 수록하였기에 반드시 모두 시험 전에 이해가 되어 있어야 할 것입니다.

2. 빈출되는 주제 관련 O/X

정리가 끝난 후 본문에는 객관식 경제학에 자주 출제되는 기본내용을 O/X로 수록하였습니다. 시험의 영역은 객관식 경제학에 해당하는 7급 공무원, 노무사, 감정평가사, 공인회계사, 보험계리사에서 나온 부분들 중 필수적으로 겹치는 부분을 중심으로 수록하였습니다. 하나하나 꼭 기억해야 하는 내용이니 옳은 것은 그대로, 틀린 선지는 고친 후 자신이 모르는 부분을 다시 한 번 정리하시길 바랍니다.

3. 계산문제를 담았습니다.

O/X문제는 일반적으로 지문을 이해하는 문제가 많지만 객관식 경제학에서는 계산문제도 출제되기 때문에 매우 필수적인 계산문제를 O/X로 수록하였습니다. 물론 두 번째 시리즈인 기출문제집에서 문제를 푸는 방식을 정확히 공부를 하셨겠지만, 다시 한 번 반드시 나오는 계산 관련 포인트들을 숙지하면 좋은 결과를 얻을 수 있을 것이라고 생각합니다.

경제학을 가르치는 사람으로서 가장 행복한 순간은 수험생 여러분들이 스스로 어렵다고 생각했던 경제학을 저와 함께 학습하면서 합격의 전략 과목으로 발상 전환이 되었다고 말씀해주실 때입니다. 저와 여러분들이 함께 노력한다면 경제학은 여러분의 통과점에 지나지 않을 것이라고 단언하여 말씀드리겠습니다.

여러분의 봄날은 얼마 남지 않았습니다. 조금만 더 힘내주세요.

이 책을 출간하면서 많은 도움을 주신 해커스 출판사 관계자분들에게 감사드리고 이 책을 통해 여러분이 반드시 합격하시길 기원합니다.

해커스 연구실에서 서호성

목차

제1장 | 경제학의 기초, 시장가격의 결정과 변동

Topic 1. 경제기초와 생산가능곡선 — 8
Topic 2. 시장가격의 결정과 변동 — 12
Topic 3. 수요의 가격탄력성, 수요의 소득탄력성, 수요의 교차탄력성, 공급의 가격탄력성 — 16

제2장 | 소비자이론

Topic 4. 한계효용이론 — 26
Topic 5. 무차별곡선이론(1) – 기본이론 — 29
Topic 6. 무차별곡선이론(2) – 사회보장제도, 2기간 모형, 여가-소득모형 — 39
Topic 7. 현시선호이론, 기대효용이론 — 45

제3장 | 생산자이론

Topic 8. 생산자이론(1) – 생산함수 — 52
Topic 9. 생산자이론(2) – 비용함수 — 58

제4장 | 시장이론

Topic 10. 완전경쟁시장 — 68
Topic 11. 독점시장 — 74
Topic 12. 독점적 경쟁시장 — 81
Topic 13. 과점시장 — 84

제5장 | 생산요소시장과 시장실패

Topic 14. 생산요소시장과 소득분배 — 94
Topic 15. 조세 — 103
Topic 16. 후생경제학과 외부성 — 109
Topic 17. 공공재와 정보의 비대칭성 — 118

제6장 | 국민소득결정이론

Topic 18. GDP — 126
Topic 19. 국민소득 결정이론 — 131
Topic 20. 소비이론 — 138
Topic 21. 투자이론 — 143

제7장 | 화폐금융론

Topic 22. 본원통화와 화폐공급 150
Topic 23. 화폐수요 155

제8장 | 총수요공급

Topic 24. IS-LM 모형 166
Topic 25. 총수요-총공급 모형 175
Topic 26. 물가 186
Topic 27. 실업과 필립스곡선 191

제9장 | 경기변동과 경기안정화정책

Topic 28. 경기변동 202
Topic 29. 경제성장론 212

제10장 | 무역이론

Topic 30. 무역이론 224
Topic 31. 자유무역과 보호무역 232

제11장 | 환율과 국제수지

Topic 32. 환율 240
Topic 33. 국제수지 247

해커스 감정평가사
ca.Hackers.com

해커스 공무원
gosi.Hackers.com

해커스 서호성 경제학원론 핵심포인트

제1장

경제학의 기초, 시장가격의 결정과 변동

Topic 1 경제기초와 생산가능곡선
Topic 2 시장가격의 결정과 변동
Topic 3 수요의 가격탄력성,
　　　　수요의 소득탄력성,
　　　　수요의 교차탄력성,
　　　　공급의 가격탄력성

제1장 경제학의 기초, 시장가격의 결정과 변동

Topic 1 경제기초와 생산가능곡선

[핵심정리]

경제활동	생산, 소비, 분배
자원의 희소성	절대량이 아닌 상대량
기회비용	① **명시적 비용 + 암묵적 비용** ② **합리적 선택**: 기회비용 최소화
생산가능곡선	생산가능곡선이란 한 사회의 모든 생산요소를 가장 효율적으로 사용하여 최대로 생산 가능한 두 재화(X재, Y재)의 조합을 나타내는 곡선이다.
한계변화율	X재 생산의 기회비용이며, $MRT_{XY} = -\dfrac{\Delta Y}{\Delta X} = \dfrac{MC_X}{MC_Y}$ 이다.

[핵심정리 O/X]

01 가계는 주어진 예산제약을 벗어나 효용극대화를 추구한다. (O, X)

02 운송, 보관도 부가가치를 창출하는 것으로 생산이다. (O, X)

03 식당에서 쌀을 구입하는 것은 소비에 해당한다. (O, X)

04 생산물시장은 재화와 서비스를 거래하는 시장이다. (O, X)

05 생산요소시장의 수요자는 가계, 공급자는 기업이다. (O, X)

06 자원의 희소성은 욕구와 자원 중 욕구가 많다는 절대량의 비교에서 정해진다. (O, X)

정답 및 해설

01 X 주어진 예산제약 하에서 효용극대화를 추구한다. 예산을 벗어나면 소비가 불가능하기 때문이다.
02 O
03 X 식당에서 쌀을 구입하는 것은 중간재를 구매한 것이므로 생산의 과정에 해당한다.
04 O
05 X 생산요소시장의 수요자는 기업이고, 공급자는 가계이다.
06 X 자원의 희소성은 절대량이 아닌 상대량을 의미한다.

07 자유재와 경제재의 구분은 시대와 장소에 따라 달라질 수 있다. (O, X)

08 외국에 설립된 공장을 국내로 옮길 것을 고민하는 문제는 생산요소의 결합과 관련된 경제문제를 의미한다. (O, X)

09 기업의 이윤을 주주에게 배당할 것인지, 아니면 직원들에게 성과급으로 지급할지의 문제는 형평성이 중시되는 경제문제이다. (O, X)

10 기회비용은 선택 시 포기한 가치 중에서 가장 큰 것을 의미한다. (O, X)

11 암묵적 비용은 시간의 기회비용을 포함한다. (O, X)

12 합리적 선택 시 매몰비용을 고려하면 안 된다. (O, X)

13 기회비용은 어떤 선택을 함에 따라 포기해야 하는 여러 대안들 중에 가치가 가장 큰 것이다. (O, X)

14 생산이 증가할수록 기회비용이 체감하는 경우에는 두 재화의 생산가능곡선이 원점에 대해 볼록한 형태이다. (O, X)

15 모든 고정비용은 매몰비용이다. (O, X)

16 동일한 수입이 기대되는 경우, 기회비용이 가장 작은 대안을 선택하는 것이 합리적이다. (O, X)

정답 및 해설

07 O
08 O
09 O
10 O
11 O
12 O
13 O
14 O
15 X 기계설비는 재판매가 가능한 경우가 있으므로 모든 고정비용이 매몰비용인 것은 아니다.
16 O

17 통근시간과 임대료가 다음과 같은 경우 K의 최적 선택은 D를 선택하는 것이다. (단, K의 통근 1시간당 기회 비용은 1만원이다.) (O, X)

거주 아파트	월별 통근시간 (단위: 시간)	월별 임대료 (단위: 만원)
A	10	150
B	15	135
C	20	125
D	30	120

18 사회주의체제는 보이는 손을 중시한다. (O, X)

19 신자유주의는 정부개입의 축소와 시장의 자율성 확대를 주장한다. (O, X)

20 생산가능곡선 위의 점은 모두 효율적인 생산을 의미한다. (O, X)

21 기술개발을 통해 생산가능곡선의 확장이 가능하다. (O, X)

22 생산가능곡선이 원점에 대하여 오목하다는 것은 기회비용이 체증함을 의미한다. (O, X)

23 X재 생산의 기회비용이 일정한 경우 MRT_{XY}도 일정하다. (O, X)

24 원점에 대해 오목한 형태의 생산가능곡선에서 생산점이 생산가능곡선상에서 우하방으로 이동하면 상대적으로 Y재 생산의 한계비용이 낮아진다. (O, X)

25 생산가능곡선이 원점에 대하여 볼록하다면 이는 재화생산의 기회비용이 체감함을 의미한다. (O, X)

정답 및 해설

17 X 통근시간 1시간의 기회비용이 1만원이므로 통근시간의 기회비용과 임대료를 합한 총비용은 A 아파트 160만원, B 아파트 150만원, C 아파트 145만원, D 아파트 150만원이다. 그러므로 직장인 K는 총비용이 가장 낮은 C 아파트를 선택할 것이다.

18 O
19 O
20 O
21 O
22 O
23 O
24 O
25 O

26 생산에 있어 규모의 경제가 발생하면 생산가능곡선은 원점에 대하여 볼록한 형태이다. (O, ×)

27 생산가능곡선이 원점에 대해 오목한 것은 생산의 전문화에 따른 이득이 발생하기 때문이다. (O, ×)

28 소비자들의 선호의 변화는 생산가능곡선의 기울기 변화요인이다. (O, ×)

29 기회비용이 일정하다면 생산가능곡선이 우하향하는 직선이므로 한계변화율이 일정하다. (O, ×)

30 종합주가지수, 물가상승률, 경제성장률은 모두 유량지수이다. (O, ×)

정답 및 해설

26 O

27 × 전문화에 따른 이득이 발생하는 것은 생산가능곡선이 원점에 대하여 볼록하기 때문이다.

28 × 생산가능곡선의 생산점 조합의 변화 요인이다.

29 O

30 × 종합주가지수는 저량, 물가상승률, 경제성장률은 유량지수이다.

Topic 2 시장가격의 결정과 변동

[핵심정리]

시장 수요 or 공급곡선	개별 수요곡선을 수평으로 합하여 도출 → Q로 바꾼 뒤 더함
수요량 or 공급량의 변동	해당 상품의 가격변화 → 곡선상의 점 이동
수요의 변동요인	소득수준, 선호도, 다른 상품의 가격, 인구수, 광고, 미래에 대한 기대 등
공급의 변동요인	생산요소의 가격, 기술 혁신, 미래에 대한 기대, 공급자 수 등
수요와 공급이 둘다 변할 때	1) 수요와 공급이 동시에 증가: 균형거래량 증가, 가격 알 수 없음 2) 수요증가, 공급감소: 균형거래량 알 수 없음, 가격 상승 3) 수요감소, 공급증가: 균형거래량 알 수 없음, 가격 하락 4) 수요감소, 공급감소: 균형거래량 감소, 가격 알 수 없음
소비자잉여와 생산자잉여	소비자잉여 = 지불할 용의가 있는 금액 – 실제 지불한 금액 생산자잉여 = 실제로 받은 금액 – 최소한 받아야 할 금액
최고가격제	가격 상한선, 소비자보호, 초과수요발생, 암시장 발생가능 예 최고이자율제도
최저가격제	가격 하한선, 생산자보호, 초과공급발생, 암시장 발생가능 예 최저임금제

[핵심정리 O/X]

01 수요와 공급은 모두 일정기간을 측정하는 유량에 해당한다. (O, X)

02 시장수요곡선은 개별 수요곡선들의 수직 합이다. (O, X)

03 P = 100 − 4Q의 수요함수를 가진 사람이 2명이라면 시장 수요함수는 P = 200 − 8Q가 된다. (O, X)

04 상품의 가격과 수요량 사이에 정(正)의 관계가 성립하며, 이를 수요의 법칙이라 한다. (O, X)

05 A재의 수요함수가 $Q_A = 0.8 - 0.4 P_A - 0.3 P_B + 0.25 I$ 라면 A재는 B재화와의 관계가 대체재이다. (O, X)

06 A재의 수요함수가 $Q_A = 0.8 - 0.4 P_A - 0.3 P_B + 0.25 I$ 라면 A재는 정상재이다. (O, X)

정답 및 해설

01 O

02 X 수평합이다.

03 X 제시된 수요함수는 $Q = 25 - \frac{1}{4}P$이므로 2명이라면 P = 100 − 2Q가 된다.

04 X 수요의 법칙은 가격과 수요량이 반비례한다는 것을 말한다.

05 X B재화의 가격이 상승할수록 A재의 수요량이 감소하므로 두 재화의 관계는 보완재이다.

06 O

07 어떤 재화의 가격이 올랐을 때, 대체재의 수요는 감소하고 보완재의 수요는 증가한다. (O, X)

08 양의 네트워크 효과는 편승효과이다. (O, X)

09 음의 네트워크 효과는 베블렌 효과이다. (O, X)

10 네트워크 효과가 있는 경우 시장수요곡선은 개별수요곡선의 수평합이다. (O, X)

11 우하향하는 수요곡선의 높이는 한계편익이다. (O, X)

12 공급은 실제 공급량이 아니라 팔고자 하는 의향을 의미한다. (O, X)

13 재화가격의 상승이 예상되면 공급은 감소한다. (O, X)

14 X재와 Y재가 동일한 생산라인에서 생산될 수 있다면 두재화는 생산면에서 대체관계에 있다. (O, X)

15 X재가 Y재 생산의 부산물이라면 X재와 Y재는 생산면에서 보완관계에 있다. (O, X)

16 수요와 공급이 일치하는 시장균형상태는 안정적 상태이다. (O, X)

17 시장균형가격보다 높은 수준에서 가격이 형성되면 초과공급이 발생한다. (O, X)

18 수요가 증가하고 공급이 감소하면 균형가격은 상승한다. (O, X)

19 재화 A와 B의 관계는 보완재이다. 재화 A에 대하여 조세가 부과되고, 재화 B에는 보조금이 지급되었다면 재화 B의 균형가격과 거래량 모두 증가한다. (O, X)

정답 및 해설

07 X 대체재의 수요가 증가하고 보완재의 수요가 감소한다.

08 O

09 X 음의 네트워크 효과는 스놉효과이다.

10 X 네트워크 효과가 있는 경우 타인의 영향을 받으므로 시장수요곡선은 개별수요곡선의 수평합보다 더 크게 증가한다.

11 O

12 O

13 O

14 O

15 O

16 O

17 O

18 O

19 X A재의 조세부과로 A재의 가격이 상승하여 보완재인 B재의 수요가 감소한다. 또한 보조금 지급으로 인해 B재의 공급은 증가한다. 따라서 B재의 가격은 상승하나 거래량은 정확한 양이 주어지지 않았으므로 알 수 없다.

20 어느 재화에 대한 수요가 증가했지만 공급곡선은 변화하지 않을 경우, 소비자잉여는 증가한다.
(O, ×)

21 공급이 감소하여 가격이 상승한 경우 소비자잉여는 감소한다. (O, ×)

22 수요가 증가하여 가격이 상승한 경우 소비자잉여는 감소한다. (O, ×)

23 소비자잉여를 늘리는 정책은 자원배분의 효율성도 제고한다. (O, ×)

24 정부에 의한 가격통제가 효력을 발휘하기 위해서 가격 상한 (price ceiling)은 균형가격보다 낮아야 하고 가격하한(price floor)은 높아야 한다. (O, ×)

25 가격상한제를 실시할 경우 초과공급이 발생한다. (O, ×)

26 가격상한은 판매자가 부과할 수 있는 최소가격을 의미한다. (O, ×)

27 X재의 수요함수는 Q = 10 − P이다. 가격이 4원인 경우 소비자 잉여는 9이다. (O, ×)

28 사적 재화 X재의 개별수요함수가 P = 7 − q인 소비자가 10명이 있고, 개별공급함수가 P = 2 + q인 공급자가 15명 있다. X재 생산의 기술진보 이후 모든 공급자의 단위당 생산비가 1만큼 하락하는 경우, 새로운 시장균형가격은 3이다. (단, P는 가격, q는 수량이다.) (O, ×)

29 갑(甲)국의 온라인 배송서비스 시장은 우상향하는 공급곡선과 우하향하는 수요곡선이 일치하는 지점에서 균형가격과 균형거래량이 결정된다. 코로나19 상황으로 갑(甲)국의 온라인 배송서비스에 대한 수요와 공급이 모두 증가하였다. 코로나19 상황이 온라인 배송서비스 시장의 균형가격과 균형거래량은 모두 증가한다. (O, ×)

정답 및 해설

20 × 공급곡선이 수직인 경우는 수요가 증가하더라도 소비자잉여는 변화가 없다.

21 O

22 × 수요가 증가하여 가격이 상승한 경우 가격과 거래량이 모두 증가했으므로 소비자잉여는 증가한다.

23 × 최고가격제의 경우에 소비자잉여가 늘어날 수 있으나 반드시 자원배분의 효율성이 높아지는 것은 아닙니다.

24 O

25 × 가격 상한제는 최고가격제이므로 초과수요가 발생한다.

26 × 최대가격을 의미한다.

27 × 가격 P = 4일 때 수요량 Q = 6이다. 이때 소비자잉여는 $18(=\frac{1}{2} \times 6 \times 6)$로 계산된다.

28 × 1) 개별 수요함수는 q = 7 − P이다. 이런 소비자가 10명 있으므로 Q = 10(7 − P) = 70 − 10P이다.
2) 개별 공급함수는 P = 2 + q이다. 생산비가 1만큼 하락하였으므로 P = 1 + q이다. 이를 변형하면 q = −1 + P이다. 이런 기업이 15명 있으므로 Q = 15(−1 + P) = −15 + 15P이다.
3) 70 − 10P = −15 + 15P ⇨ 25P = 85 ⇨ P = 3.4, Q = 36이다.

29 × 수요와 공급이 둘 다 증가하면 가격은 알 수 없으나 거래량은 증가한다.

30	소비자잉여는 실제로 지불한 금액이 지불할 용의가 있는 최대금액을 초과하는 부분이다. (O, X)
31	소비자잉여는 소비자가 재화의 소비에서 얻는 편익의 총합과 같다. (O, X)
32	고정비용이 없는 장기에 생산자잉여는 기업의 이윤과 같다. (O, X)
33	네트워크 효과가 있는 경우 시장수요곡선은 개별수요곡선의 수평합이다. (O, X)
34	상품 소비자의 수가 증가함에 따라 그 상품수요가 증가하는 효과를 속물효과(snob effect)라고 한다. (O, X)
35	甲국에서 X재에 대한 국내 수요곡선과 국내 공급곡선은 다음과 같다.

- 국내 수요곡선: $Q_D = 16 - P$
- 국내 공급곡선: $Q_S = 2P - 8$

甲국 정부가 X재의 최고가격을 $P = 7$로 설정하는 정책을 실시할 때 甲국의 사회후생은 6만큼 증가한다. (단, Q_D는 국내 수요량, Q_S는 국내 공급량, P_X는 X재 가격이다.) (O, X) |

정답 및 해설

30 × 소비자잉여는 최대로 지불할 금액에서 시장가격을 뺀 금액의 합이다.

31 × 소비자잉여는 소비자가 재화의 소비에서 얻는 순편익의 총합과 같다.

32 O

33 × 네트워크 효과가 있는 경우 타인의 영향을 받으므로 시장수요곡선은 개별수요곡선의 수평합보다 더 크게 증가한다.

34 × 상품 소비자의 수가 증가함에 따라 그 상품수요가 증가하는 효과를 밴드웨건효과라고 한다. 속물효과(snob effect)는 타인과 다른 소비를 추구하는 것이다.

35 × 1) 주어진 조건으로 균형을 구하면 $16 - P = 2P - 8$ ➔ $3P = 24$ ➔ $P = 8$, $Q = 8$이다.
2) 최고가격제를 실시하면($P = 7$) 거래량이 6으로 감소하고 이때 수요가격은 10이다.
3) 따라서 후생손실은 $2 \times 3 \times \dfrac{1}{2}$ = 3만큼 감소한다.
4) 그래프

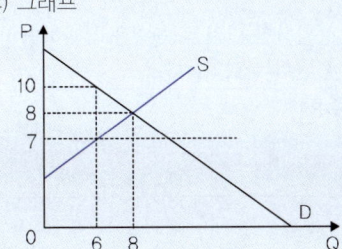

Topic 3 수요의 가격탄력성, 수요의 소득탄력성, 수요의 교차탄력성, 공급의 가격탄력성

[핵심정리]

탄력성	1) A의 B탄력성 ⇨ A는 결과, B는 원인 2) $\dfrac{\|결과의\ 변화율(\%)\|}{\|원인의\ 변화율(\%)\|}$ 3) 일반적으로 그래프의 기울기가 완만하면 탄력적, 급하면 비탄력적이다.
수요의 가격탄력성 구하기	1) 점탄력성 $= \lim\limits_{\Delta P \to 0} \left\| -\dfrac{\dfrac{dQ}{Q}}{\dfrac{dP}{P}} \right\| = \left\| -\dfrac{dQ}{dP} \right\| \cdot \dfrac{P}{Q}$ 2) 선형 수요곡선의 탄력성 (그래프: P축 A점, B점(P⁰), C점(Q축), 분모/분자 표시)
수요의 가격탄력성 결정요인	1) 대체재가 많을수록 탄력적 2) 소득에서 차지하는 지출 비중이 클수록 탄력적 3) 사치품 탄력적, 필수품 비탄력적 4) 측정기간이 길수록 탄력적
수요의 가격탄력성과 판매수입	1) 탄력적이면 가격을 내리면 판매수입 증가, 올리면 판매수입 감소 2) 비탄력적이면 가격을 올리면 판매수입 증가, 내리면 판매수입 감소
수요의 소득탄력성	1) $\dfrac{\|수요량의\ 변화율(\%)\|}{\|소득의\ 변화율(\%)\|}$ 2) +이면 정상재, −이면 열등재 3) 정상재 중 1보다 크면 사치재, 0~1 사이이면 필수재
수요의 교차탄력성	1) $\dfrac{\|Y재\ 수요량의\ 변화율(\%)\|}{\|X재\ 가격의\ 변화율(\%)\|}$ 2) +이면 대체재, −이면 보완재
공급의 가격탄력성 구하기	1) 점탄력성 $= \lim\limits_{\Delta P \to 0} \left\| \dfrac{\dfrac{dQ}{Q}}{\dfrac{dP}{P}} \right\| = \left\| \dfrac{dQ}{dP} \right\| \cdot \dfrac{P}{Q}$ 2) **선형 공급곡선의 탄력성**: P축을 통과하면 탄력적, Q축을 통과하면 비탄력적, 원점을 통과하면 기울기와 관계없이 단위 탄력적이다.
공급의 가격탄력성 결정요인	1) 저장이 쉽고, 저장 비용이 적을수록 2) 생산 기간이 짧을수록 3) 공산품 탄력적, 농산물 비탄력적

[핵심정리 O/X]

01 탄력성은 원인과 결과의 관계를 표현하며 결과가 클 경우 탄력적이라고 한다. (O, X)

02 반도체 회사가 최근 반도체 가격을 8% 올렸더니 그 제품의 판매량이 3% 감소할 때 공급의 가격탄력성이 비탄력적이다. (O, X)

03 수요곡선상의 두 점의 거리가 가까워질수록 점탄력성과 호탄력성의 차는 커진다. (O, X)

04 다음은 소매시장의 오리고기 수요곡선과 공급곡선이다. $P_b = 7$, $P_c = 3$, $P_d = 5$, Y = 2라고 할 때, 시장균형점에서 오리고기에 대한 수요의 가격탄력성은 6이다. (O, X)

- 수요곡선: $Q_d = 105 - 30p - 20P_c + 5P_b - 5Y$
- 공급곡선: $Q_s = 5 - 10p - 3P_d$

(단, p는 소매시장 오리고기 가격, P_b는 쇠고기 가격, P_c는 닭고기 가격, P_d는 도매시장 오리고기 가격, Y는 소득이다.)

05 수요곡선의 식이 $Q_d = \dfrac{21}{P}$ 일 때, 이 재화의 수요의 가격탄력성은 1이다. (O, X)

06 수요의 가격탄력성이 0이면, 가격변화에 아주 둔감한 경우이다. (O, X)

07 서로 기울기가 다른 선형 수요곡선의 경우 기울기가 완만할수록 탄력적이다. (O, X)

08 우하향하는 직선의 형태의 수요곡선에서의 중점의 수요의 가격탄력성은 1이다. (O, X)

정답 및 해설

01 O

02 X 판매량과 관련되어 있으므로 수요의 가격 탄력성에 대한 설명이다.

03 X 거리가 아주 가까워지면 점탄력성이 된다. 따라서 점탄력성과 호탄력성의 차이는 작아진다.

04 O
1) 문제에 주어진 수치를 대입하면 수요함수 $Q_d = 70 - 30P$, 공급함수 $Q_s = -10 + 10P$이다.
2) 이를 연립해서 풀면 70 - 30P = -10 + 10P, P = 2이다. 균형가격 P = 2를 수요함수 혹은 공급함수에 대입하면 균형거래량 Q = 10이다.
3) 수요함수를 P에 대해 미분하면 $\dfrac{dQ}{dP} = -30$이므로 수요의 가격탄력성은 6으로 계산된다.

$$\varepsilon = -\dfrac{dQ}{dP} \times \dfrac{P}{Q} = 30 \times \dfrac{2}{10} = 6$$

05 O

06 O

07 O

08 O

09 수요곡선의 임의의 점에서 수요의 가격탄력성은 수요곡선 기울기의 역수로 계산된다. (O, X)

10 우하향하는 직선의 수요곡선상에 위치한 두 점에서 수요의 가격탄력성은 동일하다. (O, X)

11 대체재를 쉽게 찾을 수 있을수록 수요의 가격탄력성은 작아진다. (O, X)

12 동일한 수요곡선상에서 가격이 높을수록 수요의 가격탄력성은 항상 커진다. (O, X)

13 수요의 가격탄력성은 수요곡선상의 어느 점에서 출발하더라도 값이 같다. (O, X)

14 수요곡선이 수직선일 때 모든 점에서 수요의 가격탄력성은 '0'이다. (O, X)

15 수요함수가 Q = 90 − P일 때, P = 80일 경우 수요의 가격탄력성은 $\frac{1}{8}$ 이다. (단, Q는 수량, P는 가격이며, 수요의 가격탄력성은 절댓값으로 표시한다.) (O, X)

16 수요의 가격탄력성이 1보다 작은 경우, 가격이 하락하면 총수입은 증가한다. (O, X)

17 소비자 전체 지출에서 차지하는 비중이 큰 상품일수록, 수요의 가격탄력성은 작아진다. (O, X)

18 좋은 대체재가 많을수록, 수요의 가격탄력성은 작아진다. (O, X)

19 사치재가 필수재보다 더 수요의 가격탄력성이 탄력적이다. (O, X)

20 가격이 올랐을 때 시간이 경과될수록 적응이 되기 때문에 수요의 가격탄력성이 작아진다. (O, X)

정답 및 해설

09 X 수요곡선의 임의의 점에서 수요의 가격탄력성은 수요곡선 기울기의 역수 × $\frac{P}{Q}$ 로 계산된다.

10 X 직선의 수요곡선인 경우 수요의 가격탄력성은 점마다 다르다.

11 X 대체재를 쉽게 찾을 수 있을수록 수요의 가격탄력성은 커진다.

12 X 우하향하는 직선형태의 동일한 수요곡선상에서 가격이 높을수록 수요의 가격탄력성은 항상 커진다. 그러나 수직인 형태인 경우에는 성립하지 않는다.

13 X 변화율이므로 처음 값이 무엇인가에 따라 달라진다.

14 O

15 X 1) $\varepsilon = -\frac{dQ}{dP} \times \frac{P}{Q} = 1 \times \frac{P}{90-P}$

2) 위의 식에 P = 80을 대입하면 수요의 가격탄력성은 8로 계산된다.

16 X 비탄력적인 경우는 가격이 하락하면 총수입은 감소한다.

17 X 소비자 전체 지출에서 차지하는 비중이 큰 상품일수록, 수요의 가격탄력성은 커진다.

18 X 좋은 대체재가 많을수록, 수요의 가격탄력성은 커진다.

19 O

20 X 가격이 올랐을 때 시간이 경과될수록 적응이 되기 때문에 수요의 가격탄력성이 커진다.

21	직선인 수요곡선 상에서 수요량이 많아질수록, 수요의 가격탄력성은 작아진다. (O, X)
22	수요곡선의 기울기가 −2인 직선일 경우 수요곡선의 위 어느 점에서나 가격탄력성이 동일하다. (O, X)
23	X재의 가격이 5% 인상되자 Y재 수요가 10% 상승했다면 수요의 교차탄력성은 2이고 두 재화는 대체재이다. (O, X)
24	어느 재화의 가격이 상승하였을 때 그 재화에 대한 지출액이 변화하지 않았다면 그 재화에 대한 수요의 가격탄력성은 0이다. (O, X)
25	수요의 가격탄력성은 단기보다 장기가 탄력적이다. (O, X)
26	수요의 가격탄력성이 1보다 클 때, 기업은 가격인상전략을 펼쳐야 한다. (O, X)
27	수요의 가격탄력성이 '1'이면 가격변화에 따른 판매총액은 증가한다. (O, X)
28	수요의 가격탄력성이 1일 때, 기업의 가격전략은 유효하다. (O, X)
29	주유소에 갈 때마다 휘발유 가격에 상관없이 매번 일정 금액만큼 주유한다면 수요의 가격탄력성은 1이다. (O, X)
30	우하향하는 직선인 수요곡선의 경우, 수요곡선의 중점에서 판매수입이 극대화된다. (O, X)
31	재화가 기펜재라면 수요의 소득탄력성은 양(+)의 값을 갖는다. (O, X)
32	수요의 가격탄력성이 탄력적이라면 가격인하는 총수입을 증가시키는 좋은 전략이 아니다. (O, X)

정답 및 해설

21 O
22 X 선형 수요곡선의 수요의 가격탄력성은 점마다 다르다.
23 O
24 X 지출액이 변화하지 않은 것은 일정금액을 소비할 것이므로 수요의 가격탄력성은 1이다.
25 O
26 X 수요의 가격탄력성이 탄력적이면 가격을 인하해야 판매수입이 증가한다.
27 X 수요의 가격탄력성이 '1'이면 가격변화에 따른 판매총액은 변화가 없다.
28 X 가격전략으로는 판매수입이 일치하므로 의미 없다.
29 O
30 O
31 X 기펜재는 열등재이므로 수요의 소득탄력성은 음(−)이다.
32 X 수요의 가격탄력성이 탄력적인 경우 가격을 인하하면 가격하락률 < 수요량의 증가율이므로 판매수입이 증가한다.

33 수요의 탄력성이 클수록 소비자잉여도 크다. (O, ×)

34 공급의 탄력성이 클수록 소비자잉여도 크다. (O, ×)

35 소득이 5% 증가하였을 때 한 재화에 대한 수요가 10% 증가하였다면 그 재화는 필수재이다. (O, ×)

36 수요의 소득탄력성이 양의 값(+)인 재화는 사치재이다. (O, ×)

37 수요의 소득탄력성이 비탄력적인 재화는 열등재이다. (O, ×)

38 대부분의 열등재는 기펜재이다. (O, ×)

39 소득탄력성은 소득의 변화 대비 수요의 변화를 의미하므로 공급 측면은 고려되지 않는다. (O, ×)

40 어떤 사람이 소득 수준에 상관없이 소득의 절반을 식료품 구입에 사용한다면 수요의 소득탄력성은 $\frac{1}{2}$이다. (O, ×)

41 정상재와 열등재의 구분은 수요의 법칙의 성립여부와 관련이 있다. (O, ×)

42 교차탄력성은 한 재화의 가격변화에 대해 다른 재화가 어떻게 변하는가와 관련이 있다. (O, ×)

43 두 재화가 서로 대체재의 관계에 있다면 수요의 교차탄력성은 음(-)의 값을 갖는다. (O, ×)

44 재화 X의 가격이 증가하였을 때 재화 Y에 대한 수요의 교차탄력성이 음수라면 재화 Y는 재화 X의 대체재이다. (O, ×)

정답 및 해설

33 × 수요의 탄력성이 클수록 소비자잉여는 작아진다.
34 × 공급의 탄력성과 소비자잉여는 관계가 없다.
35 × 수요의 소득탄력성이 탄력적이므로 사치재이다.
36 × +이면서 1보다 커야 사치재이다.
37 × 수요의 소득탄력성은 부호가 중요하다. 비탄력적이더라도 +이면 정상재이다.
38 × 기펜재는 열등재 중에서 특이하게 수요법칙의 예외인 재화이다. 따라서 대부분의 열등재가 해당하는 것은 아니다.
39 O
40 × $\frac{dX}{dM} \cdot \frac{M}{X} = \frac{1}{2P_X} \cdot \frac{M}{\frac{M}{2P_X}} = 1$
41 × 정상재와 열등재를 구분하는 기준은 소득의 변동에 대한 수요량의 변동에 있다.
42 O
43 × 대체재의 수요의 교차탄력성은 +이다.
44 × 교차탄력성이 +이면 대체재, -이면 보완재이다.

45 보완재는 함께 사용했을 때 효용이 높아지는 재화이므로, 한 재화의 가격이 오르면 다른 재화의 수요는 증가한다. (O, X)

46 완전경쟁시장에서 수요곡선과 공급곡선이 다음과 같을 때 시장균형에서 공급의 가격탄력성은 2이다. (단, P는 가격, Q는 수량이다.) (O, X)

- 수요곡선: $P = 7 - 0.5Q$
- 공급곡선: $P = 2 + 2Q$

47 공급의 가격탄력성은 생산기간이 길수록 탄력적이다. (O, X)
48 공급의 가격탄력성은 장기보다 단기에 더 탄력적이다. (O, X)
49 생산요소의 조달에 변화를 주기 쉬울수록 공급의 가격탄력성은 탄력적이다. (O, X)
50 다음 그래프에서 공급의 가격탄력성은 C > B > A의 순이다. (O, X)

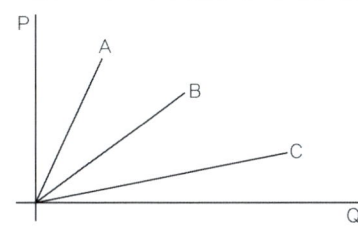

51 공급곡선이 가격축 절편이 양(+)의 값을 갖는 경우에는 공급의 가격탄력성이 언제나 1보다 작다. (O, X)

정답 및 해설

45 X 보완재의 가격이 증가하면 같이 소비하기가 어려워지므로 수요는 감소한다.

46 X 1) 수요함수와 공급함수를 연립해서 풀면 $7 - \frac{1}{2}Q = 2 + 2Q$, $\frac{5}{2}Q = 5$이므로 균형거래량 Q = 2이다.

    2) 이를 수요곡선(혹은 공급곡선) 식에 대입하면 균형가격 P = 6으로 계산된다.

    3) 공급함수를 Q에 대해 미분하면 $\frac{dP}{dQ} = 2$이므로 시장균형에서 공급의 가격탄력성
    $\eta = \frac{dQ}{dP} \times \frac{P}{Q} = \frac{1}{2} \times \frac{6}{2} = 1.5$이다.

47 X 생산기간이 길면 가격변화에 공급량이 반등하기가 어려우므로 비탄력적이 된다.
48 X 장기가 되면 모든 탄력성은 탄력적이다.
49 O
50 X 원점을 지나는 선형 공급곡선인 경우 기울기와 관계없이 동일하다.
51 X 공급곡선이 가격축 절편이 양(+)의 값을 갖는 경우에는 공급의 가격탄력성이 언제나 1보다 크다.

52 우상향 직선의 공급곡선 Y축 절편이 0보다 크면 가격탄력성은 무조건 1보다 크다. (O, X)

53 '풍년의 비극'이 발생하게 된 원인은 수요와 공급의 가격탄력성이 모두 비탄력적이기 때문이다. (O, X)

54 X재의 수요함수가 $Q_X = 200 - 0.5P_X + 0.4P_Y + 0.3M$이다. P_X는 100, P_Y는 50, M은 100일 때, Y재 가격에 대한 X재 수요의 교차탄력성은 0.4이다. (단, Q_X는 X재 수요량, P_X는 X재 가격, P_Y는 Y재 가격, M은 소득이다.) (O, X)

55 상품의 저장에 드는 비용이 클수록 공급의 가격탄력성은 작아진다. (O, X)

56 공급곡선이 원점을 지나고 우상향하는 직선형태일 경우, 공급의 가격탄력성은 항상 1이다. (O, X)

57 최저임금제의 실효성은 노동수요의 임금탄력성이 비탄력적일 때 성립한다. (O, X)

58 X재 시장에 소비자는 甲과 乙만이 존재하고, X재에 대한 甲과 乙의 개별 수요함수가 각각 $Q_D = 10 - 2P$, $Q_D = 15 - 3P$이다. X재의 가격이 2.5일 때, 시장 수요의 가격탄력성은 2이다. (단, Q_D는 수요량, P는 가격이고, 수요의 가격탄력성은 절댓값으로 표시한다.) (O, X)

정답 및 해설

52 O

53 O

54 X
1) $P_X = 100$, $P_Y = 50$, M = 100을 X재 수요함수에 대입하면 $Q_X = 200$이다.
2) X재 수요함수를 P_Y로 미분하면 $\frac{dQ_X}{dP_Y} = 0.4$이므로
3) X재 수요의 Y재 가격에 대한 교차탄력성은 $\varepsilon_{XY} = \frac{dQ_X}{dP_Y} \times \frac{P_Y}{Q_X} = 0.4 \times \frac{50}{200} = 0.1$이다.

55 O

56 O

57 O

58 X
1) 탄력성 공식은 $\frac{\triangle Q}{\triangle P} \cdot \frac{P}{Q}$이다.
2) 시장수요는 Q의 합이므로, $Q_{시장} = 25 - 5P$이다.
3) 이를 대입하면 $-5 \times \frac{2.5}{12.5} = -1$이다. 수요의 가격탄력성은 절댓값으로 표시하므로 1이다.

59 K시네마가 극장 입장료를 5에서 9로 인상하였더니 매출액이 1,500에서 1,800으로 증가하였다. 중간점공식(호탄력도)을 이용하여 수요의 가격탄력성은 0.8이다. (단, 소수점 셋째자리에서 반올림)

(O, X)

60 수요곡선이 $Q = 5/P$인 경우, 수요의 가격탄력성(절댓값)은 수요곡선상 모든 점에서 항상 1이다.

(O, X)

61 X재의 수요곡선이 Q = 10 − 2P일 때, 수요의 가격탄력성이 1이 되는 가격은 5이다. (단, Q는 수요량, P는 가격)

(O, X)

62 상품 A의 수요함수가 $Q = 4P^{-2}Y^{0.4}$일 때, 소득이 2% 감소하면 수요량은 0.4% 감소한다. (단, Q는 수요량, P는 가격, Y는 소득이다.)

(O, X)

정답 및 해설

59 X 1) 수요의 가격탄력성 호탄력성 공식은 $-\frac{\triangle Q}{\triangle P} \cdot \frac{P_1 + P_2}{Q_1 + Q_2}$이다.

2) 매출액은 P×Q이므로 가격이 5일 때 Q=300이고 가격이 9일 때 Q=200이다.

3) $-\frac{\triangle 100}{\triangle 4} \cdot \frac{14}{500} = \frac{14}{20} = 0.70$이다.

60 O

61 X 1) 수요의 가격탄력성 $= -\frac{\triangle Q}{\triangle P} \times \frac{P}{Q}$

2) $2 \times \frac{P}{10 - 2P} = 1$ → P = 2.5

62 X 수요의 소득탄력성을 구하면 $\frac{\triangle Q}{\triangle M} \times \frac{M}{Q} = 1.6P^{-2}Y^{-0.6} \times \frac{Y}{4P^{-2}Y^{0.4}} = 0.4$이다. 소득이 2% 감소하면 수요량은 0.8% 감소한다.

해커스 감정평가사
ca.Hackers.com

해커스 공무원
gosi.Hackers.com

해커스 서호성 경제학원론 핵심포인트

제2장

소비자이론

Topic 4 한계효용이론
Topic 5 무차별곡선이론(1) - 기본이론
Topic 6 무차별곡선이론(2) - 사회보장제도,
         2기간 모형, 여가-소득모형
Topic 7 현시선호이론, 기대효용이론

제2장 소비자이론

Topic 4　한계효용이론

[핵심정리]

총효용	1) 일정기간 동안 얻을 수 있는 주관적인 만족도의 총량 2) 총효용 = 한계효용의 합
한계효용	1) 소비량 1단위 증가할 때 변화하는 총효용의 증가분 2) 한계효용 = $\dfrac{\triangle TU}{\triangle Q}$ (Q는 소비량) 3) 한계효용이 양의 값(+)이면 총효용 증가, 한계효용이 음의 값(-)이면 총효용 감소
한계효용체감의 법칙	다른 재화의 소비량이 고정된 상태에서 한 상품의 소비량이 지속적으로 증가하면 그 상품의 한계효용이 점차 감소한다.
한계효용균등의 법칙	1) $\dfrac{MU_X}{P_X} = \dfrac{MU_Y}{P_Y}$ 2) 소득제약조건하 X재 1원어치의 한계효용과 Y재 1원어치의 한계효용이 균등하도록 구입량을 결정하면 최대만족을 얻게 된다.

[핵심정리 O/X]

01　한계효용은 기수적 측정이 가능하다는 점을 가정한다.　　　　　　　　　　　　　(O, X)

02　소비가 한 단위 증가할 때 추가로 증가하는 효용을 총효용이라 한다.　　　　　　(O, X)

03　음의 한계효용도 존재한다.　　　　　　　　　　　　　　　　　　　　　　　　(O, X)

04　한계효용이 0이라는 것은 총효용의 증가분이 0이라는 것이고 이는 총효용이 최대에 이르렀음을 의미한다.　　　　　　　　　　　　　　　　　　　　　　　　　　　　　　　　　(O, X)

정답 및 해설

01　O
02　X　한계효용에 대한 설명이다.
03　O
04　O

05 재화소비량이 일정단위를 넘어서면 한계효용이 감소하는데 이를 한계효용 체감의 법칙(Law of Diminishing Utility)이라고 한다. (O, X)

06 한계효용이 체감하면 반드시 총효용도 체감한다. (O, X)

07 총효용이 증가했다는 것은 한계효용이 증가했음을 의미한다. (O, X)

08 한계효용체감의 법칙이 성립하는 구간에서 총효용은 증가할 수도 있고 감소할 수도 있다. (O, X)

09 물의 가격이 다이아몬드 가격보다 낮은 것은 물의 한계효용이 다이아몬드의 한계효용보다 낮기 때문이다. (O, X)

10 주어진 소득 전부를 X재와 Y재 구입에 지출하고 있다고 해서 효용이 극대화된 상태라는 보장은 없다. (O, X)

11 한계효용이 음수가 아닌 이상 재화소비량이 증가할수록 총효용은 계속적으로 증가한다. (O, X)

12 가격이 총효용이 아닌 한계효용에 의해 결정되는 것을 가치의 역설이라고 한다. (O, X)

13 소비자는 가격에 관계없이 효용이 큰 상품을 구매한다. (O, X)

14 X재 1원어치의 한계효용과 Y재 1원어치의 한계효용이 같아지도록 소비하는 것이 합리적 소비이다. (O, X)

15 X재 1원어치에 대한 한계효용이 Y재 1원어치에 대한 한계효용보다 클 때, X재를 더 구매하면 효용이 증가할 것이다. (O, X)

정답 및 해설

05 O
06 X 한계효용이 체감한다고 해도 +라면 총효용은 증가한다.
07 X 한계효용의 합이 총효용이다. 총효용이 증가했다는 것은 한계효용의 감소 여부와 관계없이 한계효용이 +임을 의미한다.
08 O
09 O
10 O
11 O
12 O
13 X 1원어치당 효용을 고려하여 결정한다.
14 O
15 O

16 다음 표는 수정과와 떡 두 가지 재화만을 소비하는 어떤 소비자의 한계효용을 나타낸 것이다.

수량	한계효용	
	수정과	떡
1	10,000	18,000
2	8,000	12,000
3	6,000	6,000
4	4,000	3,000
5	2,000	1,000
6	1,000	600

이 소비자가 14,000원의 소득으로 효용극대화를 달성하였을 때 소비자잉여는 24,000원이다. (단, 수정과의 가격은 개당 1,000원이고 떡의 가격은 개당 3,000원이다.) (단위: 개, 원) (O, ×)

정답 및 해설

16 ×　1) 효용극대화 원리는 1원당 한계효용이 같아지도록 소비$\left(\dfrac{MU_X}{P_X} = \dfrac{MU_Y}{P_Y}\right)$하는 것이다.
　　　2) 지금 떡의 가격이 3배이므로 떡의 한계효용도 3배여야 한다. 한편 예산제약 하에서 소비해야 하므로 결국 수정과 5개, 떡 3개를 소비해야 한다.
　　　3) 소비자잉여(= 순편익)는 총효용(= 총편익)에서 구매금액인 총비용을 뺀 값이므로
　　　　① 수정과: 10,000 + 8,000 + 6,000 + 4,000 + 2,000 − 5 × 1,000 = 25,000
　　　　② 떡: 18,000 + 12,000 + 6,000 − 3 × 3,000 = 27,000
　　　따라서 총 소비자잉여는 52,000원이다.

Topic 5 무차별곡선이론(1) – 기본이론

[핵심정리]

무차별곡선의 의미	소비자에게 동일한 수준의 효용을 주는 X재와 Y재의 조합을 연결한 선
무차별곡선의 성질	1) 일반적으로 우하향의 곡선 2) 원점에서 멀어질수록 더 높은 효용 수준을 가짐 3) 서로 교차할 수 없음 4) 원점에 대해 볼록하다. 한계대체율이 체감함을 의미함
한계대체율	1) 동일한 효용수준에서 X재 한 단위를 위해 포기하는 Y재 양 2) $MRS_{XY} = -\dfrac{\triangle Y}{\triangle X} = \dfrac{MU_X}{MU_Y}$
예산선	1) 주어진 소득 또는 예산을 전부 사용해서 구입할 수 있는 상품의 여러 가지 조합을 나타내는 직선 2) Px * X + Py * Y = M → $Y = -\dfrac{P_X}{P_Y}X + \dfrac{M}{P_Y}$ 3) 가격변동이 이루어지면 싸진 쪽으로 확장됨 4) 소득변동이 이루어지면 평행하게 증가 시 확장 또는 감소 시 축소됨
소비자균형	1) 예산선과 무차별곡선이 서로 접하는 점에서 소비자의 효용 극대화가 달성 → 한계대체율과 무차별곡선의 기울기가 동일할 때 2) $MRS_{XY} = \dfrac{MU_X}{MU_Y} = \dfrac{P_X}{P_Y}$ → $\dfrac{MU_X}{P_X} = \dfrac{MU_Y}{P_Y}$
완전대체재	1) U=aX+bY 2) 예산선의 기울기와 비교하여 구석해 결정 ① 무차별곡선의 기울기 > 예산선의 기울기 → X재만 소비 ② 무차별곡선의 기울기 < 예산선의 기울기 → Y재만 소비 ③ 무차별곡선의 기울기 = 예산선의 기울기 → 예산선 상의 어떤 소비조합도 성립함
완전보완재	1) $U = \min[\dfrac{X}{a}, \dfrac{Y}{b}]$ 2) 완전보완재는 추세선인 $\dfrac{X}{a} = \dfrac{Y}{b}$ → $Y = \dfrac{b}{a}X$을 지나므로 이를 예산선에 대입하여 최적소비점을 구함
콥-더글러스 효용함수	1) $U = X^\alpha Y^\beta$ ($\alpha > 0, \beta > 0$) 2) $X = \dfrac{\alpha}{\alpha + \beta} \cdot \dfrac{M}{P_X}$ 3) $Y = \dfrac{\beta}{\alpha + \beta} \cdot \dfrac{M}{P_Y}$
소득소비곡선(ICC)	1) 소득소비곡선이란 소득이 변화함에 따른 소비자 균형점을 연결한 곡선이다. 2) 수요의 소득탄력성에 따른 ICC의 형태 ① $\epsilon_M > 1$ > (X재 사치재)인 경우 소득이 증가함에 따라 X재가 급격히 증가하므로 ICC는 완만한 형태이다. ② $0 < \epsilon_M < 1$ (X재 필수재)인 경우 소득이 증가하더라도 X재는 약간만 증가하므로 ICC는 가파른 형태이다.

	③ $\epsilon_M < 0$ (X재 열등재)인 경우 소득이 증가할 때 오히려 소비량이 감소하므로 좌상향의 형태이다. 3) 엥겔곡선(engel curve: EC) 소득의 변화에 따른 재화 구입량의 변화를 나타내는 곡선으로 소득소비곡선에서 도출되며 형태가 ICC와 유사하다.
가격소비곡선(PCC)	1) 가격소비곡선이란 가격이 변화함에 따른 소비자 균형점을 연결한 곡선이다. 2) 수요의 가격탄력성에 따른 가격소비곡선의 형태 ① $0 < \epsilon_d < 1$인 경우 가격소비곡선(PCC)은 우상향하며 수요곡선은 우하향한다. ② $\epsilon_d = 1$인 경우 가격소비곡선(PCC)은 수평선이며 수요곡선은 직각쌍곡선이 된다. ③ $\epsilon_d > 1$인 경우 가격소비곡선(PCC)은 우하향하며 (통상)수요곡선은 완만해진다.
가격효과	1) 가격효과 = 소득효과 + 대체효과 2) 소득효과 ① 가격이 변화할 때 실질소득의 변화에 따른 수요 변동분이다. 재화의 성격에 따라 소득효과의 방향이 달라진다. ② 가격이 하락하면 실질소득이 상승, 가격이 상승하면 실질소득이 하락한다. ③ **정상재인 경우**: 가격하락(상승) 시, 수요량증가(감소) ④ **열등재인 경우**: 가격하락(상승) 시, 수요량감소(증가) 3) 대체효과 ① 가격이 변화할 때 상대가격변화에 따른 수요량 변동분이다. ② 소비자의 선호가 정상적(MRS체감)일 때 상대가격이 내린(상대적으로 싸진) 상품의 수요량은 반드시 증가하므로 대체효과는 언제나 부(-)이다. ③ 즉, 가격이 내린 재화는 소비량을 늘리고 가격이 올라간 재화는 소비량을 줄인다. 4) 재화의 종류와 가격효과 ① **정상재**: 소득효과와 대체효과 모두 동일한 방향으로 수요법칙의 예외가 될 수 없다. ② **열등재**: 소득효과와 대체효과가 다른 방향이나 대체효과가 소득효과보다 커 수요법칙이 성립한다. ③ **기펜재**: 소득효과와 대체효과가 다른 방향이나 소득효과가 대체효과보다 커 수요법칙의 예외이다.
통상수요곡선 보상수요곡선	1) **통상수요곡선**: 가격효과의 소득효과와 대체효과를 모두 고려하여 나타낸 수요곡선이다. 2) **보상수요곡선**: 대체효과만을 고려한 수요곡선으로 현실적으로 관찰할 수 없는 가상수요곡선이다.

[핵심정리 O/X]

01 동일한 효용을 얻을 수 있는 상품묶음을 연결한 선을 무차별곡선이라고 한다. (O, X)

02 한 재화의 소비를 늘리면서 동일한 효용수준을 유지하려면 다른 재화의 소비를 줄여야 하고, 이는 무차별곡선이 우상향의 기울기를 갖는 것으로 나타난다. (O, X)

03 무차별곡선이 원점에서 멀어질수록 더 높은 효용수준을 나타낸다. (O, X)

04 두 무차별곡선은 서로 교차할 수 없다. (O, X)

05 두 상품이 각각 X축에 위치하는 것이 재화(goods), Y축에 존재하는 것이 비재화(bads)인 경우 무차별곡선은 우상향한다. (O, X)

06 선호체계에 있어서 이행성(transitivity)이 성립한다면, 무차별곡선은 서로 교차할 수 있다. (O, X)

07 두 재화가 완전대체재일 경우의 무차별곡선은 원점에 대해서 오목하게 그려진다. (O, X)

08 무차별곡선이 원점에 대해서 볼록하게 생겼다는 것은 한계대체율체감의 법칙이 성립하고 있다는 것을 의미한다. (O, X)

09 동일한 수요곡선상에 있는 서로 다른 재화묶음을 소비하더라도 소비자가 느끼는 만족감은 동일하다. (O, X)

10 두 재화 중 한 재화가 비재화(bads)일 경우에도 상품조합이 원점에서 멀리 떨어질수록 더 높은 효용수준을 나타낸다. (O, X)

정답 및 해설

01 O
02 X 우하향의 기울기를 갖는 것을 의미한다.
03 O
04 O
05 O
06 X 이행성은 일관된 행동을 의미하며 무차별곡선은 교차하지 않는다.
07 X 선형 무차별곡선이다.
08 O
09 X 수요곡선이 아닌 무차별곡선상에 존재해야 한다.
10 X 두 재화 중 한 재화가 비재화(bads)일 경우에는 비재화가 원점에 가까울수록 더 높은 수준이다.

11 두 상품이 모두 재화(goods)인 경우 한계대체율체감의 법칙이 성립하면, 무차별곡선은 원점에 대하여 볼록하다. (O, X)

12 서로 다른 두 무차별곡선은 교차하지 않는다. (O, X)

13 두 상품이 완전대체재인 경우 무차별곡선의 형태는 L자형이다. (O, X)

14 두 상품이 모두 재화(goods)인 경우 무차별곡선이 원점으로부터 멀어질수록 무차별곡선이 나타내는 효용수준이 높아진다. (O, X)

15 무차별곡선은 원점에 대해 오목하고 이는 한계대체율이 체감함을 의미한다. (O, X)

16 가로축을 5만원권으로, 세로축을 1천원권으로 한 경우에 그려지는 무차별곡선은 이 두 재화가 완전 대체재이므로 원점에 대하여 강볼록하면서 우하향한다. (O, X)

17 소비자의 효용함수가 U = 2XY일 때, 한계대체율은 체감한다. (O, X)

18 소비자의 효용함수가 U = $\sqrt{XY}$일 때, X재의 한계효용은 체증한다. (O, X)

19 소비자의 효용함수가 U = min(X, Y)일 때, 수요의 교차탄력성은 0이다. (O, X)

20 소비자의 효용함수가 U = min(X, Y)일 때, 소득소비곡선의 기울기는 음(-)이다. (O, X)

21 소비자의 효용함수가 U = X + Y일 때, X재의 가격이 Y재의 가격보다 크더라도 X재와 Y재를 동일 비율로 소비한다. (O, X)

정답 및 해설

11 O

12 O

13 X 완전보완재인 경우 L자형이며 완전대체재인 경우 선형무차별곡선이다.

14 O

15 X 한계대체율이 체감한다는 것은 원점에 대하여 볼록한 것이다.

16 X 완전대체재는 선형 무차별곡선에 해당한다.

17 O

18 X 소비자의 효용함수가 U = $\sqrt{XY}$ 일 때, X재의 한계효용은 $\frac{1}{2}\sqrt{\frac{Y}{X}}$ 이므로 X재의 소비량이 증가하면 X재의 한계효용이 감소한다.

19 X 소비자의 효용함수가 U = min(X, Y)일 때, 완전보완재의 수요의 교차탄력성은 -이다.

20 X 소비자의 효용함수가 U = min(X, Y)일 때, 소득소비곡선의 기울기는 1이다.

21 X 소비자의 효용함수가 U = X + Y일 때, X재의 가격이 Y재의 가격보다 높다면 Y재만 소비할 것이다.

22 A의 소득이 10,000원이고, X재와 Y재에 대한 총지출액도 10,000원이다. X재 가격이 1,000원이고 A의 효용이 극대화되는 소비량이 X = 6이고 Y = 10이라고 할 때, X재에 대한 Y재의 한계대체율 (MRS_{XY})은 $\frac{6}{10}$ 이다. (단, 무차별곡선은 원점에 대하여 볼록함) (O, X)

23 X재와 Y재를 소비하는 소비자 A의 효용함수가 $U(x, y) = \min[3x, 5y]$일 때 Y재의 가격은 16원이다. (단, X재의 가격은 8원이고, 소비자 A의 소득은 200원, 소비자 A의 효용을 극대화하는 X재 소비량은 10단위이다.) (O, X)

24 두 재화 X와 Y를 소비하여 효용을 극대화하는 소비자 A의 효용함수는 U = X + 2Y이고, X재 가격이 2, Y재 가격이 1이다. X재 가격이 1로 하락하더라도 X재의 소비량은 변하지 않는다. (O, X)

25 소비자 A의 효용함수는 U = X · Y이고, X재, Y재 가격은 모두 10이며, A의 소득은 200이다. 소비자 A의 효용을 극대화하는 X재, Y재의 소비량은 동일하다. (O, X)

26 소득소비곡선의 형태는 수요의 소득탄력도에 따라 다르다. (O, X)

정답 및 해설

22 × 1) X재 가격이 1,000원이고 X 구입량인 6단위이므로 X재 구입액은 6,000원이다.
2) 소비자는 소득 10,000원을 X재와 Y재 구입에 지출하고 X재 구입액이 6,000원이므로 Y재 구입액은 4,000원임을 알 수 있다.
3) Y재 구입액이 4,000원이고, 구입량은 10단위이므로 Y재 가격은 400원임을 추론할 수 있다.
4) 소비자균형에서는 한계대체율(MRS_{XY})과 두 재화의 상대가격비 $\left(\frac{P_X}{P_Y}\right)$가 일치한다.
5) X재의 가격이 1,000원, Y재의 가격이 400원이므로 소비자균형에서의 한계대체율은 두 재화의 상대가격비와 동일한 2.5이다.

23 × 1) X재와 Y재는 완전보완재이다. 따라서 $U(x, y) = \min[3x, 5y]$ 3X = 5Y, $Y = \frac{3}{5}X$가 성립한다.
2) 따라서 소비자균형에서 X재 소비량이 10단위이면 Y재 소비량은 6단위임을 알 수 있다.
3) X재 가격이 8원이고, X재 구입량이 10단위이므로 X재 구입액은 80원이다.
4) 소득 200원 중 X재 구입액이 80원이므로 Y재 구입액은 120원이다.
5) 소비자균형에서 Y재 구입액이 120원이고, Y재 구입량이 6단위이므로 Y재 가격은 20원임을 알 수 있다.

24 O 1) 한계대체율이 1/2로 일정한 완전대체재이다.
2) $\frac{P_X}{P_Y}$=2이므로 무차별곡선의 기울기가 예산선의 기울기보다 작으므로 Y재만 구입하는 것이 유리하다.
3) X재의 가격이 1로 하락하더라도 $\frac{P_X}{P_Y}$=1이므로 여전히 무차별곡선의 기울기가 예산선의 기울기보다 작으므로 Y재만 소비한다. 따라서 소비량은 변하지 않는다.

25 O 1) 효용함수가 U = XY이므로 X재의 수요함수가 $X = \frac{M}{2P_X}$, Y재의 수요함수가 $Y = \frac{M}{2P_Y}$이다.
2) $P_X = 10, P_Y = 10, M = 200$을 각 재화의 수요함수에 대입하면 X재와 Y재의 소비량이 모두 10단위임을 알 수 있다.

26 O

27	우상향하는 앵겔곡선은 해당 재화가 열등재임을 의미한다.	(O, X)
28	소득소비곡선과 앵겔곡선의 기울기는 수요의 소득탄력성의 부호에 의해 결정된다.	(O, X)
29	가격소비곡선이 수평이면 수요의 가격탄력성이 단위탄력적이다.	(O, X)
30	가격소비곡선이 우하향하는 경우 수요곡선은 우하향할 수 있다.	(O, X)
31	어느 재화의 가격이 상승하였을 때 그 재화에 대한 수요량이 증가하였다면 그 재화는 열등재이다.	(O, X)
32	정상재(normal goods)의 수요곡선은 반드시 우하향한다.	(O, X)
33	기펜재는 열등재 중에서 가격변화로 인한 소득효과의 절댓값이 대체효과의 절댓값보다 작을 때 나타난다.	(O, X)
34	기펜재의 가격이 오르면 기펜재의 소비량은 늘고 소비자의 효용은 감소한다.	(O, X)
35	두 재화를 소비하는 소비자에게 한 재화가 기펜재일 때 그 재화의 가격이 오르면 다른 재화의 수요량은 감소한다.	(O, X)
36	보상수요(compensated demand)는 가격변화에서 대체효과만 고려한 수요개념이다.	(O, X)
37	기펜재의 보상수요곡선은 우하향하지 않는다.	(O, X)
38	보상수요(compensated demand)는 소비자잉여를 측정하는 데 적절한 수요개념이다.	(O, X)

정답 및 해설

27	X	후방굴절할 경우 열등재이며, 우상향할 경우 정상재이다.
28	O	
29	O	
30	O	
31	O	
32	O	
33	X	기펜재는 열등재 중에서 소득효과가 대체효과보다 큰 재화이다.
34	O	
35	O	
36	O	
37	X	보상수요곡선은 대체효과만 반영한 그래프이므로 모든 재화는 동일하게 수요법칙이 성립한다. 따라서 기펜재의 보상수요곡선도 우하향한다.
38	O	

39 수직선형태 보상수요곡선의 대체효과는 항상 0이다. (O, X)

40 보상수요(compensated demand)는 소득효과가 0이면 통상적 수요(ordinary demand)와 일치한다. (O, X)

41 X재가 정상재인 경우 보상수요곡선은 보통수요곡선보다 더 가파르게 우하향하는 기울기를 가진다. (O, X)

42 X재가 열등재인 경우 보상수요곡선은 우상향한다. (O, X)

43 X재가 기펜재인 경우 보통수요곡선은 우상향하고 보상수요곡선은 우하향한다. (O, X)

44 소비자 甲의 효용함수는 $U = 3X^2 + Y^2$이며 X재 가격은 6, Y재 가격은 2, 소득은 120이다. 효용을 극대화하는 甲의 최적소비조합(X, Y)은 (10, 30)이다. (O, X)

45 소비자 甲의 효용함수가 $U = \min\{X + 2Y, 2X + Y\}$이다. 甲의 소득은 150, X재의 가격은 30, Y재의 가격은 10일 때, 효용을 극대화하는 甲의 Y재 소비량은 15이다. (단, 甲은 X재와 Y재만 소비한다.) (O, X)

정답 및 해설

39 O

40 O

41 O

42 X 보상수요곡선은 재화의 종류와 관계없이 우하향한다.

43 O

44 X 1) 주어진 형태의 무차별 곡선은 한 재화를 집중적으로 소비하는 것을 추구하는 원점에 대해 오목한 형태의 무차별 곡선이다.
2) 주어진 예산으로 X재만 소비하면 20개 소비가 가능하므로 U = 1,200
3) 주어진 예산으로 Y재만 소비하면 60개 소비가 가능하므로 U = 3,600이다. 따라서 Y만 소비하는 것이 합리적이다.

45 O 1) 레온티에프 효용함수의 형태이므로 U = X + 2Y = 2X + Y이다.
2) 이는 추세선 X = Y를 기준으로 X > Y이면 U = X + 2Y이고 X < Y이면 U = 2X + Y이다.
3) 주어진 조건으로 예산선을 도출하면 30X + 10Y = 150이다.
4) 예산선의 기울기가 3으로 항상 무차별곡선의 기울기보다 급하다.
5) 이 경우 Y재만 소비하는 것이 가장 적은 예산을 쓰는 것이므로 소비자 균형은 Y축에 이루어진다. 따라서 Y = 15이다.

46 다음은 X재와 Y재를 소비하는 소비자의 무차별곡선을 나타낸 그림이다. Y재는 비재화이다. (단, 효용 수준은 U₁ < U₂ < U₃이다.) (O, X)

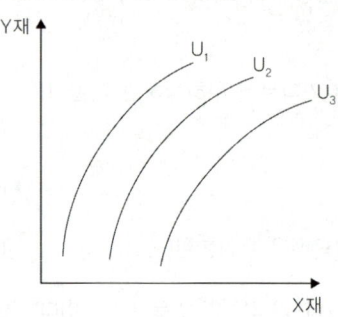

47 X재와 Y재를 소비하는 소비자의 효용함수가 U(x, y) = 2x + y이며, 두 재화의 상대가격이 $\frac{P_X}{P_Y} = \frac{1}{2}$인 경우 소비자가 효용을 극대화하기 위해서는 Y재를 소비하지 않아야 한다. (단, P_X는 X재의 가격, P_Y는 Y재의 가격, x는 X재의 소비량, y는 Y재의 소비량이다.) (O, X)

정답 및 해설

46 O

47 O 1) 완전대체재인 경우 한계대체율이 예산선의 기울기보다 크면 X재만 소비한다.
2) 그래프

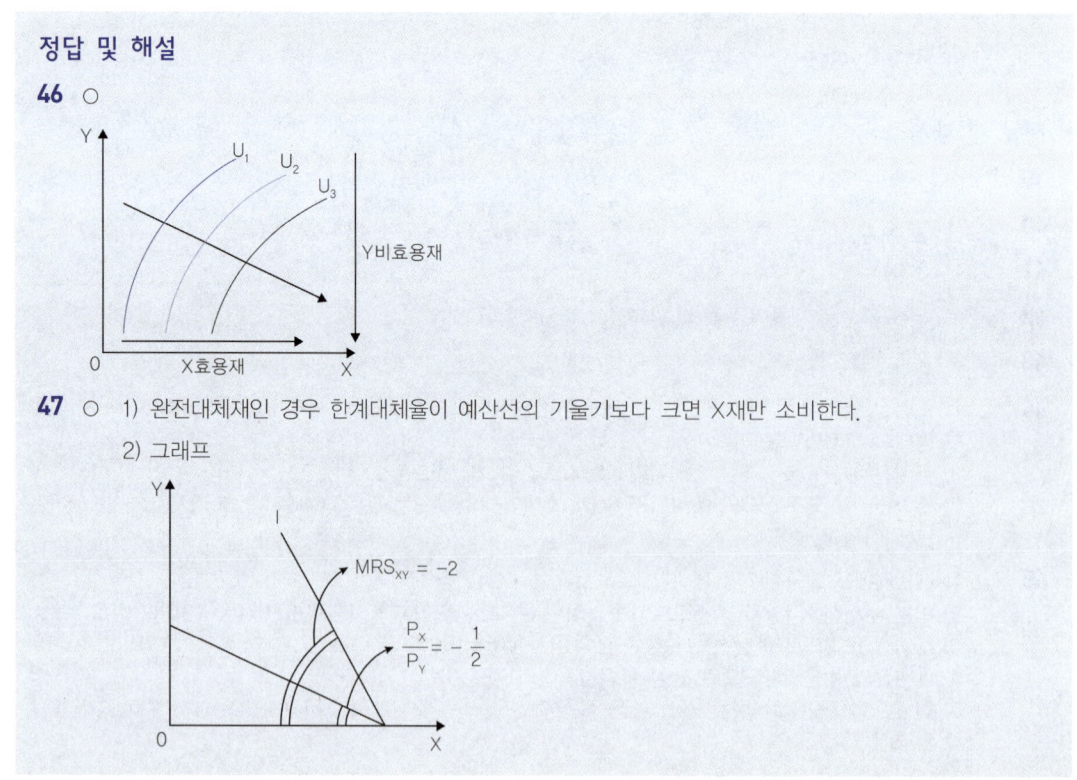

48 소비자 甲은 커피와 녹차를 완전 대체재로 여기는데, 커피 2잔당 녹차 3잔의 비율로 맞바꿔도 좋다는 생각을 갖고 있다. 커피의 가격은 1잔에 4,000원이고, 녹차의 가격은 1잔에 2,000원이다. 소비자 甲의 합리적 선택은 녹차만 소비하는 것이다. (O, ×)

49 두 재화 X, Y만을 소비하는 소비자의 효용함수는 U = min(3X, Y)이다. 소득이 10만원이고, X와 Y재의 가격은 각각 1만원과 2만원일 때, 효용을 극대화하는 X재의 수량은 3이다. (O, ×)

50 어느 소비자가 재화 A를 x_A만큼 소비하고 재화 B를 x_B만큼 소비할 때 얻는 효용은 $x_A^{0.4} x_B^{0.6}$이다. 재화 A의 가격은 20이고 재화 B의 가격은 40, 그리고 이 소비자의 소득이 250일 때, 재화 A의 최적 소비단위는 4, 재화 B의 최적 소비 단위는 3.75이다. (O, ×)

정답 및 해설

48 O
1) X재를 커피, Y재를 녹차라고 가정하자.
2) 완전대체재의 MRS_{XY} = 1.5이다.
3) 커피와 녹차의 가격비율은 $\frac{P_{커피}}{P_{녹차}} = \frac{4,000}{2,000} = 2$
4) 예산선의 기울기 > 무차별곡선의 기울기이므로 녹차만 소비한다.

49 ×
1) 완전보완재인 경우 추세선과 예산선의 교점을 구한다.
2) 추세선은 3X = Y이다.
3) 문제에서 주어진 조건을 예산선에 대입하면 10 = X + 2Y이다.
4) 추세선을 예산선에 대입하면 10 = X + 6X → $X = \frac{10}{7}$, $Y = \frac{30}{7}$ 이다.

50 ×
1) $X_A = \frac{0.4}{0.4+0.6} \times \frac{250}{20} = 5$
2) $X_B = \frac{0.6}{0.4+0.6} \times \frac{250}{40} = 3.75$

51 효용이 극대가 되도록 두 재화 x, y를 소비하는 乙의 효용함수는 $u(x,y) = 2\sqrt{xy}$이다. y의 가격이 4배가 되었을 때 원래의 효용수준을 유지하기 위해 필요한 추가 소득은 120이다. (단, 가격 변화 전의 소득은 60, x와 y의 가격은 각각 1이다.) (O, X)

52 X재의 한계효용은 y이고 Y재의 한계효용은 x이며, 예산선은 $E = P_X \cdot x + P_Y \cdot y$로 주어져 있다. 이 때 X재의 수요함수는 $x = \dfrac{E}{P_X + P_Y}$이다. (단, E는 소득, P_X는 X재의 가격, P_Y는 Y재의 가격, x는 X재의 소비량, y는 Y재의 소비량이다.) (O, X)

정답 및 해설

51 X
1) 콥-더글러스 효용함수의 X재와 Y재의 소비량을 구하면
2) X재는 $\dfrac{\frac{1}{2}}{\frac{1}{2}+\frac{1}{2}} \cdot \dfrac{60}{1} = 30$, Y재는 $\dfrac{\frac{1}{2}}{\frac{1}{2}+\frac{1}{2}} \cdot \dfrac{60}{1} = 30$이다. 값을 효용함수에 대입하면 효용은 60이다.
3) 동일한 효용을 유지하기 위해 y재의 가격이 4배 증가하더라도 $xy = 900$이 유지되어야 한다.
4) 소득의 추가분을 M이라고 하자.
5) X재는 $\dfrac{\frac{1}{2}}{\frac{1}{2}+\frac{1}{2}} \cdot \dfrac{60+M}{1} = \dfrac{1}{2}(60+M)$
6) Y재는 $\dfrac{\frac{1}{2}}{\frac{1}{2}+\frac{1}{2}} \cdot \dfrac{60+M}{4} = \dfrac{1}{8}(60+M)$
7) $xy = \dfrac{1}{2}(60+M) \cdot \dfrac{1}{8}(60+M) = 900$ → $(60+M)^2 = 120^2(=14,400)$이다.
8) 따라서 M은 60이다.

52 X
1) 수요함수는 가격과 거래량의 관계이므로 가격인 P와 거래량인 X로만 표현해야 한다.
2) $MRS_{XY} = \dfrac{MU_X}{MU_Y}$이므로 효용극대화조건은 $MRS_{XY} = \dfrac{MU_X}{MU_Y} = \dfrac{P_X}{P_Y}$이다.
3) $\dfrac{MU_X}{MU_Y} = \dfrac{y}{x} = \dfrac{P_X}{P_Y}$ → $P_X \cdot x = P_Y \cdot y$
4) 예산선 $E = P_X \cdot x + P_Y \cdot y$에 위의 식을 대입하면 $E = P_X \cdot x + P_X \cdot x$이다.
5) 따라서 수요곡선은 $x = \dfrac{E}{2P_X}$이다.

Topic 6 무차별곡선이론(2) – 사회보장제도, 2기간 모형, 여가–소득모형

[핵심정리]

사회보장제도	1) 효용수준: 현금보조 ≧ 현물보조 > 가격보조 2) 정부의 목표달성: 가격보조 ≧ 현물보조 > 현금보조

2기간 모형	1) 계산문제 푸는 법
	① 효용극대화 조건: $MRS_{C_1C_2} = \dfrac{MU_{C_1}}{MU_{C_2}} = 1+r$
	② 효용극대화 조건을 예산선 $C_1 + \dfrac{C_2}{1+r} = Y_1 + \dfrac{Y_2}{1+r}$ 에 대입하여 구한다.
	2) 이자율상승 시 소득효과와 대체효과
	
	  | 구분 | 소득효과 | 대체효과(차이 없음) |
	  |---|---|---|
	  | 저축자 | 이자율 상승 → 이자수입 증가 → 소득 증가 → 현재소비 증가 | 이자율 상승 → 현재소비의 기회비용 상승 → 현재소비 감소(저축 증가) |
	  | 차입자 | 이자율 상승 → 이자부담 증가 → 소득 감소 → 현재소비 감소 | 이자율 상승 → 기회비용 상승 → 현재소비 감소(차입 감소) |
	
	3) 저축자의 경우 소득효과와 대체효과의 비교
	   소득효과가 크면 저축이 감소하고, 대체효과가 크면 저축이 증가한다.
	4) 차입제약시 차입자의 효용은 예산선이 축소되므로 감소한다.

여가 소득모형	1) 계산문제 푸는 법
	① 효용극대화 조건: $MRS_{lM} = \dfrac{MU_l}{MU_M} = w$
	② 효용극대화 조건을 예산선 $M = -wl + 24w$ 에 대입하여 구한다.
	2) 임금상승 시 소득효과와 대체효과
	① 대체효과: 실질임금 상승 → 여가의 상대가격 상승 → 여가소비 감소 → 노동공급 증가
	② 소득효과
	  • 여가가 정상재인 경우: 실질임금 상승 → 실질소득 상승 → 여가 소비 증가 → 노동 공급 감소
	  • 여가가 열등재인 경우: 실질임금 상승 → 실질소득 상승 → 여가 소비 감소 → 노동 공급 증가
	3) 여가가 정상재인 경우 소득효과와 대체효과의 비교
	① 소득효과가 크면 노동공급이 감소한다.
	② 대체효과가 크면 노동공급이 증가한다.

[핵심정리 O/X]

01 임금상승 시 여가가 열등재인 경우 반드시 노동공급은 증가한다. (O, X)

02 하루 24시간을 노동을 하는 시간과 여가를 즐기는 시간으로 양분할 때, 여가가 정상재이고, 소득효과가 대체효과보다 크면 후방굴절형 노동공급곡선이 발생한다. (O, X)

03 하루 24시간을 노동을 하는 시간과 여가를 즐기는 시간으로 양분할 때, 여가가 열등재인 경우 후방굴절 노동공급곡선이 발생할 수 있다. (O, X)

04 소득과 여가가 모두 정상재일 때, 시간당 임금이 상승할 경우 대체효과는 노동공급감소요인이다. (O, X)

05 소득과 여가가 모두 정상재일 때, 시간당 임금이 상승할 경우 소득효과는 노동공급증가요인이다. (O, X)

06 소득과 여가가 모두 정상재일 때, 시간당 임금이 하락할 경우 소득효과와 대체효과가 동일하다면 노동공급은 감소한다. (O, X)

07 소득과 여가가 모두 정상재일 때, 시간당 임금이 하락할 경우 소득효과가 대체효과보다 크다면 노동공급은 증가한다. (O, X)

08 소득과 여가가 모두 정상재일 때, 시간당 임금의 상승과 하락에 무관하게 소득과 여가가 결정된다. (O, X)

09 여가가 정상재인 경우, 소득세 부과의 노동공급에 대한 대체효과와 소득효과는 같은 방향으로 작용한다. (O, X)

정답 및 해설

01 O

02 O

03 X 여가가 열등재인 경우 임금변화 시 소득효과와 대체효과가 동일하므로 후방굴절 노동공급곡선이 발생할 수 없다.

04 X 시간당 임금이 상승할 경우, 대체효과는 여가의 상대가격이 상승하므로 여가소비가 감소하여 노동공급이 증가한다.

05 X 시간당 임금이 상승할 경우, 소득효과는 여가가 정상재이므로 여가소비가 늘어나 노동공급감소요인이다.

06 X 시간당 임금이 하락할 경우, 소득효과는 여가소비 감소 대체효과는 여가소비가 증가하므로 양자의 크기에 따라 노동공급이 결정된다. 따라서 노동공급이 감소한다고 단정지을 수 없다.

07 O

08 X 시간당 임금의 상승과 하락에 따라 소득효과와 대체효과가 발생한다.

09 X 여가가 정상재이면 소득세부과로 대체효과는 여가의 상대가격 하락으로 여가소비증가로 노동공급 감소, 소득효과는 소득감소로 여가소비감소로 노동공급이 증가한다. 따라서 다른 방향으로 작용한다.

10 비례적 근로소득세율 인상은 여가의 가격을 상승시킨다. (O, X)

11 여가가 정상재인 경우 노동에 과세할 때, 소득효과는 노동시간을 감소시킨다. (O, X)

12 비례적인 근로소득세가 부과될 때 여가가 정상재라면 대체효과는 노동공급을 감소시키나 소득효과는 노동공급을 증가시킨다. (O, X)

13 여가가 정상재일 때 대체효과가 소득효과에 의해 거의 상쇄되면 노동공급곡선은 수직선에 가까운 형태를 보인다. (O, X)

14 2기간 모형의 경우, 이자율 상승 시 저축자의 저축증감 여부는 대체효과와 소득효과의 상대적 크기에 의하여 결정된다. (O, X)

15 현금보조와 가격보조 중 소비자후생은 현금보조 시에 더 크게 증가한다. (O, X)

16 2기간소비선택모형에서 소비자의 효용함수가 $U(C_1, C_2) = C_1 C_2$일 때 1기에 이 소비자는 저축을 한다.
(단, 예산제약식은 $C_1 + \frac{C_2}{1+r} = Y_1 + \frac{Y_2}{1+r}$이며, $Y_1 = 100$, $Y_2 = 121$, $r = 0.1$이다.) (O, X)

17 2기간 선택모형에서 현재소비와 미래소비는 모두 정상재, 무차별곡선은 볼록한 곡선인 경우 실질이자율이 상승하면, 현재 대부자인 소비자는 미래소비를 증가시킨다. (O, X)

18 2기간 선택모형에서 현재소비와 미래소비는 모두 정상재, 무차별곡선은 볼록한 곡선인 경우 실질이자율이 하락하면, 현재 대부자인 소비자는 현재저축을 감소시킨다. (O, X)

정답 및 해설

10 × 근로소득세율의 인상은 임금 하락과 같다. 임금은 여가의 기회비용이자 여가의 가격이므로 여가의 가격을 하락시킨다.

11 × 여가가 정상재인 경우 노동에 과세하면, 소득효과는 노동시간을 증가시킨다.

12 O

13 O

14 O

15 O

16 × 1) 소비자 균형은 한계대체율과 예산선의 기울기가 동일할 때 이루어진다.

2) 현재소비와 미래소비 간의 한계대체율을 구해보면 $MRS_{C_1 C_2} = \frac{MU_{C_1}}{MU_{C_2}} = \frac{C_2}{C_1}$이다.

3) 예산선의 기울기는 1+r이므로 $MRS_{C_1 C_2} = (1+r)$로 두면 $\frac{C_2}{C_1} = 1.1$, $C_2 = 1.1 C_1$이 성립한다.

4) 이를 예산선에 대입하면 $C_1 + \frac{C_2}{1.1} = 100 + \frac{121}{1.1}$에 대입하면 $2C_1 = 210$, $C_1 = 105$, $C_2 = 115.5$이다.

5) 1기 소득이 100이고 1기 소비가 105이므로 이 소비자는 차입자임을 알 수 있다.

17 O

18 × 실질이자율이 하락하면, 현재 대부자인 소비자는 현재저축을 감소시킨다고 단정지을 수 없다.

19 2기간 선택모형에서 현재소비와 미래소비는 모두 정상재, 무차별곡선은 볼록한 곡선인 경우 실질이자율이 상승하면, 현재 차입자인 소비자는 현재소비를 감소시킨다. (O, X)

20 2기간 선택모형에서 현재소비와 미래소비는 모두 정상재, 무차별곡선은 볼록한 곡선인 경우 미래소득이 증가하여도 현재 차입제약에 구속된(binding) 소비자의 현재소비는 변하지 않는다. (O, X)

21 피셔의 시점 간 자원배분모형에서 이자소득세를 고려했을 때, 미래소비는 감소하게 된다. (O, X)

22 피셔의 시점 간 자원배분모형에서 이자소득세를 고려했을 때, 저축은 반드시 감소한다. (O, X)

23 피셔의 시점 간 자원배분모형에서 이자소득세를 고려했을 때, 현재소비에 대한 대체효과는 현재소비를 감소시킨다. (O, X)

24 피셔의 시점 간 자원배분모형에서 이자소득세를 고려했을 때, 현재소비에 대한 소득효과는 현재소비를 증가시킨다. (O, X)

25 피셔의 시점 간 자원배분모형에서 이자소득세를 고려했을 때, 이자소득세를 부과하면 현재소비의 상대가격이 높아진다. (O, X)

26 이자소득세가 부과되면 현재소비의 상대가격이 하락한다. (O, X)

27 저축에 대한 조세가 부과되기 이전에는 1기 소비의 가격은 (1+r)이 된다. (O, X)

28 이자소득에 t의 세율로 과세하면 저축의 수익률은 r × (1−t)가 된다. (O, X)

29 이자소득세 부과는 미래소비의 상대가격을 인상시킨다. (O, X)

정답 및 해설

19 O
20 O
21 O
22 X 대체효과는 현재소비의 상대가격하락으로 소비가 증가하여 저축이 감소한다. 소득효과는 소득감소로 소비가 감소하여 저축이 증가한다. 따라서 소득효과와 대체효과의 크기에 따라 저축은 늘어날 수도, 줄어들 수도, 동일할 수도 있다.
23 X 대체효과는 현재소비의 상대가격하락으로 소비가 증가하여 저축이 감소한다.
24 X 소득효과는 소득감소로 소비가 감소하여 저축이 증가한다.
25 X 현재소비의 상대가격이 낮아진다.
26 O
27 O
28 O
29 O

30 효용을 극대화하는 甲은 1기의 소비(c_1)와 2기의 소비(c_2)로 구성된 효용함수 U = (c_1, c_2) = $c_1 c_2^2$을 가지고 있다. 甲은 시점 간 선택(intertemporal choice) 모형에서 1기에 3,000만원, 2기에 3,300만원의 소득을 얻고, 이자율 10%로 저축하거나 빌릴 수 있다. 1기의 최적 선택은 주어진 소득을 모두 소비하는 것이다. (단, 인플레이션은 고려하지 않는다.) (O, X)

31 여가(L) 및 복합재(Y)에 대한 甲의 효용은 U(L, Y) = $\sqrt{L} + \sqrt{Y}$이고, 복합재의 가격은 1이다. 시간당 임금이 w일 때, 甲의 여가 시간이 L이면, 소득은 w(24 − L)이 된다. 시간당 임금 w가 3에서 5로 상승할 때, 효용을 극대화하는 甲의 여가시간은 2시간 증가한다. (O, X)

정답 및 해설

30 X   1) 소비자균형은 $MRS_{c1,c2} = 1+r$이다.

2) $MRS_{c1,c2} = \dfrac{MU_{c1}}{MU_{c2}} = \dfrac{c_2^2}{2c_1 c_2} = \dfrac{c_2}{2c_1}$이다.

3) 이자율은 10%이므로 $\dfrac{c_2}{2c_1} = 1.1$ → $c_2 = 2.2 c_1$이다.

4) 예산제약식 $Y_1 + \dfrac{Y_2}{1+r} = C_1 + \dfrac{C_2}{1+r}$에 대입하면 $3{,}000 + \dfrac{3{,}300}{1.1} = C_1 + \dfrac{2.2 C_1}{1.1}$ → $6{,}000 = 3 C_1$ → $C_1 = 2{,}000$이다.

5) 따라서 현재소득 3,000만원이고 현재소비가 2,000만원이므로 1,000만원을 저축한다는 것을 알 수 있다.

31 X   1) 주어진 효용함수의 한계대체율을 구하면 $\dfrac{MU_L}{MU_Y} = \dfrac{\frac{1}{2\sqrt{L}}}{\frac{1}{2\sqrt{Y}}} = \dfrac{\sqrt{Y}}{\sqrt{L}}$이다.

2) 주어진 소득으로 복합재를 구입하므로 예산선은 Y = w(24 − L)이다.

3) 합리적 선택은 예산선의 기울기와 무차별곡선의 기울기가 접하는 점이므로 $\dfrac{\sqrt{Y}}{\sqrt{L}} = w$가 성립한다.

4) w = 3일 때 $\dfrac{\sqrt{Y}}{\sqrt{L}} = 3$ → Y = 9L이고 이를 예산선에 대입하면 9L = 3(24 − L) → 12L = 72 → L = 6이다.

5) w = 5일 때 $\dfrac{\sqrt{Y}}{\sqrt{L}} = 5$ → Y = 25L이고 이를 예산선에 대입하면 25L = 5(24 − L) → 30L = 120 → L = 4이다.

6) 따라서 두 시간 감소한다.

32 효용을 극대화하는 甲은 1기의 소비(c_1)와 2기의 소비(c_2)로 구성된 효용함수 U = (c_1, c_2) = $c_1 c_2^2$을 가지고 있다. 甲은 시점 간 선택(intertemporal choice) 모형에서 1기에 3,000만원, 2기에 3,300만원의 소득을 얻고, 이자율 10%로 저축하거나 빌릴 수 있다. 1기의 최적 선택은 저축하지도 차입하지도 않을 것이다. (단, 인플레이션은 고려하지 않는다.) (O, X)

33 피셔의 2기간 소비모형이 다음과 같다. 생애효용을 극대화하는 소비자의 기간 간 최적소비결정에서 다른 조건이 일정하다면, 시간선호율이 높을수록 현재소비와 미래소비 간의 한계대체율은 낮다. (O, X)

> - 생애효용: U = (C_1, C_2) = $\ln C_1 + \dfrac{1}{1+p} \ln C_2$
> - 예산제약: $C_1 + \dfrac{C_2}{1+r} = Y_1 + \dfrac{Y_2}{1+r}$
>
> C_1과 C_2는 각각 현재소비와 미래소비이며, Y_1과 Y_2는 각각 현재소득과 미래소득이다. p와 r은 각각 소비자의 시간선호율과 시장이자율이며, 모두 0보다 크다.

정답 및 해설

32 X 1) 소비자균형은 $MRS_{c1,c2} = 1+r$이다.

2) $MRS_{c1,c2} = \dfrac{MU_{c1}}{MU_{c2}} = \dfrac{c_2^2}{2c_1 c_2} = \dfrac{c_2}{2c_1}$ 이다.

3) 이자율은 10%이므로 $\dfrac{c_2}{2c_1} = 1.1$ → $c_2 = 2.2 c_1$ 이다.

4) 예산제약식 $Y_1 + \dfrac{Y_2}{1+r} = C_1 + \dfrac{C_2}{1+r}$ 에 대입하면 $3,000 + \dfrac{3,300}{1.1} = C_1 + \dfrac{2.2 C_1}{1.1}$ → $6,000 = 3C_1$ → $C_1 = 2,000$이다.

5) 따라서 현재소득 3,000만원이고 현재소비가 2,000만원이므로 1,000만원을 저축한다는 것을 알 수 있다.

33 X 1) 효용극대화조건은 $MRS_{c1c2} = \dfrac{MU_{c1}}{MU_{c2}} = \dfrac{\frac{1}{C_1}}{\frac{1}{(1+\rho)C_2}} = \dfrac{(1+\rho)C_2}{C_1} = 1+r$

2) $MRS_{c1c2} = \dfrac{MU_{c1}}{MU_{c2}} = \dfrac{\frac{1}{C_1}}{\frac{1}{(1+\rho)C_2}} = \dfrac{(1+\rho)C_2}{C_1}$ → 시간선호율이 높을수록 한계대체율은 커진다.

Topic 7 현시선호이론, 기대효용이론

[핵심정리]

01 현시선호이론

현시선호	1) 현시선호(revealed preference)란 주어진 소득과 시장가격 하에서 소비자의 실제 소비행위를 말한다. 2) 약공리 ① 만약 한 상품묶음인 Q_0가 Q_1보다 직접 현시선호되면 어떠한 경우라도 Q_1이 Q_0보다 직접 현시선호될 수 없다. ② 이는 소비행위에 일관성을 보장하는 공리이다.
지수	1) 생활수준의 명백한 개선: $P_Q \geq 1$, $N \geq L_P$ 2) 생활수준의 명백한 악화: $L_Q \leq 1$, $N \leq P_P$

02 기대효용이론

기대소득과 기대효용	1) 기대소득(=기대치) ① 불확실한 상황에서 예상되는 금액(소득)의 크기를 의미 ② 공식: $E(w) = p \cdot w_1 + (1-p)w_2$ (소득 w_1을 얻을 확률이 p, 소득 w_2을 얻을 확률이 $1-p$) 2) 기대효용(= 효용의 기대치) ① 기대효용(효용의 기대치): 기대효용이란 불확실한 상황에서 얻을 것으로 예상되는 효용의 기대치를 의미하며 다음과 같이 계산한다. ② 공식: $E(U) = p \cdot U(w_1) + (1-p)U(w_2)$
확실성 등가와 위험프리미엄	1) 확실성 등가 확실성 등가란 불확실한 상태에서 기대되는 효용의 기대치인 기대효용과 동일한 효용을 주는 확실한 자산의 크기이다. 2) 위험프리미엄 ① 위험프리미엄이란 불확실한 자산을 확실한 자산으로 교환하기 위하여 지불할 용의가 있는 금액으로, 즉 위험한 기회를 선택하도록 유도하기 위해 필요한 최소한의 추가보상이다. ② 위험프리미엄 = 기대치 − 확실성등가 ③ 위험에 대한 태도와 위험프리미엄 • 위험기피자는 위험프리미엄 > 0 • 위험선호자는 위험프리미엄 < 0 • 위험중립자는 위험프리미엄 $= 0$ 3) 보험인 경우 공정한 보험료와 최대한의 보험료 ① 공정한 보험료 = 자산의 최초가치 − 기대치 ② 최대한의 보험료 = 자산의 최초가치 − 확실성 등가

[핵심정리 O/X]

01 두 상품묶음 중에서 어느 묶음을 더 선호하는지를 또는 아무런 차이가 없는지를 판단할 수 있는 성질을 완비성이라고 한다. (O, X)

02 현시선호이론은 소비자의 선호체계에 이행성이 있다는 것을 전제로 한다. (O, X)

03 $P_Q \geq 1$가 성립하면 생활수준의 명백한 개선이다. (O, X)

04 어떤 소비자의 선택행위가 현시선호이론의 공리를 만족시킨다면, 이 소비자의 무차별곡선은 우하향하게 된다. (O, X)

05 $P_0 Q_0 \geq P_0 Q_1$일 때, 상품묶음 Q_0를 선택하였다면, Q_0가 Q_1보다 현시선호되었다고 말한다. (단, P는 가격벡터를 나타낸다.) (O, X)

06 약공리는 재화묶음이 2개인 경우 소비행위의 일관성을 보장한다. (O, X)

07 강공리가 성립하면 약공리는 자동적으로 성립한다. (O, X)

08 A≳B 이고 B≳C 이면 반드시 A≳C가 성립하는 것을 단조성이라고 한다. (O, X)

09 현시선호이론으로 무차별곡선을 도출할 수 있다. (O, X)

10 사전편찬식 선호체계를 가질 때, 이 소비자의 선호관계는 연속성을 위배한다. (O, X)

11 폰 노이만-모겐스턴 효용함수에서 효용은 서수적 의미만 가진다. (O, X)

정답 및 해설

01 O
02 X   현시선호이론에서는 소비자의 선호체계에 대한 가정을 하지 않고 오로지 시장에서 관찰된 결과만으로 소비자의 행동을 결정하므로 옳지 않다.
03 O
04 O
05 O
06 O
07 O
08 X   이행성이라고 한다.
09 O
10 O
11 X   폰 노이만-모겐스턴 효용함수는 각각의 소득이나 재산에 대해 구체적인 효용수준을 나타내는 수치를 대응시키므로 기수성을 가진다.

12 갑이 가지고 있는 복권 상금의 기대가치는 500원이고 이 복권을 최소 450원에 팔 용의가 있다면, 50원을 갑의 위험프리미엄으로 볼 수 있다. (O, X)

13 불확실성하에서 효용을 극대화하는 이론을 기대효용이론이라고 한다. (O, X)

14 기댓값과 기대효용은 다르다. (O, X)

15 위험기피자는 기대가치가 0인 복권을 구입할 것이다. (O, X)

16 위험선호자는 기대가치가 0인 보험에 가입할 것이다. (O, X)

17 폰노이만-모겐스턴 효용함수가 $U=M^{1.5}$으로 주어진다면, 乙은 위험기피자이다. (O, X)

18 불확실성하에서 기대효용과 동일한 효용을 주는 확실한 현금의 크기를 위험프리미엄이라 한다. (O, X)

19 기대손실액과 보험료가 동일한 보험을 보험계리상 공정한 보험이라고 한다. (O, X)

20 도박에 참여하였을 때의 기대치가 도박의 참가비와 동일한 도박을 공정한 도박이라고 한다. (O, X)

21 어떤 소비자의 효용함수 $U=X^{0.5}$(X는 자산금액)이다. 이 소비자는 현재 6,400만원에 거래되는 귀금속 한 점을 보유하고 있다. 이 귀금속을 도난당할 확률이 0.5일 경우 위험프리미엄은 1,600만원이다. (O, X)

정답 및 해설

12 O

13 O

14 O

15 × 위험선호자는 기대가치가 0인 복권을 구입하나 위험기피자는 구입하지 않는다.

16 × 위험선호자는 기대치가 0인 보험에 가입하지 않으나 위험기피자는 보험에 가입한다.

17 × 효용함수의 지수가 1보다 크므로 위험선호자이다.

18 × 불확실성하에서 기대효용과 동일한 효용을 주는 확실한 현금의 크기를 확실성등가라 한다.

19 O

20 O

21 O　1) 기대소득: $(0.5 \times 6{,}400) + (0.5 \times 0) = 3{,}200$
　　　2) 기대효용: $(0.5 \times \sqrt{6{,}400}) + (0.5 \times 0) = 40$
　　　3) 확실성 등가: $\sqrt{확실성\ 등가} = 40$ ➡ 확실성 등가 = 1,600
　　　4) 기대소득 - 확실성 등가 = 1,600

22 갑의 재산 x에 대한 효용함수는 $u(x) = \sqrt{x}$이며, 재산은 사고가 없을 때 100원, 사고가 나면 0원이 되고, 사고가 날 가능성이 20%일 때 갑의 위험프리미엄은 16원이다. (○, ×)

23 소비자 甲은 X재와 Y재만 소비하여 효용을 극대화한다. 제1기의 X재 가격은 3이고, Y재 가격은 6이었을 때, 소비조합 (X = 3, Y = 5)를 선택하였다. 제2기에는 동일한 소득에서 X재와 Y재의 변동된 가격 P_X, P_Y에서 소비조합 (X = 6, Y = 3)을 선택하였다. 甲의 선택이 현시선호 약공리(weak axiom)를 만족하기 위한 조건은 $2P_X < 3P_Y$이다. (○, ×)

24 투자자 甲은 100으로 기업 A, B의 주식에만 (기업 A에 x, 기업 B에 100 − x) 투자한다. 표는 기업 A의 신약 임상실험 성공여부에 따른 기업 A, B의 주식투자 수익률이다. 임상실험의 결과와 관계없이 동일한 수익을 얻을 수 있도록 하는 50이다. (○, ×)

주식투자 수익률	기업 A의 임상실험 성공 여부 성공	실패
기업 A	30%	0%
기업 B	−10%	10%

25 甲의 소득은 1,600만원이지만, 사고가 발생하면 1,200만원의 비용을 지출해야 한다. 甲의 효용함수는 $U(I) = \sqrt{I}$이고, 사고를 당할 확률은 25%이다. 甲이 완전한 보험(full insurance)에 가입하는 경우, 보험회사가 받을 수 있는 최대 보험료는 600만원이다. (단, I는 甲의 소득이다.) (○, ×)

정답 및 해설

22 ○
1) 기대소득: 100 × 0.8 + 0 × 0.2 = 80
2) 기대효용: $\sqrt{100}$ × 0.8 + $\sqrt{0}$ × 0.2 = 8
3) 확실성 등가: √확실성 등가 = 8 ➔ 확실성 등가 = 64
4) 위험프리미엄: 기대소득 − 확실성 등가 = 16
5) 최대한의 보험료: 자산가치 − 확실성 등가 = 100 − 64 = 36

23 ×
1) 위의 조건에서 보면 1기에 Q_2를 구입할 수 있었음에도 불구하고 Q_1을 구입한 것을 알 수 있다.
2) 2기에 가격체계와 소비조합이 변경되었을 때 2기의 Q_1을 구입할 수 없어야 Q_2를 구입한 것이 약공리를 충족한다.
3) 위를 표현하면 $P_2Q_1 > P_2Q_2$이므로 $P_2Q_1 = (P_X \times 3) + (P_Y \times 5) > P_2Q_2 = (P_X \times 6) + (P_Y \times 3)$ ➔ $3P_X < 2P_Y$가 성립한다.

24 ×
1) 기업 A의 임상실험이 성공할 경우: (0.3 × x) + [−0.1 × (100 − x)] = 0.4x − 10
2) 기업 B의 임상실험이 실패할 경우: (0 × x) + [0.1 × (100 − x)] = −0.1x + 10
3) 문제의 조건에서 임상실험의 결과와 관계없이 동일한 수익을 얻는 것이므로 위의 두 수익률은 동일해야 한다.
4) 0.4x − 10 = −0.1x + 10 ➔ 0.5x = 20 ➔ x = 40이다.

25 ×
1) 기대치: 1,600만원 × 0.75 + 400만원 × 0.25 = 1,000만원
2) 기대효용 $\sqrt{1,600만원}$ × 0.75 + $\sqrt{400만원}$ × 0.25 = 35
3) 확실성 등가: √확실성 등가 = 35 ➔ 확실성등가 = 1,225만원
4) 최대한의 보험료: 자산가치 − 확실성 등가 = 1,600만원 − 1,225만원 = 375만원

26 두 재화 x, y의 가격 벡터가 (P_x, P_y)=(2, 10)일 때, 소비자 甲은 x, y의 소비묶음 (x, y) = (1, 6)을 선택하였고, x, y의 가격 벡터가 (P_x, P_y) = (12, 4)일 때, x, y의 소비묶음 (x, y) = (7, 2)를 선택하였다. 이러한 행동으로 소비자 甲은 현시선호의 약공리를 충족한다. (O, X)

27 어떤 소비자의 효용함수가 $U= \sqrt{Y}$로 주어졌다고 하자. 이 때 Y는 소비자가 보유한 자산의 가치이다. 현재 소비자는 100의 가치를 갖는 자산을 보유하고 있는데, 보유하고 있는 자산의 가치가 하락할 확률이 1/2이고, 가치가 하락하면 그 가치는 0이 된다고 한다. 현재 소비자는 가치손실이 발생했을 때 이를 보상해주는 보험에 가입할지를 고민하고 있다. 다음 네 개의 보험에 대한 소비자의 선호는 D > C > A > B이다. (O, X)

> A. 가치손실의 전액을 보상해주면서 보험료로 50을 내는 보험
> B. 가치손실의 전액을 보상해주면서 보험료로 75를 내는 보험
> C. 가치손실의 반액을 보상해주면서 보험료로 25를 내는 보험
> D. 가치손실의 1/5을 보상해주면서 보험료로 10을 내는 보험

정답 및 해설

26 X

1) 각각의 지출액은 다음과 같다.

	(P_x, P_y) = (2, 10)일 때	(P_x, P_y) = (12, 4)일 때
(x, y) = (1, 6)	2 + 60 = 62	12 + 24 = 36
(x, y) = (7, 2)	14 + 20 = 34	84 + 8 = 92

2) (P_x, P_y) = (2, 10)일 때 둘 다 구입할 수 있음에도 (x, y) = (1, 6)를 선호하였다.
3) (P_x, P_y) = (12, 4)일 때 둘 다 구입할 수 있음에도 (x, y) = (7, 2)를 선호하였다. 이는 일관성이 없는 행위이므로 약공리를 만족하지 못한다.

27 X

1) 기대치: $0.5 \times 100 = 50$
2) 기대효용: $0.5 \times \sqrt{100} = 5$
3) 확실성 등가: $\sqrt{확실성 등가} = 5$ → 확실성등가 = 25
4) 위험프리미엄: 50 − 25 = 25
5) 공정한 보험료: 100 − 50 = 50
6) 최대한의 보험료 100 − 25 = 75
7) 선호의 비교
   - 가장 선호하는 것은 공정한 보험료인 A이고 가장 선호하지 않는 것은 최대한의 보험료를 내는 B이다.
   - C, D 모두 공정한 보험료에서 가치손실이 차감된 만큼 보험료가 작아진 것이다. 다만 가치손실이 클수록 선호가 높으므로 C > D이다.
   - 이를 바탕으로 선호를 정리하면 A > C > D > B이다.

해커스 감정평가사
ca.Hackers.com

해커스 공무원
gosi.Hackers.com

해커스 서호성 경제학원론 핵심포인트

제3장

생산자이론

Topic 8 생산자이론(1) - 생산함수
Topic 9 생산자이론(2) - 비용함수

제3장 생산자이론

Topic 8 생산자이론(1) – 생산함수

[핵심정리]

단기와 장기	1) 단기: 기간의 장단이 아니라, 고정투입요소가 존재하는 경우. 고정투입요소는 자본 2) 장기: 모든 투입요소가 가변요소인 기간
총생산	총생산 = 한계생산의 합
한계생산	1) 노동1단위 추가에 따르는 총생산물의 추가적 증가분 2) $MP_L = \dfrac{dQ}{dL}$ 3) 생산곡선의 각 점에서의 접선의 기울기 4) 수확체감의 법칙이 적용됨(한계생산물체감의 법칙)
평균생산	1) 노동 한 단위당 생산물 2) $AP_L = \dfrac{Q}{L}$ 3) 총생산곡선의 각 점과 원점을 연결한 직선의 기울기
평균과 한계의 관계	1) 한계량 > 평균량 ➔ 평균량이 증가 2) 한계량 < 평균량 ➔ 평균량은 감소
등량곡선의 의미	어떤 상품을 생산하는 데 있어 동일한 수준의 산출량을 효율적으로 생산해 낼 수 있는 여러 가지 서로 다른 생산 요소의 조합을 연결한 곡선
등량곡선의 성질	1) 일반적으로 우하향의 곡선 2) 원점으로부터 멀리 떨어진 등량곡선일수록 높은 산출량을 나타냄 3) 서로 교차할 수 없음 4) 원점에 대해 볼록하다. 한계 기술 대체율이 체감함을 의미
한계기술대체율	1) 동일한 생산량을 유지하면서 노동을 추가로 1단위 더 고용하기 위하여 감소시켜야 하는 자본의 수량 2) $MRTS_{LK} = -\dfrac{\triangle K}{\triangle L} = \dfrac{MP_L}{MP_K}$
등비용선	1) 주어진 총비용으로 최대 구입 가능한 생산 요소의 조합을 나타내는 직선 2) 공식: $TC = wL + rK$ 3) 생산요소가격변동이 이루어지면 싸진 생산요소 쪽으로 확장됨 4) 총생산비 변동이 이루어지면 평행하게 증가 시 확장 또는 감소 시 축소됨
비용극소화	1) 등량곡선과 등비용선이 접하는 점에서 비용 극소화가 달성 2) $MRTS_{LK} = \dfrac{MP_L}{MP_K} = \dfrac{w}{r}$ ➔ $\dfrac{MP_L}{w} = \dfrac{MP_K}{r}$ 3) **한계 생산물 균등의 법칙**: 각 생산 요소의 구입에 지출된 1원어치의 한계 생산물이 같도록 생산 요소를 투입하여야 비용 극소화가 달성됨을 의미

생산요소 간 완전대체관계	1) Q = aL + bK 2) 등비용선의 기울기와 비교하여 구석해 결정 ① 등량곡선의 기울기 > 등비용선의 기울기 ➜ L만 고용 ② 등량곡선의 기울기 < 등비용선의 기울기 ➜ K만 고용 ③ 등량곡선의 기울기 = 등비용선의 기울기 ➜ 등비용선 상의 어떤 조합도 성립함
생산요소 간 완전보완관계	1) $Q = \min[\frac{L}{a}, \frac{K}{b}]$ 2) 완전보완재는 $Q = \frac{L}{a} = \frac{K}{b}$ 가 성립한다.
콥-더글러스 생산함수	1) $Q = X^\alpha Y^\beta \ (\alpha + \beta = 1)$ 2) 개별 지수가 1보다 작으므로 수확체감 3) 1차동차 생산함수 - 규모에 대한 수익불변 4) 생산의 노동탄력성 α, 생산의 자본탄력성 β 5) 노동소득 분배율 α, 자본소득 분배율 β 6) 대체탄력성은 1이다.

[핵심정리 O/X]

01 고정투입요소는 생산량과 관계없이 일정비용이 발생하는 것을 의미한다. (O, ×)

02 자본은 가변투입요소가 아니다. (O, ×)

03 단기에서의 자본은 신축적인 조절이 불가능하기 때문에 고정투입요소이다. (O, ×)

04 1년 미만은 단기, 1년 이상은 장기라고 한다. (O, ×)

05 생산에서의 장기는 모든 생산요소가 가변요소가 되는 것을 의미한다. (O, ×)

06 기업의 진입·퇴출이 자유로운 충분히 긴 기간을 장기라고 한다. (O, ×)

07 한계생산은 현실적으로는 1단위 생산을 추가적으로 늘렸을 때 추가적으로 늘어난 비용을 의미한다. (O, ×)

정답 및 해설

01 O

02 × 장기에는 자본도 가변투입요소가 된다.

03 O

04 × 1년의 기준이 아니라 자본을 변동시킬 수 있으면 장기, 아니면 단기이다.

05 O

06 O

07 O

08　평균생산은 생산요소 1단위당 생산량이다. (O, ×)

09　한계생산은 총생산곡선의 접선의 기울기로 측정한다. (O, ×)

10　평균생산은 총생산곡선의 접선의 기울기로 측정한다. (O, ×)

11　등량곡선이 우하향하므로 한계기술대체율이 체감한다. (O, ×)

12　원점으로부터 등량곡선의 거리가 2배가 된다는 것은 생산량도 2배가 된다는 것을 의미한다. (O, ×)

13　총생산물이 극대일 때 평균생산물이 0이 된다. (O, ×)

14　등량곡선이 원점에 대해 볼록한 정도가 클수록 요소 간 대체탄력성이 크다. (O, ×)

15　레온티에프 생산함수의 경우 대체탄력성은 무한대가 된다. (O, ×)

16　콥-더글러스 생산함수의 경우 대체탄력성은 생산요소 투입량의 크기에 따라 달라진다. (O, ×)

17　대체탄력성은 요소의 가격비율의 변화가 요소집약도에 미치는 영향의 정도를 나타낸다. (O, ×)

18　등량곡선의 곡률이 클수록 대체탄력성이 작다. (O, ×)

19　생산자균형은 기업의 이윤이 극대가 되는 점이다. (O, ×)

정답 및 해설

08　O

09　O

10　× 원점에서 그은 기울기로 측정한다.

11　× 원점에 대해 볼록한 경우가 한계기술대체율이 체감한다. 완전 대체관계일 경우는 등량곡선이 우하향하지만 한계기술대체율은 동일하다.

12　× 원점으로부터 등량곡선의 거리가 2배가 된다는 것은 생산요소의 투입량이 2배가 된다는 것이다. 생산량은 2배가 될 수도, 안 될 수도, 넘을 수도 있다.

13　× 한계생산물이 0이 될 때 총생산물이 극대이다.

14　× 대체탄력성이 큰 경우는 원점에 대해 볼록하지 않고 직선에 가까워진다.

15　× 레온티에프 생산함수는 완전보완재이고 이 경우 대체탄력성은 0이다.

16　× 콥-더글러스 생산함수인 경우 요소투입량과 관계없이 대체탄력성이 1이다.

17　O

18　O

19　× 이윤극대화 지점이 아닌 비용극소화 지점이다.

20 한계기술대체율은 등량곡선의 기울기를 의미한다. (O, X)

21 한계기술대체율은 두 생산요소의 한계생산물 비율이다. (O, X)

22 등비용선 기울기의 절댓값은 두 생산요소 가격의 비율이다. (O, X)

23 등량곡선과 등비용선만으로 이윤극대화 생산량을 구할 수 있다. (O, X)

24 한계기술대체율이 체감하는 경우, $\left(\dfrac{MP_L}{w}\right) > \left(\dfrac{MP_K}{r}\right)$인 기업은 노동투입을 증가시키고 자본투입을 감소시켜야 생산비용을 감소시킬 수 있다. (O, X)

25 A기업의 생산함수는 $Y=\sqrt{K+L}$인 경우 이윤극대화를 위해 자본과 노동 중 하나만 사용해도 된다. (O, X)

26 어느 기업의 생산함수는 $Q=2LK$이다. 노동의 최적 투입량은 15이다. (단, 단위당 임금과 단위당 자본비용이 각각 2원 및 3원, 이 기업의 총 비용은 60원이다.) (O, X)

27 생산함수가 $Q=L^2K^2$이면 2차 동차 생산함수로 규모에 대한 수익 체증이다. (단, Q는 생산량, L은 노동량, K는 자본량이다.) (O, X)

28 $Q=L^{0.8}K^{0.8}$의 생산함수라면 단기에 수확체감과 장기에 규모에 대한 수익체증이 성립한다. (O, X)

29 콥 – 더글라스(Cobb – Douglas) 생산함수 $Q=AK^aL^{(1-a)}$의 자본의 평균생산은 체증한다. (단, K는 자본, L은 노동, Q는 생산량, 0 < a < 1, A는 상수, A > 0이다.) (O, X)

정답 및 해설

20 O

21 O

22 O

23 X 등량곡선과 등비용선으로 구하는 것은 비용극소화이다.

24 O

25 O

26 O 1) 생산함수가 $Q=2LK$이므로 한계기술대체율 $MRTS_{LK} = \dfrac{MP_L}{MP_K} = \dfrac{K}{L}$이다.

2) 생산자균형에서는 등량곡선과 등비용선이 접하므로 $MRTS_{LK} = \dfrac{w}{r}$로 두면 $\dfrac{K}{L} = \dfrac{2}{3}$이 성립한다.

3) 그리고 비용제약이 2L + 3K = 60이므로 이를 연립해서 풀면 L = 15, K = 10으로 계산된다.

27 X 4차동차 생산함수이다.

28 O

29 X 생산함수를 K로 나누면 자본의 평균생산물 $AP_K = \dfrac{Q}{K} = \dfrac{AK^aL^{1-a}}{K} = AK^{a-1}L^{1-a} = A\left(\dfrac{L}{K}\right)^{1-a}$이므로 자본투입량(K)이 증가하면 AP_K가 감소한다. 그러므로 자본의 평균생산물도 체감함을 알 수 있다.

30 자본절약적 기술진보가 일어나면 등량곡선이 원점에서 가까워진다. (O, X)

31 자본절약적 기술진보가 일어나면 등량곡선이 원점에서 멀어진다. (O, X)

32 노동절약적 기술진보가 일어나면 한계비용곡선이 하방 이동한다. (O, X)

33 중립적 기술진보가 일어나면 노동의 한계생산 대비 자본의 한계생산은 작아진다. (O, X)

34 노동투입량이 동일하다 하더라도 자본투입량의 크기에 따라 노동의 한계생산이 변화할 수 있다. (O, X)

35 노동의 한계생산과 노동의 평균생산의 차이를 알고 있으면, 노동투입량 증가에 따라 노동의 평균생산이 증감하는지 여부를 알 수 있다. (O, X)

36 기업 A의 생산함수는 Q = min{L, 2K}이다. 노동가격은 3이고, 자본가격은 5일 때, 최소 비용으로 110을 생산하기 위한 생산요소 묶음은 L = 110, K = 55이다. (단, Q는 생산량, L은 노동, K는 자본이다.) (O, X)

37 다음은 A기업의 한계생산물과 비용을 나타낸다. $w = 5$, $r = 10$인 경우, 최대산출량을 가져다주는 노동은 80 자본은 60이다. (단, L은 노동, K는 자본, w는 임금, r은 자본의 임대료이다) (O, X)

- 노동의 한계생산물: $MP_L = 100K - L$
- 자본의 한계생산물: $MP_K = 100L - 4K$
- 비용: $wL + rK = 1,000$

정답 및 해설

30 O

31 X 자본절약적 기술진보가 일어나면 동일한 자원으로 더 많은 생산이 가능하므로 등량곡선이 원점에서 가까워진다.

32 O

33 X 중립적 기술진보가 일어나면 노동의 한계생산 대비 자본의 한계생산은 변함이 없다.

34 O

35 O

36 O 1) 생산함수가 완전보완관계이므로 Q = L = 2K가 성립한다.
2) Q가 110이므로 L = 110, K = 55이다.

37 X 1) $MRTS_{LK} = \dfrac{MP_L}{MP_K} = \dfrac{w}{r}$ 이다.
2) $\dfrac{100K - L}{100L - 4K} = \dfrac{5}{10}$ → 2(100K − L) = 100 − 4K → 102L = 204K → L = 2K
3) 예산제약 5L + 10K = 1,000에 L = 2K를 대입하면 20K = 1,000 → K = 50, L = 100이다.

38 A기업의 생산함수가 Q = 4L + 8K이다. 노동가격은 3이고 자본가격은 5일 때, 재화 120을 생산하기 위해 비용을 최소화하는 생산요소 묶음은 L = 0, K = 15이다. (단, Q는 생산량, L은 노동, K는 자본)
(O, X)

39 기업 A의 생산함수는 Q = min{L, K}이다. 생산요소 L과 K의 대체탄력성이 0인 1차 동차함수이다.
(O, X)

40 두 생산요소 노동(L)과 자본(K)을 투입하는 생산함수 $Q = 2L^2 + 2K^2$는 규모의 수익이 체증하는 함수이다.
(O, X)

41 노동과 자본 두 생산요소를 이용하여 제품을 생산하는 기업의 생산함수가 $y = \min[2l+k, l+4k]$라고 한다. 두 생산요소의 가격이 동일할 때 노동 투입량은 $3y/7$이다. (단, l과 k는 각각 노동과 자본의 투입량을 나타낸다.)
(O, X)

정답 및 해설

38 O
1) 생산자의 합리적 선택은 등량곡선과 등비용선이 접해야 하므로 한계기술대체율과 등량곡선의 기울기가 같아야 한다.
2) 문제의 생산함수는 완전대체관계이며 등량곡선의 기울기의 절댓값은 $\frac{1}{2}$이다.
3) 등비용선은 3L + 5K = TC이므로 등비용선의 기울기의 절댓값은 $\frac{3}{5}$이다.
4) 등량곡선의 기울기가 등비용선의 기울기보다 완만하므로 K를 모두 사용하여 생산하는 것이 합리적이다.
5) 생산함수에 대입하면 120 = 0 + 8K이므로 K = 15이다.

39 O

40 O

41 O
1) 생산함수가 레온티에프 함수의 형태이므로 추세선은 $2l + k = l + 4k$ → $k = \frac{1}{3}l$이다.
2) $2l + k > l + 4k$일 때 생산함수는 작은 수에 의해 결정되므로 $y = l + 4k$이므로 한계기술대체율은 $-\frac{1}{4}$이다.
3) $2l + k < l + 4k$일 때 생산함수는 작은 수에 의해 결정되므로 $y = 2l + k$이므로 한계기술대체율은 -2이다.
4) 그래프

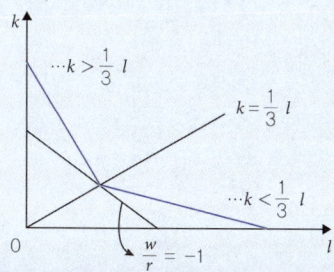

5) 두 생산요소의 가격이 일정하면 노동만 사용할 것이므로 $y = \frac{7}{3}l$이므로 노동 투입량은 $3y/7$이다.

Topic 9 생산자이론(2) – 비용함수

[핵심정리]

단기총비용	1) 단기총비용(TC) = 단기총고정비용(TFC) + 단기총가변비용(TVC) 2) 고정비용은 자본비용, 가변비용은 노동비용
단기평균비용	1) 평균비용(ATC) = 평균고정비용(AFC) + 평균가변비용(AVC) 2) $AFC = \dfrac{TFC}{Q}$ 3) $AVC = \dfrac{TVC}{Q}$ 4) 평균고정비용은 원점에서 총고정비용을 연결한 기울기 5) 평균가변비용은 원점에서 총가변비용을 연결한 기울기
한계비용	1) 생산 1단위 추가에 따르는 총비용의 추가적 증가분 2) $MC = \dfrac{dTC}{dQ}$ 3) 총비용의 각 점에서의 접선의 기울기
단기 비용함수 그래프	(그래프: MC, AC, AVC, AFC 곡선, 가로축 생산량, 세로축 비용, Q*에서 MC가 AC와 교차)
장기총비용	장기평균비용곡선은 무수히 많은 단기평균비용곡선을 감싸는 포락선
장기평균비용	1) 장기평균비용곡선은 일반적으로 U자형 2) 우하향의 기울기: 평균비용의 감소 ➡ 규모의 경제 3) 우상향의 기울기: 평균비용의 증가 ➡ 규모의 불경제
이윤극대화	1) 1계조건: 한계수입(MR)이 한계비용(MC)과 같을 때 2) 2계조건: 한계비용(MC)곡선이 한계수입(MR)곡선을 아래에서 위로 교차하는 영역
생산함수를 비용함수로 전환하기	1) 생산함수를 L, K의 형태로 변환 2) 총비용함수인 TC = wL + rK에 대입하여 구함

[핵심정리 O/X]

01 평균가변비용은 원점에서 총가변비용곡선으로 연결한 직선의 기울기와 같다. (O, X)

02 평균가변비용곡선의 최저점은 평균비용곡선의 최저점의 오른쪽에 위치한다. (O, X)

03 한계비용은 생산량 1단위를 늘렸을 때 발생하는 총비용의 증가분이다. (O, X)

04 한계비용은 총비용 또는 총가변비용곡선의 접선의 기울기로 측정할 수 있다. (O, X)

05 한계생산이 체증하면 한계비용 또한 체증한다. (O, X)

06 일반적인 단기 비용곡선에서 평균비용은 총비용곡선 위의 각 점에서의 기울기다. (O, X)

07 일반적인 단기 한계비용곡선은 고정비용 수준에 영향을 받지 않는다. (O, X)

08 일반적인 단기 비용곡선에서 생산량이 증가함에 따라 평균비용과 평균가변비용 곡선 간의 차이는 커진다. (O, X)

09 일반적인 단기 비용곡선에서 생산량이 증가함에 따라 평균비용이 증가할 때 평균가변비용도 증가한다. (O, X)

10 〈U자형태의 AC, MC일 때〉 한계비용이 평균비용보다 낮을 때에는 평균비용곡선이 음의 기울기를 갖게 된다. (O, X)

11 〈U자형태의 AC, MC일 때〉 한계비용이 최소가 되는 점에서 평균비용곡선은 한계비용곡선을 아래에서 위로 교차하며 지나간다. (O, X)

정답 및 해설

01 O

02 X 왼쪽에 위치한다.

03 O

04 X 총가변비용의 접선의 기울기이다.

05 X 한계생산이 체증하면 한계비용이 체감한다.

06 X 평균비용은 원점과 총비용곡선 위의 점을 연결한 기울기다.

07 O

08 X 생산량이 증가함에 따라 평균고정비용이 감소하므로 평균비용과 평균가변비용 곡선 간의 차이는 작아진다.

09 O

10 O

11 X 평균비용이 최소가 되는 점에서 한계비용곡선은 평균비용곡선을 아래에서 위로 교차하며 지나간다.

12 조업을 중단하더라도 남아 있는 계약 기간 동안 지불해야 하는 임대료는 고정비용이지만 매몰비용은 아니다. (O, ×)

13 평균총비용곡선이 U자 모양일 때, 한계비용은 평균총비용의 최저점을 통과하지 않는다. (O, ×)

14 한계수확체감 현상이 발생하고 있는 경우, 생산량이 증가함에 따라 한계비용은 감소한다. (O, ×)

15 가변비용과 고정비용이 발생하고 있고 평균총비용곡선과 평균가변비용곡선이 모두 U자 모양일 때, 평균가변비용의 최저점은 평균총비용의 최저점보다 더 낮은 생산량 수준에서 발생한다. (O, ×)

16 U자형 비용곡선에서 한계비용은 반드시 평균가변비용과 평균총비용의 최저점을 통과한다. (O, ×)

17 U자형 비용곡선에서 한계비용이 평균비용보다 작은 구간에서 생산량을 감소시키면 평균비용이 감소한다. (O, ×)

18 고정비용이 없는 경우에 한계비용이 일정하면 평균비용과 한계비용은 일치한다. (O, ×)

19 고정비용이 증가하면 한계비용도 증가한다. (O, ×)

20 한계비용과 한계생산은 역(逆)의 관계이다. (O, ×)

정답 및 해설

12 × 조업을 중단하더라도 남아 있는 계약 기간 동안 지불해야 하는 임대료는 매몰비용이다.
13 × 평균총비용곡선이 U자 모양일 때, 한계비용은 평균총비용의 최저점을 통과한다.
14 × 한계수확체감 현상이 발생하고 있는 경우, 생산량이 증가함에 따라 한계비용은 증가한다.
15 ○
16 ○
17 × 평균비용이 감소하는 구간에서 생산량이 감소하면 평균비용이 증가한다.
18 ○
19 × 한계비용은 고정비용과 무관하다.
20 ○

21 괄호 안의 값은 ㄱ~ㄷ 순서대로 10, 12, 13이다. (단, Q는 생산량, TC는 총비용, MC는 한계비용, ATC는 평균총비용, AVC는 평균가변비용, AFC는 평균고정비용, FC는 고정비용) (O, X)

Q	TC	MC	ATC	AVC	AFC	FC
3	60	–		(ㄱ)	10	30
4		(ㄴ)	18			30
5		(ㄷ)		11		30

22 한계수입(MR)이 한계비용(MC)과 같을 때 이윤극대화의 1차 조건이 달성된다. (O, X)

23 한계비용(MC)곡선이 한계수입(MR)곡선을 아래에서 위로 교차하는 영역에서 이윤극대화의 2차 조건이 달성된다. (O, X)

24 평균비용곡선과 평균수입곡선이 교차할 때 생산수준에서 이윤극대화가 달성된다. (O, X)

25 평균비용(AC)곡선과 평균수입(AR)곡선이 교차할 때의 생산수준에서 이윤극대화가 달성된다. (O, X)

26 규모의 경제는 장기평균비용의 감소구간에서 생산하는 것을 의미한다. (O, X)

27 A기업의 장기 총비용곡선은 $TC(Q) = 40Q - 10Q^2 + Q^3$이다. 규모의 경제와 규모의 비경제가 구분되는 생산규모는 Q=5이다. (O, X)

28 범위의 경제는 한 기업이 여러 가지 재화를 동시에 생산하는 것이 여러 기업이 각각 한 가지의 재화를 생산할 때보다 생산비용이 더 적게 소요되는 경우를 의미한다. (O, X)

정답 및 해설

21 O

Q	TC	MC	ATC	AVC	AFC	FC
3	60	–		($\frac{60-30}{3}=10$)	10	30
4	72	(12)	18			30
5	30+11×5=85	(13)		11		30

22 O

23 O

24 X 문제의 조건은 이윤극대화와 아무런 관계가 없다.

25 X 평균비용과 평균수입이 일치하면 경제적 이윤이 0이 된다.

26 O

27 O 1) 규모의 경제와 규모의 불경제가 구분되는 생산규모는 U자형의 장기평균비용곡선 최소점이 된다.
2) 장기평균비용 $LAC = 40 - 10Q + Q^2$이다. 장기평균비용곡선 최소점에서의 생산규모를 찾기 위해 장기평균비용곡선 식을 Q에 대해 미분한 후 0으로 두면 $-10 + 2Q = 0$, Q = 5이다.
3) 그러므로 규모의 경제와 규모의 불경제가 구분되는 생산규모 Q = 5임을 알 수 있다.

28 O

29 규모에 대한 수확체증과 규모의 경제는 동일한 개념이다. (O, X)

30 규모의 수익체증이 발생하면 규모의 경제는 반드시 발생한다. (O, X)

31 한계비용은 $\frac{w}{MP_L}$, 평균가변비용은 $\frac{w}{AP_L}$로 나타낼 수 있다. (O, X)

32 기업 A의 고정비용은 400이고, 단기생산함수는 $Q = 4L^{0.5}$이다. 가변생산요소의 가격이 400일 때, 단기 총비용곡선은 $\frac{400}{Q} + 400$이다. (단, Q는 생산량, L은 가변생산요소이다.) (O, X)

33 기업 A의 생산함수가 Q = min{L, K}일 때, 비용함수는 C(w, r, Q) = Q^{w+r}로 표시된다.(단, Q는 산출량, w는 노동 L의 가격, r은 자본 K의 가격이다.) (O, X)

34 A기업의 생산함수는 $Q = 5L^{0.5}K^{0.5}$이다. 장기에 생산량이 증가할 때, 이 기업의 평균비용은 감소하고 한계비용은 증가한다. (단, L은 노동, K는 자본, Q는 생산량이다.) (O, X)

정답 및 해설

29 X 규모의 경제는 규모에 대한 수확체증을 포함하는 보다 일반적인 개념이다.

30 X 반드시 보장하는 것은 아니다.

31 O

32 X 1) TC = wL + rK이다.
       2) 자본비용이 고정비용이므로 문제의 조건을 대입하면 TC = 400 + 400L이다.
       3) 생산함수를 변형하면 L = $\frac{1}{16}Q^2$이다.
       4) 이를 비용함수에 대입하면 TC = $25Q^2$ + 400이다.

33 X 1) Q = min{L, K}인 경우 생산자 균형에서는 Q = L = K가 성립한다.
       2) 비용함수는 C = wL + rK인데 위의 조건을 대입하면 C = (w + r)Q이다.

34 X 1) 생산함수가 콥-더글러스 생산함수이므로 규모에 대한 수익불변이다.
       2) 규모에 대한 수익 불변이면 장기총비용곡선이 원점을 통과하는 직선이므로 장기총비용곡선과 원점에서 연결한 기울기인 평균비용은 언제나 일정하다.
       3) 또한 원점을 통과하는 직선이면 접선의 기울기인 한계비용도 언제나 일정하다.

35 노동 L과 자본 K를 이용하여 재화를 생산하는 어느 기업의 생산함수는 $Q=\sqrt{LK}$로 주어져 있다. 노동과 자본의 단위당 가격은 각각 9와 1이다. 단기적으로 자본의 양이 9로 고정되어 있을 때, 규모의 경제가 나타나는 생산량(Q)의 범위는 Q < 9이다. (O, ×)

36 생산함수가 Y = LK이고, 단기에 자본이 1단위로 고정되어 있다고 한다. 현재 노동과 자본의 가격이 모두 1일 때 단기 평균비용은 상수이다. (O, ×)

37 노동(L)과 자본(K)만 이용하여 재화를 생산하는 기업의 생산함수가 $Q=\min[\frac{L}{2},K]$이다. 노동가격은 2원이고 자본가격은 3원일 때 기업이 재화 200개를 생산하고자 할 경우 평균비용은 7원이다. (단, 고정비용은 없다.) (O, ×)

정답 및 해설

35 × 1) 그래프로 이해

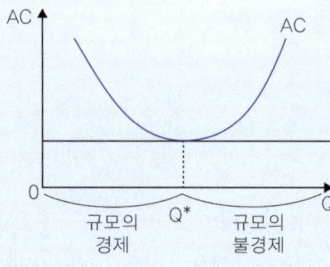

2) 비용함수 TC = wL + rK이다. 문제의 조건을 대입하면 TC = 9L + 9이다.
3) 한계비용이 0인 Q를 찾는 것이 목표이므로 L을 Q로 바꾸어야 한다.
4) $Q=\sqrt{LK}$ ➜ $Q=\sqrt{9L}$ ➜ $Q=3\sqrt{L}$ ➜ $L=\frac{Q^2}{9}$
5) TC = 9L + 9에 위의 식을 대입하면 $TC=9\times\frac{Q^2}{9}+9$ ➜ $AC=Q+\frac{9}{Q}$이다.
6) $\frac{\Delta AC}{\Delta Q}=0$ ➜ $1-\frac{9}{Q^2}=0$ ➜ $\frac{9}{Q^2}=1$ ➜ $-3\leq Q\leq 3$이다.
7) 생산량은 음수가 될 수 없으므로 규모의 경제가 발생하는 구간은 0 < Q ≤ 3

36 × 1) Y = L
2) TC = wL + rK ➜ TC = L+1 ➜ TC = Y + 1
3) Y = Q
$AC=\frac{TC}{Q}=\frac{Y+1}{Y}=1+\frac{1}{Y}$

37 O 1) 문제의 함수가 완전보완관계이므로 $Q=\frac{L}{2}=K$의 관계를 가진다.
2) 200개를 생산하므로 L = 400, K = 200이다.
3) 따라서 총비용은 2 × 400 + 3 × 200 = 1400이다.
4) 평균비용이므로 $\frac{1,400}{200}=7$이다.

38 기업 A의 고정비용은 4,000이며, x가 가변생산요소, y가 생산물인 단기생산함수는 $y=4x^{0.5}$이다. 가변생산요소의 가격이 단위 당 4,000일 때, 단기 총비용 함수는 $4000+250y^2$이다. (O, ×)

39 한 기업이 임금율 w인 노동(L), 임대율 r인 자본(K)을 고용하여 재화 y를 다음과 같이 생산하고 있다.

$$y(L,K) = \sqrt{L} + \sqrt{K}$$

이때, y의 가격이 p로 주어진 경우 이 기업의 이윤극대화 생산량은 $\dfrac{2wr}{w+r}p$이다. (O, ×)

정답 및 해설

38 O 1) 우리가 배운 것으로 생산함수를 변환하면 $y=4x^{0.5}$ ➔ $Q=4\sqrt{L}$ ➔ $L=\dfrac{Q^2}{16}$ 이다.
2) 단기 총비용 함수는 TC = 고정비용 + 가변비용이며 가변비용은 노동비용이므로 TVC = wL이므로 TVC = 4000L이다.
3) 위의 L을 대입하면 $TVC=250Q^2$이므로 단기 총비용함수는 $TC=4,000+250Q^2$이다.
4) 문제에서 생산물을 y로 표현하므로 $TC=4000+250y^2$

39 × 1) 이윤함수: 이윤 = 총수입 − 총비용이다.
 $\pi = py - (wL + rK) = p(\sqrt{L}+\sqrt{K}) - (wL+rK)$
2) 이윤이 극대가 되는 노동 투입량: L로 미분 ➔ $\dfrac{P}{2\sqrt{L}} - w = 0$ ➔ $\sqrt{L} = \dfrac{p}{2w}$
3) 이윤이 극대화 되는 자본 투입량: K로 미분 ➔ $\dfrac{P}{2\sqrt{K}} - r = 0$ ➔ $\sqrt{K} = \dfrac{p}{2r}$
4) 이윤극대화 되는 노동과 자본의 투입량을 생산함수에 대입하면 $y = \dfrac{p}{2w} + \dfrac{p}{2r} = \left(\dfrac{w+r}{2wr}\right)p$ 이다.

해커스 감정평가사
ca.Hackers.com

해커스 공무원
gosi.Hackers.com

해커스 서호성 경제학원론 핵심포인트

제4장

시장이론

Topic 10 완전경쟁시장
Topic 11 독점시장
Topic 12 독점적 경쟁시장
Topic 13 과점시장

제4장 시장이론

Topic 10 완전경쟁시장

[핵심정리]

특징	1) 개별 기업은 가격 순응자 2) 개별 기업이 직면하는 수요 곡선의 가격 탄력성은 무한대(=수평선) 3) 완전정보와 동질적 상품 ➜ 일물일가의 법칙 적용
이윤극대화	1) 이윤극대화 조건 MR = MC 2) 가격수용자이므로 P=MR ➜ P = MC성립
단기균형	1) P > AC이면 초과이윤 2) P = AC이면 정상이윤 ➜ 손익분기점 3) AVC < P < AC: 단기적으로 고정비용 차감 가능하므로 생산, 장기적으로 중단 4) P = AVC 조업중단점

장기균형	1) P = AC 성립하여 정상이윤만 존재
	2) 장기균형에서의 기업수 구하는 방법
	  ① AC가 최저점이 되는 개별기업의 생산량(q)을 구함 ➜ q를 AC에 대입하여 도출한 AC는 시장가격과 동일함
	  ② 장기균형가격을 수요곡선에 대입하면 시장 공급량 구해짐
	  ③ 개별기업 생산량 × 기업수 = 시장생산량

[핵심정리 O/X]

01 시장의 종류와 관계없이 모든 시장에서 이윤극대화 조건은 한계수입 = 한계비용이 성립한다. (O, ×)

02 완전경쟁시장에서 기업이 단기극대화를 추구할 때 개별기업의 수요곡선은 수평이며 한계수입곡선이다.
(O, ×)

03 완전경쟁시장에서 판매량이 증가하는 만큼 총수입은 비례적으로 증가한다. (O, ×)

04 완전경쟁시장에서 평균수입은 가격과 같다. (O, ×)

정답 및 해설
01 O
02 O
03 O
04 O

05 이윤극대화를 위해서는 한계수입과 한계비용이 같아야 한다. (O, X)
06 완전경쟁시장에서 이윤극대화 조건은 P = MC이다. (O, X)
07 P = MC의 조건은 완전경쟁시장에서만 효율성을 판단하는 기준이다. (O, X)
08 사회적으로 효율적인 생산량이 달성되는 조건은 평균수입 = 한계비용이다. (O, X)
09 완전경쟁시장에서의 손익분기점은 P = MC인 점이다. (O, X)
10 완전경쟁시장에서의 생산중단점은 P = AC인 점이다. (O, X)
11 완전경쟁시장의 개별기업의 수요곡선은 수평이며 한계수입곡선이다. (O, X)
12 고정비용이 전부 매몰비용일 경우 생산중단점은 평균비용곡선의 최저점이 된다. (O, X)
13 투입요소들의 가격이 평균비용보다 낮고 불변일 경우 시장전체의 공급곡선은 개별기업의 공급곡선을 수평으로 더하여 구할 수 있다. (O, X)
14 완전경쟁기업의 가격이 평균비용보다 낮고 평균가변비용보다 높으면 손실을 보더라도 조업을 계속하는 것이 합리적 선택이다. (O, X)
15 완전경쟁시장에서 기업의 단기공급곡선은 한계비용곡선에서 도출된다. (O, X)
16 초과이윤이 0이면 정상이윤도 0이라는 것을 의미한다. (O, X)
17 완전경쟁시장의 장기균형에서는 개별기업의 한계비용은 평균총비용보다 작다. (O, X)

정답 및 해설

05 O
06 O
07 O
08 O
09 × 손익분기점은 P = AC인 점이다.
10 × 조업중단점은 P = AVC
11 O
12 × 고정비용이 전부 매몰비용일 경우 고정비용을 고려할 필요가 없다. 따라서 평균비용이 아닌 평균가변비용이 생산중단점이 된다.
13 O
14 O
15 O
16 × 정상이윤은 비용에 포함되어 있다. 따라서 초과이윤이 0이면 정상이윤만 존재한다는 것을 의미한다.
17 × 완전경쟁시장의 장기균형에서는 개별기업의 한계비용은 평균총비용과 일치한다.

18	완전경쟁시장의 장기균형에서는 개별기업은 장기평균비용의 최저점에서 생산한다.	(O, ×)
19	완전경쟁시장에서는 단기균형에서는 이익과 손해 모두 발생할 수 있다.	(O, ×)
20	비용불변산업의 경우 장기균형가격은 시장수요의 크기에 영향을 받는다.	(O, ×)
21	비용체증산업의 경우 산업의 장기공급곡선은 우상향한다.	(O, ×)
22	완전경쟁시장에서 생산자잉여가 0보다 크더라도 생산을 중단하는 것이 유리할 수도 있다.	(O, ×)
23	완전경쟁시장에서 고정비용이 증가하면 개별기업의 단기공급곡선이 상방으로 이동한다.	(O, ×)
24	완전경쟁시장에서 장기에 개별기업은 규모에 대한 수익불변인 점에서 재화를 생산한다.	(O, ×)
25	개별기업의 수요곡선이 완전탄력적이므로 시장수요도 완전 탄력적이다.	(O, ×)
26	완전경쟁시장에서 한 기업이 현재 100개의 X를 단위당 100원에 팔고 있고, 이때 평균비용과 한계비용은 각각 160원과 100원이다. 이 기업은 이미 5,000원을 고정비용으로 지출한 상태이다. 이윤극대화를 추구하는 기업은 손해를 보고 있지만 생산을 계속해야 한다.	(O, ×)
27	A시장에는 동질적인 기업들이 존재하고 시장수요함수는 Q = 1,000 − P이다. 개별기업의 장기평균비용함수가 c = 100 + $(q-10)^2$일 때, 완전경쟁시장의 장기균형에서 존재할 수 있는 기업의 수 100개이다. (단, Q는 시장수요량, q는 개별기업의 생산량을 나타낸다.)	(O, ×)

정답 및 해설

18 O

19 O

20 × 비용불변산업의 경우 장기균형은 평균비용의 최저점에서 결정되므로 시장수요의 크기에 영향을 받지 않는다.

21 O

22 × 단기에 생산자잉여는 총수입 − 총가변비용이므로 생산자잉여가 0보다 크면 손실을 보더라도 생산을 지속하는 것이 유리하다.

23 × 고정비용이 증가하더라도 한계비용은 변하지 않으므로 개별기업의 공급곡선은 이동하지 않는다.

24 O

25 × 시장수요곡선은 수요법칙이 통하므로 가격과 수요량은 반비례한다. 따라서 완전탄력적은 아니다.

26 × 총고정비용 TFC = 5,000원이고, 생산량 Q = 100단위이므로 평균고정비용 AFC = 50원이다. 생산량이 100단위일 때 평균비용 AC = 160원이고 평균고정비용 AFC = 50원이므로 평균가변비용 AVC = 110원이다. 완전경쟁시장의 조업중단점은 가격 = 평균가변비용이므로 조업을 중단해야 한다.

27 × 1) 개별기업의 장기평균비용함수가 c = 100 + $(q-10)^2$일 때 개별기업의 최소장기평균비용이 100이며 생산량은 10이다.
2) 완전경쟁시장의 장기균형가격은 개별기업의 최소장기평균비용과 같으므로 P = 100이 된다.
3) 이제 P = 100을 시장수요함수에 대입하면 시장수요량 Q = 900이다.
4) 시장수요량이 900이고, 개별기업의 생산량이 10이므로 장기에 이 시장에는 90개의 기업이 존재하게 된다.

28. 완전경쟁시장에서 A기업의 단기총비용함수는 STC = 100 + $\frac{wq^2}{200}$ 이다. 임금이 4이고, 시장 가격이 1 일 때 단기공급량은 100이다. (단, w는 임금, q는 생산량) (O, ×)

29. 완전경쟁시장에서 개별기업은 U자형 평균비용곡선과 평균가변비용곡선을 가진다. 시장가격이 350일 때, 생산량 50 수준에서 한계비용은 350, 평균비용은 400, 평균가변비용은 200인 경우, 생산량 50에서 음(−)의 이윤을 얻고 있다. (O, ×)

30. 완전경쟁시장에서 이윤 극대화를 추구하는 기업 A의 공급곡선은 $Q_A(P) = \frac{P}{2}$ 이다. 이 기업의 생산량이 5일 때, 가변비용은 25이다. (단, Q_A는 공급량, P는 가격이다.) (O, ×)

31. 완전경쟁시장에서 기업이 모두 동일한 장기평균비용함수 LAC(q) = 40 − 6q + $\frac{1}{3}q^2$과 장기한계비용함수 LMC(q) = 40 − 12q + q^2을 갖는다. 시장수요곡선은 D(P) = 2,200 − 100P일 때, 장기균형에서 시장에 존재하는 기업의 수는 50개이다. (단, q는 개별기업의 생산량, P는 가격) (O, ×)

정답 및 해설

28 ×
1) 완전경쟁시장의 조건은 P = MC이다.
2) 주어진 총비용함수를 미분하면 SMC = $\frac{1}{100}wq$이다.
3) 시장가격이 1, 임금이 4이므로 1 = $\frac{1}{100}4q$ → q = 25이다.

29 O
1) 시장가격이 평균가변비용보다 높고 평균비용보다 작으므로 손실을 보고 있다.
2) 이 경우 단기적으로 생산하나 장기적으로 생산을 중단하여야 한다.

30 O
1) 완전경쟁시장의 이윤극대화 조건은 P = MC이다.
2) 문제의 공급곡선을 변형하면 P = 2Q_A이므로 MC = 2Q이다.
3) MC는 가변비용을 미분해서 만들어진 것이므로 TVC = Q^2이다.
4) Q = 5이므로 이를 대입하면 TVC = 25이다.

31 ×
1) 완전경쟁시장의 장기균형은 장기평균비용의 최저점과 가격이 동일하다.
2) 장기평균비용의 최저점을 구하면 −6 + $\frac{2}{3}q$ = 0 → q = 9이다.
3) 완전경쟁시장에 P=MC이므로 장기한계비용에 q = 9를 대입하면 40 − 108 + 81 = 13 → P = 13이다.
4) 시장수요함수에 P = 13을 대입하면 시장수요량 Q = 900이다.
5) 기업수 × 개별기업의 생산량 = 시장수요량이므로 100개의 기업이 필요하다.

32 완전경쟁시장에서 기업 A의 총비용함수는 $TC = 10Q^2 + 4Q + 10$이다. 기업 A가 생산하는 재화의 시장가격이 64일 때 생산자잉여는 128이다. (O, X)

33 단기의 완전경쟁시장에서 기업 A의 고정비용은 0이고, 평균가변비용이 $AVC(q) = q^2 - 6q + 18$ (q: 생산량)이라 할 때 시장가격이 6일 때 한계비용이 최소가 된다. (O, X)

34 어느 완전경쟁시장에서 X재에 대한 개별 기업의 총비용함수는 $TC = 100 + \frac{1}{4}q^2$으로 주어져 있다. 현재 이 시장에서 X재를 생산하는 50개의 기업은 모두 동일한 비용함수를 갖는다. 시장수요곡선이 Q^D = 1800 − 20P일 때, 개별 기업의 단기 공급곡선은 q = 4P이다. (단, TC는 총비용, q는 개별 기업의 생산량, Q^D는 시장 수요량, P는 X재의 가격이다.) (O, X)

정답 및 해설

32 X
1) '생산자 잉여 = 총수입 − 총가변비용'이다.
2) 완전경쟁시장의 이윤극대화 생산량은 P = MC에서 성립한다.
3) $64 = 20Q + 4$ ➜ $Q = 3$이 도출된다.
4) 총수입은 64 × 3 = 192이다.
5) 총가변비용은 고정비용을 제외한 $10Q^2 + 4Q = 10 × 9 + 4 × 3 = 102$이다.
6) 따라서 생산자잉여는 192 − 102 = 90이다.

33 O
1) 한계비용은 총가변비용을 미분한 값이다.
2) $AVC(q) = q^2 - 6q + 18$ ➜ $TVC(q) = q^3 - 6q^2 + 18q$ ➜ $MC(q) = 3q^2 - 12q + 18$이다.
3) 한계비용의 최소값을 구하기 위해 미분하여 0으로 두면 $6q - 12 = 0$ ➜ $q = 2$이다.
   이를 한계비용함수에 대입하면 12 − 24 + 18 = 6이다. 따라서 시장가격이 6일 때 한계비용이 최소가 된다.

34 X 단기공급곡선은 AVC를 상회하는 MC곡선이다. $TVC = \frac{1}{4}q^2$ ➜ $AVC = \frac{1}{4}q$이고 MC는 $\frac{1}{2}q$이므로 MC곡선이 단기공급곡선이 된다. 이윤극대화 조건은 P = MC이므로 $P = \frac{1}{2}q$ ➜ q = 2P가 단기 공급곡선이다.

35 완전경쟁시장에서 기업이 노동과 자본을 고용하여 생산하고 있는데, 이 기업의 생산함수는 $Q=\sqrt{LK}$ 이다. 현재 자본의 투입량은 10이고, 노동과 자본의 가격은 각각 1이다. 이 기업의 단기조업중단점과 일치하는 가격 수준은 0이다. (○, ×)

36 단기 완전경쟁시장에서 이윤극대화하는 A기업의 현재 생산량에서 한계비용은 50, 평균가변비용은 45, 평균비용은 55이다. 시장가격이 50일 때, 총수입으로 고정비용을 모두 충당하고 있다. (○, ×)

37 완전경쟁시장에서 개별기업은 U자형 평균비용곡선과 평균가변비용곡선을 가진다. 시장가격이 350일 때, 생산량 50 수준에서 한계비용은 350, 평균비용은 400, 평균가변비용은 200이다. 이윤극대화 시 평균가변비용곡선이 우상향하는 구간에 생산량 50이 존재한다. (○, ×)

38 완전경쟁시장에서 이윤극대화를 추구하는 기업들의 장기비용함수는 $C=0.5q^2+8$로 모두 동일하다. 시장수요함수가 $Q_D=1,000-10P$일 때, 장기균형에서 시장 참여기업의 수 240개이다. (단, C는 개별기업 총비용, q는 개별기업 생산량, Q_D는 시장 수요량, P는 가격을 나타낸다.) (○, ×)

정답 및 해설

35 ○ 1) 단기조업중단점은 AVC이다.

2) $Q=\sqrt{10L}$ ➡ $Q^2=10L$ ➡ $L=\dfrac{Q^2}{10}$

3) TC = wL + rK ➡ TC = L + 10 ➡ TC $=\dfrac{Q^2}{10}+10$

4) AVC $=\dfrac{TVC}{Q}=\dfrac{\frac{Q^2}{10}}{Q}=\dfrac{Q}{10}$ ➡ 직선의 형태이므로 단기조업중단점은 0이다.

5) 그래프

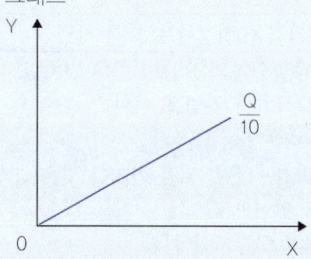

36 × 가격이 평균가변비용보다 크고 평균비용보다 작으므로 총수입으로 가변비용을 전부 충당하고 있으며 고정비용을 일부 충당하고 있다.

37 ○

38 ○ 1) 장기평균비용의 최저점에서 완전경쟁시장의 장기균형이 이루어진다.

2) 평균비용은 $\dfrac{1}{2}q+\dfrac{8}{q}$이므로 미분하여 최저점을 찾으면 $\dfrac{1}{2}-\dfrac{8}{q^2}=0$ ➡ $\dfrac{1}{2}=\dfrac{8}{q^2}$ ➡ q = 4이다.

3) 따라서 평균비용은 4이므로 장기완전경쟁시장의 가격 4이다.

4) 가격이 4일 Q = 960이므로 기업수 × 개별기업의 수량 = 시장거래량이므로 4 × 240 = 960이다.

Topic 11 독점시장

[핵심정리]

특징	1) **시장 지배력**: 독점 기업은 시장 지배력(market power)을 가지며, 가격 설정자(price setter)로 행동 가격 차별(price discrimination)가능 2) **우하향의 수요 곡선**: 독점 기업이 직면하는 수요 곡선은 시장 전체의 수요 곡선이며, 독점 기업의 공급량은 그 상품에 대한 시장의 총 공급량과 일치 3) **대체재의 부재**: 아주 밀접한 대체재를 생산하는 경쟁상대 기업으로부터 도전받지 않음
이윤극대화	1) 이윤극대화 조건 MR = MC 2) 가격 결정자이므로 P > MR ➔ P > MC성립
단기균형과 장기균형	1) **단기균형**: 초과이윤, 정상이윤, 손실 모두 경험가능 2) **장기균형**: 초과이윤이 발생하며, 초과설비 보유
독점에 대한 가격규제	1) **한계비용 가격설정**: 산출량은 효율적이나 기업은 손실을 입게 됨 2) **평균비용 가격설정**: 기업은 초과이윤이 없는 정상이윤 상태이나 산출량이 과소생산임
다공장 독점	1) 시장은 하나이지만 공장은 2개이다. 2) 다공장 독점의 기업 생산량 구하는 방법 ① $MR = MC_1$, $MR = MC_2$ ② 위의 결과를 연립하여 구한다. ③ 또는 총생산량이 주어진 경우 연립하여 구한다.
이부가격제	1) 소비자로 하여금 일정한 금액을 지불(= 가입비)하고 특정상품을 사용할 권리를 사게 한 다음, 그것을 사는 양에 비례해 추가적인 가격을 지불(= 사용료)하게 하는 방법이다. 2) 독점적 생산자가 소비자잉여의 크기를 예상해 이를 가입비로 받는다. 3) 사용료는 한계비용과 일치시킴으로써 이윤 극대화를 시도한다.
1급 가격 차별	1) 판매될 상품의 모든 단위에 대해 상이한 가격을 설정하여 소비자가 지불하고자 하는 최고가격을 받아내는 가격 차별 2) 독점기업의 산출량은 완전경쟁시장과 동일하므로 효율성은 이루어지지만, 모든 잉여를 독점기업이 차지하게 되어 소득분배는 불공평해짐
2급 가격 차별	상품을 수량별로 분류하여 서로 다른 가격을 설정하는 가격 차별
3급 가격 차별	1) 조조할인과 주말영화, 주중열차와 주말열차의 요금이 다른 것처럼 수요의 가격탄력성이 서로 다른 시장에서 이용하는 가격 차별을 의미 2) **조건** ① 동일한 재화이어야 함, 다른 재화가 다른 가격을 가지는 것은 가격차별이 아님 ② 판매자가 시장 지배력을 지니고 있어야 함 ③ 서로 다른 고객 또는 시장이 쉽게 구분되어야 함 ④ 상이한 시장 사이에 상품의 재판매가 불가능해야 함 ⑤ 상이한 시장 사이에 수요의 가격 탄력성이 달라야 함 3) 일반적으로 탄력성이 큰 시장에 대해서는 낮은 가격, 탄력성이 작은 시장에 대해서는 높은 가격 적용 4) **가격차별 계산문제** ① 기업은 하나이지만 시장은 2개이다. ② $MR_1 = MC$, $MR_2 = MC$ ③ 아모르소-로빈슨 공식 이용: $P_1(1-\frac{1}{\epsilon_1}) = P_2(1-\frac{1}{\epsilon_2})$

[핵심정리 O/X]

01 기업은 완전경쟁시장은 가격 수용자, 독점시장은 가격 결정자이다. (O, X)

02 독점기업은 한계수입과 한계비용이 일치하도록 생산한다. (O, X)

03 독점기업의 단기공급곡선은 평균비용곡선에서 도출된다. (O, X)

04 독점기업은 공급곡선을 갖지 않는다. (O, X)

05 독점시장의 한계수입곡선의 기울기는 수요곡선의 기울기의 2배이다. (O, X)

06 독점기업의 한계수입이 하락하는 이유는 추가로 판매하기 위해서는 가격을 내려야 하기 때문이다. (O, X)

07 독점기업은 수요의 가격탄력성이 비탄력적인 곳에서 생산한다. (O, X)

08 어느 독점기업이 직면하는 시장수요함수는 $P = 30 - Q$이며, 한계비용이 20일 때 이윤을 극대화할 때의 생산량은 10이다. (단, Q는 생산량이다.) (O, X)

09 일반적인 독점기업의 이윤극대화 가격은 한계비용보다 높다. (O, X)

10 단기인 경우 독점기업이 양(+)의 경제적 이윤을 획득할 수 없는 경우도 있다. (O, X)

11 일반적인 독점기업이 현재 생산량에서 한계수입이 한계비용보다 높은 상태라면 이윤극대화를 위하여 가격을 인상하여야 한다. (O, X)

12 일반적인 독점기업의 이윤극대화 가격은 독점 균형거래량에서의 평균수입과 같다. (O, X)

정답 및 해설

01 O
02 O
03 X 독점기업의 단기공급곡선은 존재하지 않는다.
04 O
05 O
06 O
07 X 수요의 가격탄력성이 비탄력적인 곳은 한계수입이 음수(-)이므로 생산하지 않는다.
08 X 시장수요함수가 $P = 30 - Q$이므로 한계수입 $MR = 30 - 2Q$이다. 이윤극대화 생산량을 구하기 위해 $MR = MC$로 두면 $30 - 2Q = 20$, $Q = 5$이다.
09 O
10 O
11 X 현재 생산량에서 한계수입이 한계비용보다 높은 상태라면 이윤극대화를 위하여 가격을 인하하여야 한다.
12 O

13 일반적인 독점기업의 이윤극대화는 한계비용과 한계수입이 일치하는 생산수준에서 이루어진다.
(O, X)

14 시장 간 재판매가 허용될 때 가격차별정책은 성공할 수 있다. (O, X)

15 제1급 가격차별이 시행되면 재화의 단위에 상관없이 가격이 같게 설정된다. (O, X)

16 독점기업이 시장에서 한계수입보다 높은 수준으로 가격을 책정하는 것은 가격차별전략이다.
(O, X)

17 독점기업의 한계수입은 가격보다 낮은 반면, 완전경쟁기업의 한계수입은 시장가격과 같다.
(O, X)

18 독점기업의 한계수입곡선은 우상향하는 반면, 완전경쟁기업의 한계수입곡선은 우하향한다. (O, X)

19 독점기업이 직면하는 수요곡선은 우하향하는 반면, 완전경쟁기업이 직면하는 수요곡선은 수평이다.
(O, X)

20 단기균형에서 독점기업은 가격이 한계비용보다 높은 점에서 생산하는 반면, 완전경쟁기업은 시장가격과 한계비용이 같은 점에서 생산한다. (O, X)

21 장기균형에서 독점기업은 경제적 이윤을 얻을 수 있는 반면, 완전경쟁기업은 경제적 이윤을 얻을 수 없다.
(O, X)

22 1급 가격차별의 경우 생산량은 완전경쟁시장과 같다. (O, X)

23 2급 가격차별은 소비자들의 구매수량과 같이 구매 특성에 따라서 다른 가격을 책정하는 경우 발생한다.
(O, X)

정답 및 해설

13 O
14 X 시장 간 재판매가 허용된다면 싼 시장에서 사다가 비싼 시장에 판매하게 되므로 가격차별 정책은 성공할 수 없다.
15 X 제1급 가격차별은 모든 지불용의를 다 받는 것이므로 소비자마다 다르게 설정된다.
16 X 가격차별은 동일한 재화를 다른 가격에 파는 것이다. 한계수입보다 가격이 높은 것은 독점의 특징이다.
17 O
18 X 독점기업의 한계수입곡선은 우하향하는 반면, 완전경쟁기업의 한계수입곡선은 수평이다.
19 O
20 O
21 O
22 O
23 O

24	3급 가격차별의 경우 재판매가 불가능해야 가격차별이 성립한다.	(O, X)
25	1급 가격차별을 실시하면 소비자 잉여는 0이 된다.	(O, X)
26	3급 가격차별에서 탄력적인 시장에는 싸게 비탄력적인 시장에는 비싸게 공급해야 한다.	(O, X)
27	두 시장에서 가격차별을 통해 이윤을 극대화하려는 독점기업이 상품의 가격을 A시장에서 1,500원으로 책정한다면 B시장에서 책정해야 하는 가격은 1,000원이다. (단, A시장에서 수요의 가격탄력성은 3이고, B시장에서는 2이다.)	(O, X)
28	자연독점은 규모의 경제가 있을 때 발생할 수 있다.	(O, X)
29	자연독점 발생시 평균비용이 한계비용보다 크다.	(O, X)
30	생산량 증가에 따라 한계비용이 반드시 하락한다.	(O, X)
31	가격을 한계비용과 같게 설정하면 손실이 발생할 수 있다.	(O, X)
32	1급 가격차별 시 소비자잉여는 0보다 크다.	(O, X)
33	1급 가격차별 시 사중손실(deadweight loss)은 0보다 크다.	(O, X)
34	2급 가격차별의 대표적인 예로 영화관의 조조할인이 있다.	(O, X)

정답 및 해설

24 O
25 O
26 O
27 X
1) 가격차별 독점기업의 균형에서는 $MR_A = MR_B$ 가 성립한다.
2) $MR = P(1 - \frac{1}{\varepsilon})$로 나타낼 수 있으므로 가격차별 독점기업의 균형에서는 $P_A(1 - \frac{1}{\varepsilon_A}) = P_B(1 - \frac{1}{\varepsilon_B})$가 성립한다.
3) 이 식에 문제에 주어진 수치를 대입하면 $1,500(1 - \frac{1}{3}) = P_B(1 - \frac{1}{2})$, $1,000 = \frac{1}{2}P_B$이므로 $P_B = 2,000$이다.

28 O
29 O
30 X 평균비용이 한계비용보다 크면 될 뿐 반드시 하락할 필요는 없다.
31 O
32 X 1급 가격차별 시 소비자잉여는 0이다.
33 X 1급 가격차별 시 사중손실(deadweight loss)은 0이다.
34 X 3급 가격차별의 대표적인 예로 영화관의 조조할인이 있다.

35 3급 가격차별 시 한 시장에서의 한계수입은 다른 시장에서의 한계수입보다 크다. (O, X)

36 3급 가격차별 시 수요의 가격탄력성이 상대적으로 작은 시장에서 더 높은 가격이 설정된다. (O, X)

37 놀이공원 입장료는 성인 5만원, 청소년 3만원인 것은 가격 차별의 사례이다. (O, X)

38 주간 근무자 수당은 1만원, 야간 근무자의 수당은 1만 5천원인 것은 가격차별의 사례이다. (O, X)

39 독점이윤에 대해 30%의 세금을 부과하면 생산량이 줄고 가격이 올라간다. (O, X)

40 〈규모에 대한 수확체증인 공공서비스 공급일 경우〉 한계비용 가격설정방법으로 요금을 결정하면, 공급되는 공공서비스 양은 효율적이다. (O, X)

41 〈규모에 대한 수확체증인 공공서비스 공급일 경우〉 한계비용 가격설정방법으로 요금을 결정하면, 공공서비스를 생산하는 기관은 이윤을 창출할 수 없다. (O, X)

42 〈규모에 대한 수확체증인 공공서비스 공급일 경우〉 평균비용 가격설정방법으로 요금을 결정하면, 공급되는 공공서비스 양은 비효율적이다. (O, X)

43 〈규모에 대한 수확체증인 공공서비스 공급일 경우〉 평균비용 가격설정방법으로 요금을 결정하면, 공공서비스를 생산하는 기관은 이윤을 창출할 수 있다. (O, X)

44 〈규모에 대한 수확체증인 공공서비스 공급일 경우〉 이부가격제도(two-part tariff)는 기업의 손실 규모를 줄이기 위하여 도입된다. (O, X)

45 사용료를 한계비용에 일치시키기만 하면 가입비의 크기는 효율적인 자원배분에 영향을 미치지 않는다. (O, X)

정답 및 해설

35 X 3급 가격차별 시 한 시장에서의 한계수입은 다른 시장에서의 한계수입과 동일하다.
36 O
37 O
38 X 힘든 일에 더 높은 임금을 주는 것으로 보상적 임금격차에 해당한다.
39 X 이윤세는 생산 후에 발생한 이윤에 조세를 붙인 것이므로 이윤극대화 생산량에 영향을 주지 않는다.
40 O
41 O
42 O
43 X 정상이윤으로 초과이윤은 존재하지 않는다.
44 O
45 X 이부가격제하에서 가입비가 너무 높게 설정되면 일부 소비자들이 그 재화의 구입을 포기할 것이므로 효율적인 수준까지 공급되지 못할 가능성이 있다.

46 독점기업 A가 직면한 수요함수는 Q = −0.5P + 15, 총비용함수는 TC = Q^2 + 6Q + 3이다. 이윤을 극대화할 때, 이윤은 45이다. (단, P는 가격, Q는 생산량, TC는 총비용이다.) (O, ×)

47 두 공장 1, 2를 운영하고 있는 기업 A의 비용함수는 각각 $C_1(q_1) = q_1^2$, $C_2(q_2) = 2q_2$이다. 총비용을 최소화하여 5단위를 생산하는 경우, 공장 1에서 4개를 생산한다. (단, q_1은 공장 1의 생산량, q_2는 공장 2의 생산량이다.) (O, ×)

48 甲국과 乙국에서 X재를 독점 생산하는 기업이 있다. X재에 대한 수요의 가격탄력성은 甲국에서 2이고 乙국에서 3이다. 이 기업이 甲국에서 X재를 1,200에 판매하고 있다면, 乙국에서의 판매가격은 900이다. (O, ×)

49 X재를 공급하는 독점기업 A는 시장 1과 시장 2가 각기 다른 형태의 수요곡선을 갖고 있음을 알고 있다. 기업 A가 당면하는 시장 1과 시장 2에서의 역수요함수는 다음과 같다.

- 시장 1: $P_1 = 12 - 2Q_1$
- 시장 2: $P_2 = 8 - 2Q_2$

상품의 한계비용이 2일 때, 이윤을 극대화하는 독점기업 A는 시장 2에서의 판매량이 시장 1에서의 판매량보다 크다. (단, P_i는 시장 i에서 X재의 가격, Q_i는 시장 i에서 X재의 수요량이다.) (O, ×)

정답 및 해설

46 O
1) 독점시장의 이윤극대화 생산량은 MR = MC이다.
2) 수요함수를 변형하면 P = −2Q + 30 ➔ MR = −4Q + 30이다.
3) 총비용함수를 미분하면 MC = 2Q + 6이다.
4) −4Q + 30 = 2Q + 6 ➔ 6Q = 24 ➔ Q = 4이다.
5) 이윤 = 총수입 − 총비용이므로 총수입 $-2Q^2 + 30Q - Q^2 - 6Q - 3 = -3Q^2 + 24Q - 3 = -3 \times 16 + 24 \times 4 - 3 = 45$이다.

47 ×
1) 두 공장의 총생산량은 5개이므로 $q_1 + q_2 = 5$이다.
2) 다공장독점의 균형조건은 $MC_1 = MC_2$이므로 $2q_1 = 2$ ➔ $q_1 = 1$이다.

48 O
1) 가격차별이므로 $MR_甲 = MR_乙 = MC$가 성립한다.
2) 아모르소-로빈슨 공식을 이용하면 $P_甲(1 - \frac{1}{2}) = P_乙(1 - \frac{1}{3})$ ➔ 甲의 가격이 1,200을 대입하면 $600 = \frac{2}{3}P_乙$ ➔ $P_乙 = 900$이다.

49 ×
1) 가격차별의 조건은 $MR_1 = MR_2 = MC$이다.
2) 시장 1에서 $MR_1 = MC$이므로 $12 - 4Q_1 = 2$ ➔ $Q_1 = 2.5$이고 이를 수요곡선에 대입하면 $P_1 = 7$이다.
3) 시장 2에서 $MR_2 = MC$이므로 $8 - 4Q_2 = 2$ ➔ $Q_2 = 1.5$이고 이를 수요곡선에 대입하면 $P_2 = 5$이다.

50 독점기업이 생산하여 판매하는 X재를 두 개의 지역시장으로 나누어 가격차별을 실시할 때, 독점기업이 당면하는 시장 1과 시장 2에서의 수요함수와 총비용함수는 다음과 같다. 기업의 이윤을 극대화시키는 각 시장에서의 가격은 P_1=44, P_2=34이다. (단, 소비자 간의 차익거래는 금지되어 있고, P_i는 시장 i의 X재 가격, Q_i는 시장 i의 X재 수요량이고, i =1, 2이다.) (O, X)

- 시장 1: $P_1 = 55 - Q_1$
- 시장 2: $P_2 = -\frac{1}{2}Q_2 + 35$
- 총비용함수: $TC = \frac{1}{2}Q^2 + 5Q + 10$ (단, $Q = Q_1 + Q_2$)

51 독점기업 A의 비용함수는 $C(Q) = 20Q$이고 개별 소비자의 수요함수는 모두 동일하게 $Q = 100 - P$ (Q: 수량, P: 가격)이다. 이 기업은 이부가격제(two-part tariff)를 이용해 이윤을 극대화하려고 한다. 이때 기본요금은 3,200으로 책정할 수 있다. (O, X)

정답 및 해설

50 X
1) 이윤극대화 조건은 MR = MC이다.
2) 시장 $Q = Q_1 + Q_2$로 구성된다.
3) 시장 1의 이윤극대화: $55 - 2Q_1 = Q_1 + Q_2 + 5$ ➡ $3Q_1 + Q_2 = 50$
4) 시장 2의 이윤극대화: $35 - Q_2 = Q_1 + Q_2 + 5$ ➡ $Q_1 + 2Q_2 = 30$
5) 두 식을 연립하면 $Q_1 = 14$, $Q_2 = 8$이다.
6) 각 기업의 이윤극대화 수량을 각 수요곡선에 대입하면 $P_1 = 55 - 14 = 41$, $P_2 = -\frac{1}{2} \times 8 + 35 = 31$이다.

51 O
1) 그래프

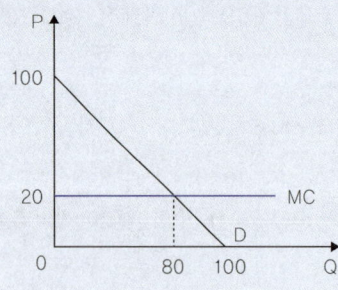

2) 단위당 사용료는 한계비용이므로 $MC = 20$이다.
3) 기본요금은 소비자잉여에 해당하는 부분이다.
4) 따라서 $80 \times 80 \times \frac{1}{2} = 3,200$이다.

Topic 12 독점적 경쟁시장

[핵심정리]

특징	1) 기업이 어느 정도의 시장 지배력을 가지므로 단기에 우하향의 수요 곡선에 직면함 2) 다수의 판매자가 자유로운 진입과 퇴거 3) 경쟁이 제품 가격보다는 판매 서비스나 품질의 개선, 혹은 광고 등의 비가격 경쟁의 형태로 일어남
독점적 경쟁 기업의 균형	1) **개별기업이 직면하는 수요곡선**: 독점적 경쟁기업은 제품의 차별화로 약간의 시장 지배력을 가지므로 수요곡선이 우하향하나 다수의 대체재가 존재하므로 독점보다는 탄력적인, 즉 완만한 형태임 2) 단기에서는 초과 이윤 가능하나 장기에서는 정상 이윤만 획득 3) 완전 경쟁 시장보다 가격은 높고 산출량은 적음, 그러나 제품의 다양화를 통한 선택의 폭이 넓어짐
평가	1) 다양한 재화를 생산하므로 소비자후생이 증가함 2) 독점과 마찬가지로 P > MC이므로 자원배분이 비효율적임 3) 비가격경쟁에 의한 자원의 낭비가 발생함 4) 독점보다는 작지만 초과설비가 존재함

[핵심정리 O/X]

01 완전경쟁과 마찬가지로 다수의 기업이 존재하며, 진입과 퇴출이 자유롭다. (O, ×)

02 독점적 경쟁기업은 차별화된 상품을 생산함으로써, 어느 정도 시장지배력을 갖는다. (O, ×)

03 독점적 경쟁기업 간의 경쟁이 판매서비스, 광고 등의 형태로 일어날 때, 이를 비가격경쟁이라고 한다. (O, ×)

04 독점적 경쟁기업은 독점기업과 마찬가지로 과잉설비를 갖지 않는다. (O, ×)

05 독점적 경쟁기업의 상품은 독점기업의 상품과 달리 대체재가 존재한다. (O, ×)

06 독점적 경쟁시장은 진입장벽이 존재하지 않기 때문에 기업의 진입과 퇴출은 자유롭다. (O, ×)

정답 및 해설

01 O
02 O
03 O
04 × 수요곡선이 우하향하므로 과잉설비(= 초과설비)를 가진다.
05 O
06 O

07 독점적 경쟁시장의 개별 기업은 차별화된 상품을 공급하며, 우하향하는 수요곡선에 직면한다.
(O, ×)

08 독점적 경쟁시장의 개별 기업은 자신의 가격책정이 다른 기업의 가격결정에 영향을 미친다고 생각하면서 행동한다.
(O, ×)

09 독점적 경쟁시장의 개별 기업은 단기에는 초과이윤을 얻을 수 있지만, 장기에는 정상이윤을 얻는다.
(O, ×)

10 독점적 경쟁의 장기균형에서는 상품의 가격이 장기 한계비용보다 높은 수준에서 결정된다. (O, ×)

11 독점적 경쟁의 장기균형에서는 초과설비가 관측된다. (O, ×)

12 독점적 경쟁의 경우 평균비용에 근거한 가격책정이 일반적이다. (O, ×)

13 장기균형하에서, 완전경쟁 기업의 이윤은 0인 반면, 독점적 경쟁 기업과 독점 기업의 이윤은 0보다 크다.
(O, ×)

14 이윤극대화를 추구하는 독점적 경쟁시장의 개별 기업은 한계수입이 한계비용보다 높은 수준에서 산출량을 결정한다.
(O, ×)

15 이윤극대화를 추구하는 독점적 경쟁시장의 개별 기업은 한계수입이 가격보다 낮은 수준에서 산출량을 결정한다.
(O, ×)

16 이윤극대화를 추구하는 독점적 경쟁시장의 개별 기업이 직면하는 수요곡선은 우하향한다. (O, ×)

17 이윤극대화를 추구하는 독점적 경쟁시장의 개별 기업의 장기적 이윤은 0이다. (O, ×)

정답 및 해설

07 O

08 × 과점시장에 대한 설명이다.

09 O

10 O

11 O

12 × 이윤극대화를 위해서는 한계비용과 한계수입이 동일한 수준에서 생산량이 결정되고 이를 수요곡선에 대입하여 가격이 설정된다.

13 × 완전경쟁시장과 독점적 경쟁시장은 진입장벽이 존재하지 않으므로 장기균형에서 완전경쟁기업과 독점적 경쟁기업의 이윤은 모두 0이 된다.

14 × 이윤극대화 조건은 한계수입 = 한계비용이 성립한다.

15 O

16 O

17 O

18 평균비용이 U자 형태라면 독점적 경쟁시장의 장기균형가격은 완전경쟁시장의 장기평균가격보다 반드시 높다. (O, ×)

19 완전경쟁시장에서 상품가격은 한계비용과 일치하지만 독점적 경쟁시장에서 상품가격은 한계비용보다 크다. (O, ×)

20 기업은 완전경쟁시장에서 장기적으로 이윤을 얻을 수 없지만 독점적 경쟁시장에서는 장기적으로 이윤을 얻는다. (O, ×)

21 독점적 경쟁시장의 기업과 독점시장의 기업은 모두 경제적 순손실이 발생한다. (O, ×)

정답 및 해설
18 O
19 O
20 × 독점적 경쟁시장의 장기균형에서 경제적이윤은 0이다.
21 O

Topic 13 과점시장

[핵심정리]

특징	1) 상당한 정도의 진입 장벽 존재 2) 기업 간 상호 의존 관계가 큼 3) 치열한 비가격 경쟁과 가격의 경직성 4) 담합 또는 기타 공동 행위와 같은 비경쟁행위를 하려는 경향이 강함

꾸르노 모형	1) 수량모형
	2) 복점인 경우 완전경쟁수준의 $\frac{2}{3}$를 생산하여 두 기업이 둘로 동일하게 나누어 생산 → 기업이 n개인 경우 전체 생산량은 $\frac{n}{n+1}$임
	3) 꾸르노 복점 계산문제
	  ① 한계비용이 일정한 경우는 완전경쟁수준의 생산을 구하고 이를 $\frac{2}{3}$가 둘로 나누어 생산함
	  ② 한계비용이 다른 경우는 두기업의 반응곡선을 구하여 연립하여 구함
	  ③ 반응곡선은 각 기업의 이윤극대화 생산량을 의미함

슈타겔버그 모형	1) 수량모형 2) 꾸르노 모형의 비현실성을 비판하여 슈타겔버그 모형은 두 기업 중 하나 또는 둘 모두가 산출량에 대하여 추종자가 아닌 선도자로서의 역할을 하는 모형이 일반적 3) 슈타겔버그 모형의 생산량은 꾸르노 모형보다 많은 완전경쟁의 $\frac{3}{4}$만큼 생산 4) 선도자가 $\frac{1}{2}$, 추종자가 $\frac{1}{4}$씩을 각각 생산한다.

베르트랑 모형	1) 가격모형(순수과점)
	  기업 A가 주어진 시장수요하에서 독점공급자로서 이윤극대화 가격을 결정하면 다른 기업 B는 이보다 약간 낮은 가격을 설정한다.
	2) 다시 A는 B보다 약간 낮은 가격을 설정하며 이러한 가격경쟁 과정을 반복하면 결국 두 기업은 모두 0의 가격으로 공급한다.
	3) 한계비용이 0이 아닐 때는 완전경쟁시장에서와 같이 한계비용과 같은 수준으로 가격(P = MC)이 결정된다.
	4) 베르트랑 모형 계산문제(차별과점)
	  ① 두 기업이 동등한 경우 각 기업의 이윤극대화 가격을 구하는 반응곡선을 연립하여 구한다.
	  ② 한 기업이 선도자, 다른 기업이 추종자인 경우 추종자의 반응곡선을 구한 후 선도자의 반응곡선에 대입하여 구한다.

내쉬균형	상대방의 전략을 주어진 것으로 보고 각 경기자가 자신에게 가장 유리한 전략을 선택하였을 때 도달하는 균형을 찾는 것으로, 게임이론에서 가장 일반적으로 사용하는 균형 개념이다.
우월전략	상대방의 전략과는 관계없이 자신의 보수를 가장 크게 만드는 전략을 우월전략(지배전략)이라고 하며, 이때 도달한 균형을 우월전략균형이라고 한다.
순차게임	한 경기자가 먼저 전략을 선택하고 난 다음 다른 경기자가 전략을 선택하는 게임이다. 마지막 단계에 있는 경기자의 최적대응을 찾아낸 다음 거꾸로 올라가는 방식으로 균형을 찾는 역진적 귀납법을 사용한다.

[핵심정리 O/X]

01 두 기업이 특정시장을 50 : 50으로 양분하고 있으면 허핀달지수에 의한 독과점은 5,000이다.
(O, X)

02 굴절수요곡선은 과점가격의 경직성을 설명한다. (O, X)

03 굴절수요곡선의 한계수입곡선에는 불연속한 부분이 있다. (O, X)

04 굴절수요곡선은 원점에 대해 볼록한 모양을 갖는다. (O, X)

05 굴절수요곡선이론에서 한 기업이 가격을 내리면 나머지 기업들도 같이 내리려 한다. (O, X)

06 굴절수요곡선이론에서 기업은 한계비용이 일정 범위 내에서 변해도 가격과 수량을 쉽게 바꾸려 하지 않는다. (O, X)

07 스위지의 굴절수요곡선 모형에서는 가격인하를 시도할 때 가격의 추측된 변화는 양의 값을 갖는다.
(O, X)

08 꾸르노 모형에서는 산출량의 추측된 변화가 0이라고 가정한다. (O, X)

09 꾸르노(A. Cournot) 모형과 베르뜨랑(J. Bertrand) 모형은 모두 동질적인 상품의 판매를 전제로 한다.
(O, X)

10 꾸르노 경쟁(Cournot competition)에서는 각 기업이 상대방의 현재가격을 주어진 것으로 보고 자신의 가격을 결정하는 방식으로 경쟁한다. (O, X)

정답 및 해설

01 O
02 O
03 O
04 X 원점에 대해 오목한 형태를 가진다.
05 O
06 O
07 O
08 O
09 O
10 X 꾸르노 모형은 가격 결정모형이 아니라 생산량 결정모형이다.

11 꾸르노 과점시장모델에서 기업수가 많아질수록 시장전체의 산출량은 증가한다. (O, X)

12 꾸르노 모형의 균형가격은 완전경쟁시장의 장기 균형가격보다 낮을 수 없다. (O, X)

13 기업들이 각자의 생산량을 동시에 결정하는 꾸르노(Cournot) 복점모형에서 시장 수요곡선이 $P = 60 - Q$로 주어지고, 두 기업의 한계비용은 30으로 동일하다. 이때 내쉬(Nash)균형에서 각 기업의 가격은 40으로 동일하다. (단, P는 가격, Q는 총생산량, Q는 $Q_1 + Q_2$이고, Q_1은 기업 1의 생산량, Q_2는 기업 2의 생산량이다.) (O, X)

14 베르트랑 모형에서는 가격의 추측된 변화가 1이라고 가정한다. (O, X)

15 가격경쟁(price competition)을 하는 두 기업의 한계비용은 각각 0이다. 각 기업의 수요함수가 다음과 같을 때, $Q_1 = 30 - P_1 + P_2$, $Q_2 = 30 - P_2 + P_1$, 베르뜨랑(Bertrand) 균형가격 P_1, P_2는 동일하다. (단, Q_1은 기업 1의 생산량, Q_2는 기업 2의 생산량, P_1은 기업 1의 상품가격, P_2는 기업 2의 상품가격이고, 기업 1과 기업 2는 차별화된 상품을 생산한다.) (O, X)

정답 및 해설

11 O

12 O

13 O

14 X 베르트랑 모형에서는 각 기업이 상대방의 가격이 주어진 것으로 보므로 가격의 추측된 변화가 0이다.

15 O 1) 이윤 = 총수입 - 총비용이다. 총비용이 0이므로 총수입이 이윤이 된다.
2) 베르트랑 모형은 가격모형이므로 P을 변수로 남아야 한다.
3) 기업 1의 반응곡선
$TR_1 = P_1 Q_1 = P_1(30 - P_1 + P_2)$
→ 이윤을 극대화하기 위해 MR(TR_1을 P_1으로 미분)=MC를 구하면
$30 - 2P_1 + P_2 = 0$ → $2P_1 - P_2 = 30$
4) 기업 2의 반응곡선
$TR_2 = P_2 Q_2 = P_1(30 - P_2 + P_1)$
→ 이윤을 극대화하기 위해 MR(TR_2을 P_2으로 미분) = MC를 구하면
$30 - 2P_2 + P_1 = 0$ → $2P_2 - P_1 = 30$
5) 반응곡선 둘을 연립하면 $P_1 = 30$, $P_2 = 30$이다.

16 차별적 과점시장에서 활동하는 기업 1의 수요곡선이 $Q_1 = 20 - P_1 + P_2$, 기업 2의 수요곡선이 $Q_2 = 32 - P_2 + P_1$이다. 두 기업은 가격을 전략변수로 이용하며, 기업 1이 먼저 가격을 책정하고, 기업 2는 이를 관찰한 후 가격을 정한다. 이때 기업 1의 가격은 38이다. (단, Q_1은 기업 1의 생산량, Q_2는 기업 2의 생산량, P_1은 기업 1의 가격, P_2는 기업 2의 가격이고, 각 기업의 한계비용과 고정비용은 0이다.)
(O, ×)

17 과점시장의 기업들은 전략적 상황에 직면한다. (O, ×)

18 우월전략은 존재하지 않더라도 내쉬균형은 존재할 수 있다. (O, ×)

19 내쉬균형은 항상 효율적인 자원배분을 가져다준다. (O, ×)

20 우월전략균형은 하나이지만 내쉬균형은 2개가 될 수도 있다. (O, ×)

21 게임의 보수를 모두 2배로 늘려도 우월전략균형과 내쉬균형은 변하지 않는다. (O, ×)

22 우월전략균형은 파레토 최적을 보장하지만 내쉬균형은 파레토 최적을 보장하지 않는다. (O, ×)

23 모든 우월전략균형은 내쉬균형이 되지만 내쉬균형이 우월전략균형이 되지는 않는다. (O, ×)

정답 및 해설

16 × 1) 기업 1이 먼저 가격을 매기고 기업 2가 나중에 정한다고 했으므로 역진귀납에 따라 기업 2부터 구한다.
2) $\pi_2 = P_2 \cdot Q_2 = P_2(32 - P_2 + P_1) = -P_2^2 + 32P_2 + P_1P_2$ 이윤극대화 조건은 MR = MC이고 MC는 0으로 주어졌다.
3) 가격을 전략변수로 사용하므로 P2로 미분하면 $-2P_2 + P_1 + 32 = 0$ → $P_2 = \frac{1}{2}P_1 + 16$
4) 이제 기업 1을 보면 $\pi_1 = P_1 \cdot Q_1 = P_1(20 - P_2 + P_1) = -P_1^2 + 20P_1 + P_1P_2$
5) 여기에 처음 구했던 기업 2의 반응식을 대입하면 $-P_1^2 + 20P_1 + P_1(\frac{1}{2}P_1 + 16) = -\frac{1}{2}P_1^2 + 36P_1$
6) 이에 이윤극대화 가격을 구하면 $-P_1 + 36P_1 = 0$, 따라서 $P_1 = 36$, $P_2 = 34$이다.

17 O
18 O
19 × 항상 효율적인 것이 아니기 때문에 담합 등이 나타난다.
20 O
21 O
22 × 우월전략, 내쉬균형 모두 파레토 최적을 보장하지 않을 수 있다.
23 O

24 〈보기〉의 경기자 갑은 A와 B, 경기자 을은 C와 D라는 전략을 가지고 있다. 각 전략 조합에서 첫 번째 숫자는 경기자 갑, 두 번째 숫자는 경기자 을의 보수이다. 이 경우 내쉬균형은 파레토 효율적이다.

(O, ×)

―― 보기 ――

갑 \ 을	C	D
A	(5, 15)	(10, 12)
B	(-2, 10)	(8, 5)

25 아래 그림은 기업 A와 B의 의사결정에 따른 이윤을 나타낸다. 두 기업은 모든 선택에 대한 이윤을 사전에 알고 있다. A사가 먼저 선택하고, B사가 A사의 결정을 확인하고 선택을 하게 된다. 두 회사 간의 신빙성 있는 약속이 없을 때 각 기업이 얻게 되는 이윤의 조합은 (가)이다. (단, 괄호 안은 A사가 얻는 이윤, B사가 얻는 이윤을 나타낸다.)

(O, ×)

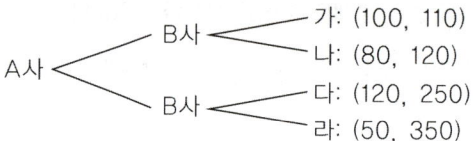

26 혼합전략을 허용하면 비협조적 게임에 있어 내쉬균형이 항상 존재한다.

(O, ×)

정답 및 해설

24 O

25 ×
1) A사가 위쪽을 선택할 때 B사가 가를 선택하면 자신의 이윤이 110인데 비해 나를 선택하면 120의 이윤을 얻으므로 B사는 나를 선택할 것이다. B사가 나를 선택하면 A사는 80의 이윤을 얻게 된다.
2) A사가 아래쪽을 선택하는 경우 B사가 다를 선택하면 250의 이윤을 얻는 데 비해 라를 선택하면 350의 이윤을 얻으므로 B사는 라를 선택할 것이다. B사가 라를 선택하면 A사는 50의 이윤을 얻는다.
3) A사가 위쪽을 선택하면 B사가 나를 선택하므로 A사는 80의 이윤을 얻고, A사가 아래쪽을 선택하면 B사가 라를 선택하므로 A사는 50의 이윤만을 얻는다. 그러므로 A사가 먼저 선택한다면 위쪽을 선택할 것이고, B사는 나를 선택하게 된다.

26 O

27 과점시장에서 보수를 극대화하는 두 기업 A와 B가 각각 전략 1과 전략 2를 통해 아래 표와 같은 보수(payoff)는 다음과 같다. 기업 A가 먼저 전략을 선택하고 신뢰할 수 있는 방법으로 확약할 때, 균형에서 기업 B의 보수는 12이다. (O, X)

※ ( ) 안의 앞의 숫자는 기업 A의 보수, 뒤의 숫자는 기업 B의 보수이다.

		기업 B	
		전략 1	전략 2
기업 A	전략 1	(22, 10)	(33, 8)
	전략 2	(32, 14)	(30, 12)

28 기업 甲과 乙만 있는 상품시장에서 두 기업이 꾸르노(Cournot) 모형에서 甲은 乙이 생산량을 결정하면 그대로 유지될 것이라고 추측한다. (O, X)

29 기업 甲과 乙만 있는 상품시장에서 두 기업이 꾸르노(Cournot) 모형에서 甲과 乙은 생산량 결정에서 서로 협력한다. (O, X)

30 기업 甲과 乙만 있는 상품시장에서 두 기업이 꾸르노(Cournot) 모형에서 甲, 乙 두 기업이 완전한 담합을 이루는 경우와 꾸르노 균형의 결과는 동일하다. (O, X)

31 기업 甲과 乙만 있는 상품시장에서 두 기업이 꾸르노(Cournot) 모형에서 추가로 기업이 시장에 진입하는 경우 균형가격은 한계비용에 접근한다. (O, X)

정답 및 해설

27 X 1) 기업 A가 먼저 전략을 선택하고 신뢰할 수 있는 방법으로 확약할 때 ➜ 순차게임이다.
2) A가 먼저 전략을 선택하므로 선도자, B가 추종자이다.
3) 추종자부터 합리적 선택을 하면 A가 전략 1을 선택할 경우 기업 B는 전략 1을, A가 전략 2를 선택할 때 기업 B는 전략 1을 선택할 것이다.
4) 따라서 기업 B가 전략 1을 선택할 것을 기업 A는 알고 있으므로 자신의 보수를 극대화할 수 있는 전략 2를 선택할 것이다. 따라서 균형은 (32, 14)가 되므로 기업 B의 보수는 14이다.

28 O
29 X 甲과 乙은 생산량 결정에서 서로 협력하지 않는 것을 전제로 한다.
30 X 甲, 乙 두 기업이 완전한 담합을 이루는 경우는 독점이므로 꾸르노 균형의 생산량보다 적다.
31 O

32 꾸르노(Cournot) 복점모형에서 시장수요곡선이 $Q = 60 - \frac{1}{2}P$이고 두 기업 A, B의 비용함수가 각각 $C_A = 40Q_A + 10$, $C_B = 20Q_B + 50$일 때, 꾸르노 균형에서 가격은 40이다. (단, Q는 총생산량, P는 가격, Q_A는 기업 A의 생산량, Q_B는 기업 B의 생산량이다.) (O, X)

33 다음은 기업 A와 기업 B의 공격적 투자 혹은 보수적 투자 전략에 따른 이익을 나타내는 보수행렬(payoff matrix)이다. 내쉬균형은 죄수의 딜레마(prisoner's dilemma)의 한 예로 볼 수 있다. (단, 표의 괄호에서 앞의 숫자는 기업 A의 이익, 뒤의 숫자는 기업 B의 이익이다.) (O, X)

기업 A \ 기업 B	공격적 투자	보수적 투자
공격적 투자	(10, 5)	(9, 3)
보수적 투자	(8, 4)	(7, 2)

정답 및 해설

32 ✗ 1) 수요곡선을 변형하면 $P = 120 - 2Q = 120 - 2Q_A - 2Q_B$이다.
2) 기업 A의 반응곡선
  ㉠ 이윤 = $TR_A - C_A$ ➜ 이윤 = $(120 - 2Q_A - 2Q_B)Q_A - 40Q_A + 10$이다.
  ㉡ 이윤극대화를 위해 Q_A로 미분하여 0으로 놓으면 $120 - 4Q_A - 2Q_B - 40 = 0$ ➜ $4Q_A + 2Q_B = 80$이다.
3) 기업 B의 반응곡선
  ㉠ 이윤 = $TR_B - C_B$ ➜ 이윤 = $(120 - 2Q_A - 2Q_B)Q_B - 20Q_A + 50$이다.
  ㉡ 이윤극대화를 위해 Q_B로 미분하여 0으로 놓으면
   $120 - 2Q_A - 4Q_B - 20 = 0$ ➜ $2Q_A + 4Q_B = 100$이다.
4) 두 반응곡선을 연립하여 구하면 $Q_A = 10$, $Q_B = 20$, P = 60이다.

33 ✗ 1) 기업 A
  • 기업 B가 공격적 투자를 하면 공격적 투자를 선택한다.
  • 기업 B가 보수적 투자를 하면 공격적 투자를 선택한다.
  • 따라서 공격적 투자가 기업 A의 우월전략이다.
2) 기업 B
  • 기업 A가 공격적 투자를 하면 공격적 투자를 선택한다.
  • 기업 A가 보수적 투자를 하면 공격적 투자를 선택한다.
  • 따라서 공격적 투자가 기업 B의 우월전략이다.
3) 죄수의 딜레마는 우월전략균형이 파레토 최적이 아닌 경우이다. 균형에서 파레토 개선이 불가능하므로 죄수의 딜레마의 한 예로 볼 수 없다.

해커스 감정평가사
ca.Hackers.com

해커스 공무원
gosi.Hackers.com

해커스 서호성 경제학원론 핵심포인트

제5장

생산요소시장과 시장실패

Topic 14 생산요소시장과 소득분배
Topic 15 조세
Topic 16 후생경제학과 외부성
Topic 17 공공재와 정보의 비대칭성

제5장 생산요소시장과 시장실패

Topic 14 생산요소시장과 소득분배

[핵심정리]

01 생산요소시장

한계수입생산	1) 생산요소를 1단위 추가적으로 고용할 때(노동자를 1명 더 고용할 때)의 총수입의 증가분 2) $MRP_L = \dfrac{\Delta TR}{\Delta L} = \dfrac{\Delta Q}{\Delta L} \times \dfrac{\Delta TR}{\Delta Q} = MP_L \times MR$
한계요소비용	1) 생산요소를 1단위 추가적으로 고용할 때(노동자를 1명 더 고용할 때)의 총비용의 증가분 2) $MFC_L = \dfrac{\Delta TC}{\Delta L} = \dfrac{\Delta Q}{\Delta L} \times \dfrac{\Delta TC}{\Delta Q} = MP_L \times MC$
생산물시장 완전경쟁 생산요소시장 완전경쟁	1) $MRP_L (= VMP_L) = MFC_L$ 2) $P \times MP_L = w$ → 계산문제에 사용
생산물시장 불완전경쟁 생산요소시장 수요독점	1) $MRP_L = MFC_L$ 2) 불완전경쟁일 경우 생산물시장에서 MR < P이므로 $MRP_L < VMP_L$ 성립 3) 생산요소시장을 독점하므로 시장노동공급곡선이 모두 기업의 공급곡선이므로 $MFC_L > AFC_L$ 성립 4) 기업이 지불하는 임금은 기업의 이윤극대화 생산요소 고용량을 노동공급곡선에 대입한다. 이로 인해 수요독점적 착취가 일어난다.
생산물시장 불완전경쟁 생산요소시장 공급독점	1) 이윤극대화 추구 MR = MC 2) 총임금 극대화 MR = 0 3) 고용량 극대화 $MRP_L = MFC_L$

02 지대

지대	1) 원래는 토지와 같이 그 공급이 완전히 고정된 생산요소에 대하여 지불되는 보수를 의미 2) 오늘날은 공급이 고정된 생산요소에 대한 보수로 확대 해석
경제적 지대	1) 어떤 생산요소가 현재 고용되고 있는 곳에서 받는 일정한 금액의 보수 중 전용수입을 제외한 부분을 의미하며 이는 생산요소가 얻은 소득 중에서 기회비용을 초과하는 부분 2) 생산물시장의 공급자 잉여를 생산자 잉여라 하면, 생산요소시장의 공급자 잉여를 경제적 지대라 한다. 3) 공급의 가격탄력성이 비탄력적일수록 경제적 지대가 크다.
전용수입	1) 생산요소를 현재의 고용상태에 붙들어 두기 위하여 최소한 지불하여야 하는 금액을 의미 2) 생산요소공급에 의한 기회비용의 의미이다.

03 소득분배지표

로렌츠곡선	1) 대각선에 가까울수록 완전평등 2) 서수적 측정가능하며 교차 시 비교 불가능
지니계수	1) 지니계수 $\dfrac{\alpha}{\alpha+\beta}$ 2) $0 \leq$ 지니계수 ≤ 1 (작을수록 평등)
10분위 분배율	1) 10분위 분배율 $= \dfrac{\text{하위 40\% 계층의 소득점유율(\%)}}{\text{상위 20\% 계층의 소득점유율(\%)}}$ 2) $0 \leq$ 10분위 분배율 ≤ 2 (클수록 평등)
5분위 배율	1) 5분위 배율 $= \dfrac{\text{상위 20\% 계층의 소득점유율(\%)}}{\text{하위 20\% 계층의 소득점유율(\%)}}$ 2) $1 \leq$ 5분위 배율 $\leq \infty$ (작을수록 평등)
애킨슨 지수	애킨슨 지수 $= 1 - \dfrac{\text{균등분배 대등소득}}{\text{평균소득}}$ $0 \leq$ 애킨슨지수 ≤ 1 (작을수록 평등)

[핵심정리 O/X]

01 생산요소에 대한 수요를 파생적 수요라고 하는 이유는 생산요소에 대한 수요는 생산물에 대한 수요에 의존하기 때문이다. (O, X)

02 노동의 한계생산물이 빠르게 감소할수록 노동수요의 임금탄력성을 크게 한다. (O, X)

03 경쟁시장에서 노동의 가격과 기업의 상품가격은 노동수요곡선의 이동요인이다. (O, X)

04 완전경쟁시장에서 한계생산물가치는 한계생산물×한계수입으로 이루어진다. (O, X)

05 완전경쟁 생산물시장에서 이윤극대화조건은 한계생산물가치 = 한계요소비용이다. (O, X)

06 상품시장과 생산요소시장이 완전경쟁시장이고, 기업은 이윤극대화를 추구할 때 노동의 한계생산물가치(VMP_L)와 한계수입생산물(MRP_L)은 일치한다. (O, X)

정답 및 해설

01 O

02 X 한계생산물이 빠르게 체감하면 VMP_L(노동수요곡선)이 급경사가 되므로 노동수요의 임금탄력성이 작아진다.

03 X 노동수요곡선의 이동은 기업의 상품가격과, 노동의 한계생산물 등이 있다. 노동의 가격은 노동공급곡선과 관련이 있다.

04 O

05 O

06 O

07 상품시장과 생산요소시장이 완전경쟁시장이고, 기업은 이윤극대화를 추구할 때 상품의 가격이 상승하면 노동수요곡선이 좌측으로 이동한다. (O, ×)

08 상품시장과 생산요소시장이 완전경쟁시장이고, 기업은 이윤극대화를 추구할 때 기술진보로 노동의 한계생산물이 증가하면 노동수요곡선이 우측으로 이동한다. (O, ×)

09 기업의 생산성이 높아지면 임금은 상승한다. (O, ×)

10 생산물시장과 생산요소시장이 완전경쟁시장인 경우 기업의 단기생산함수가 $Q=524L-4L^2$ 일 때 이윤극대화 고용량은 60이다. (재화가격이 3만원, 임금은 12만원이다) (O, ×)

11 재화시장이 불완전경쟁이고 노동시장이 완전경쟁일 때 임금은 한계수입생산보다 낮은 수준으로 결정된다. (O, ×)

12 수요독점 노동시장에서 기업이 이윤을 극대화하기 위한 조건은 노동의 한계수입생산(marginal revenue product)과 한계노동비용이 일치하는 것이다. (단, 상품시장은 독점이고 생산에서 자본은 고정되어 있다.) (O, ×)

13 생산요소시장이 수요독점이면 수요독점기업의 요소수요곡선은 한계수입생산곡선이다. (O, ×)

14 노동의 한계생산물이 체감하고 노동공급곡선은 우상향한다고 가정할 때, 노동시장이 수요독점인 경우, 노동시장이 완전경쟁인 경우보다 고용량이 작다. (O, ×)

15 노동의 한계생산물이 체감하고 노동공급곡선은 우상향한다고 가정할 때, 생산물시장이 독점이고 노동시장이 수요독점이면, 임금은 한계요소비용보다 낮다. (O, ×)

정답 및 해설

07 × 상품의 가격이 상승하면 노동수요곡선이 우측으로 이동한다.

08 O

09 O

10 × 1) 단기생산함수를 L에 대해 미분하면 한계생산물 $MP_L = 524 - 8L$이다.
2) 생산물의 가격이 3만원이므로 한계생산물가치 $VMP_L = 1,572 - 24L$이다.
3) VMP_L = w가 완전경쟁기업의 노동고용을 결정하므로 1,572 - 24L = 12, 24L = 1,560, L = 65이다.

11 O

12 O

13 × 일반적으로 생산요소시장에서 수요독점이면 생산물시장도 불완전경쟁(독점)으로 우상향의 노동공급곡선상에서 가장 유리한 고용량을 선택할 수 있으므로 수요독점의 노동수요곡선은 존재하지 않는다.

14 O

15 O

16 노동의 한계생산물이 체감하고 노동공급곡선은 우상향한다고 가정할 때, 노동시장이 완전경쟁이면, 개별기업의 노동수요곡선은 우하향한다. (O, ×)

17 노동공급곡선이 L = w이고, 노동시장에서 수요독점인 기업 A의 노동의 한계수입 생산물이 $MRP_L = 300 - L$일 때, 이 기업의 임금은 w = 200이다. (단, L은 노동, w는 임금, 기업 A는 이윤극대화를 추구하고 생산물시장에서 독점기업이다.) (O, ×)

18 생산요소시장이 수요독점이면 임금은 평균요소비용과 일치한다. (O, ×)

19 요소수요의 가격탄력성은 대체적인 생산요소가 많을수록, 생산물수요의 가격탄력성이 클수록 탄력적이다. (O, ×)

20 수요독점의 노동시장에서 수요독점자가 지불하는 임금률은 노동의 한계수입생산보다 낮다. (O, ×)

21 노동시장의 수요독점은 생산요소의 고용량과 가격을 완전경쟁시장에 비해 모두 더 낮은 수준으로 하락시킨다. (O, ×)

22 생산요소의 공급곡선이 수직선일 경우 경제적 지대(economic rent)는 발생하지 않는다. (O, ×)

23 전용수입(transfer earnings)은 고용된 노동을 현재 수준으로 유지하기 위해 생산요소의 공급자가 받아야 하겠다는 최소한의 금액이다. (O, ×)

24 재산소득, 이전소득 등 노력을 하지 않고 얻는 소득을 불로소득이라고 하며 불로소득이 많아질수록 빈부격차는 커질 가능성이 높다. (O, ×)

25 경제적 지대(economic rent)는 공급이 제한된 생산요소에 발생하는 추가적 보수를 말한다. (O, ×)

정답 및 해설

16 O

17 ×   1) 한계수입생산 $MRP_L = 300 - L$이므로 이윤극대화 노동고용량을 구하기 위해 $MRP_L = MFC_L$로 두면 300 - L = 2L, L = 100으로 계산된다.
       2) 수요독점기업은 노동공급곡선 높이에 해당하는 임금을 지급하므로 L = 100을 노동공급곡선식에 대입하면 w = 100임을 알 수 있다.

18 O
19 O
20 O
21 O
22 ×   생산요소의 공급곡선이 수직선일 경우 전용수입은 발생하지 않고, 모두 경제적 지대가 된다.
23 O
24 O
25 O

26 경제적 지대(economic rent)는 유명 연예인이나 운동선수의 높은 소득과 관련이 있다. (O, X)

27 경제적 지대(economic rent)는 생산요소의 공급자가 받고자 하는 최소한의 금액을 말한다. (O, X)

28 경제적 지대(economic rent)는 비용불변산업의 경제적 지대는 양(+)이다. (O, X)

29 소득이 불평등해질수록 지니계수는 작아지고 10분위 분배율은 커진다. (O, X)

30 소비에 부과하는 간접세가 강화되면 로렌츠 곡선은 직각에 가까워진다. (O, X)

31 10분위 분배율의 값이 커질수록 소득분배가 불평등하다는 것을 의미한다. (O, X)

32 지니계수의 값이 클수록 소득분배는 평등하다는 것을 의미한다. (O, X)

33 완전균등한 소득분배의 경우 애킨슨 지수값은 0이다. (O, X)

34 로렌츠 곡선이 대각선에 가까워질수록 소득분배는 불평등하다. (O, X)

35 지니계수의 값이 커질수록, 십분위분배율은 작아진다. (O, X)

36 로렌츠곡선이 대각선과 일치할 때, 지니계수는 1이다. (O, X)

37 국민소득이 임금, 이자, 이윤, 지대 등으로 나누어지는 몫이 얼마인지 보는 것이 계층별 소득분배이다. (O, X)

38 로렌츠곡선이 대각선에 가까울수록 보다 불평등한 분배상태를 나타낸다. (O, X)

정답 및 해설

26 O
27 X 생산요소의 공급자가 받고자 하는 최소한의 금액은 전용수입(= 이전수입)이다.
28 X 비용불변산업의 경제적 지대는 0이다.
29 X 소득분배가 불평등할수록 지니계수는 커지고, 10분위 분배율은 작아진다.
30 O
31 X 10분위 분배율은 0~2의 값을 가지며 값이 커질수록 소득분배가 평등하다는 것을 의미한다.
32 X 지니계수는 0~1의 값을 가지며 값이 클수록 소득분배는 불평등하다는 것을 의미한다.
33 O
34 X 대각선에 가까울수록 평등하다.
35 O
36 X 대각선이면 완전평등하므로 지니계수는 0이다.
37 X 국민소득이 임금, 이자, 이윤, 지대 등으로 나누어지는 몫이 얼마인지 보는 것이 기능별 소득분배이다.
38 X 로렌츠곡선이 대각선에 가까울수록 보다 평등한 분배상태를 나타낸다.

39 두 로렌츠곡선이 교차하면 소득분배 상태를 비교하기가 불가능하다. (O, X)

40 지니계수 값이 1에 가까울수록 보다 불평등한 분배상태를 나타낸다. (O, X)

41 A국에서 국민 20%가 전체 소득의 절반을, 그 외 국민 80%가 나머지 절반을 균등하게 나누어 가지고 있는 경우 지니계수는 0.2이다. (O, X)

42 쿠즈네츠의 U자 가설은 세로축에 소득분배의 균등도를, 가로축에 경제발전단계 또는 1인당 국민소득을 표시한 평면에서 설명된다. (O, X)

43 한 나라의 소득분포가 제1오분위 8%, 제2오분위 10%, 제3오분위 20%, 제4오분위 26%, 제5오분위 36%로 주어졌을 때 십분위분배율은 0.5이다. (O, X)

정답 및 해설

39 O

40 O

41 X 하위 80%의 국민이 전체 소득의 절반을 균등하게 갖고, 상위 20%의 국민이 전체 소득의 절반을 균등하게 갖는 경우 로렌츠 곡선은 아래 그림과 같다.

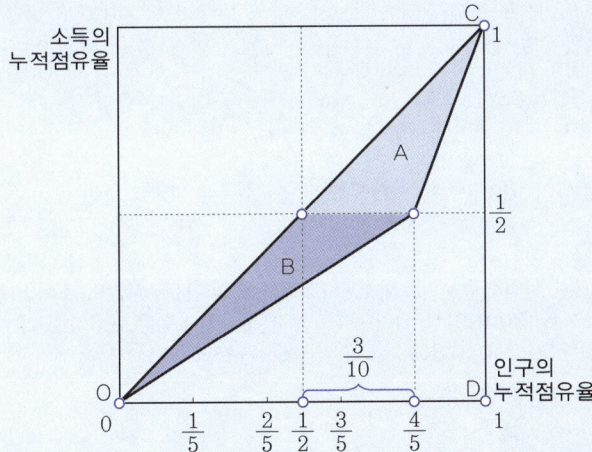

A의 면적은 $\frac{3}{40}$ 이고 B의 면적은 $\frac{3}{40}$ 이므로 합은 $\frac{3}{20}$ 이다.

삼각형 COD면적은 $\frac{1}{2}$ 이므로 지니계수는 $\frac{\frac{3}{20}}{\frac{1}{2}} = \frac{3}{10}$ 이다.

42 O

43 O

44 소득이 Y_1, Y_2인 두 사람으로 구성된 사회의 후생함수가 $W = Y_1 \times Y_2$라고 한다. 두 사람의 소득이 각각 $Y_1 = 16, Y_2 = 4$이라고 할 때, 애킨슨(A. Atkinson) 지수 0.4이다. (O, X)

45 甲과 乙 두 사람이 존재하는 경제에서 이들의 후생이 소득수준과 동일한 경우, 甲의 소득은 400, 乙의 소득은 100이다. 애킨슨 지수(Atkinson index)로 소득분배를 평가할 때 롤스의 사회후생함수인 경우 0.6이다. (O, X)

46 기업 A의 생산함수는 $Q = \sqrt{L}$이며, 생산물의 가격은 5, 임금률은 0.5이다. 이윤을 극대화하는 노동투입량(L^*)은 50이다. (단, Q는 산출량, L은 노동투입량이며, 생산물시장과 노동시장은 완전경쟁시장이다.) (O, X)

47 완전경쟁시장의 장기균형상태에서 노동만을 투입하여 제품을 생산하는 기업 갑(甲)사의 노동의 단위당 비용은 1만원이다. 갑(甲)사의 한계비용은 제품 생산량과 무관하게 2만원으로 일정하다. 갑(甲)사의 노동의 한계생산은 1개이다. (O, X)

48 생산물시장이 완전경쟁시장일 때, 노동시장이 수요독점일 때 노동의 한계생산가치(value of marginal product of labor)곡선이 노동수요곡선이다. (O, X)

정답 및 해설

44 X
1) 개인 1의 소득이 16, 개인 2의 소득이 4이므로 현재의 평균소득 $\overline{Y} = 10$이다.
2) 사회후생함수가 $W = Y_1 \times Y_2$이므로 현재 상태에서는 사회후생 $W = 16 \times 4 = 64$이다. 이 경우 두 사람이 8만큼의 동일한 소득을 갖고 있더라도 현재와 동일한 사회후생 64를 얻을 수 있으므로 균등분배대등소득 $Y_e = 8$이다.
3) 그러므로 애킨슨 지수 $A = 1 - \dfrac{Y_e}{\overline{Y}} = 1 - \dfrac{8}{10} = 0.2$로 계산된다.

45 O
1) 甲의 소득이 400, 乙의 소득이 100이므로, 사회전체의 평균소득은 250이다.
2) 두 사람의 효용수준이 소득과 동일하므로, 최초 분배상태에서는 甲의 효용이 400, 乙의 효용이 100이다.
3) 롤스의 사회후생함수하에서는 사회후생 W=min[400,100]=100이고, 두 사람의 소득이 모두 100인 경우에도 사회후생 W=min[100,100]=100이므로, 균등분배대등소득은 100이 된다. 그러므로 애킨슨 지수 A=1−Ye/Y=1−100/250=0.6이다.

46 X
1) 완전경쟁시장의 이윤극대화 고용량 조건은 $P \times MP_L = w$이다.
2) 문제의 조건에서 $MP_L = \dfrac{1}{2\sqrt{L}}$이다.
3) 문제의 조건을 대입하면 $5 \times \dfrac{1}{2\sqrt{L}} = 0.5$ → L = 25, Q = 50이다.

47 X
1) 노동의 단위당 비용이 일정하므로 생산요소시장은 완전경쟁시장이다.
2) 생산물시장과 생산요소시장 모두 완전경쟁일 때 이윤극대화 생산요소 고용량은 $P \times MP_L = w$이다.
3) 완전경쟁시장에서 P = MC가 성립하므로 P = 1이다.
4) $2 \times MP_L = 1$ → $MP_L = 0.5$이다.

48 O

49 생산물시장이 완전경쟁시장일 때, 노동시장이 수요독점일 때 한계요소비용(marginal factor cost)곡선은 노동공급곡선의 아래쪽에 위치한다. (O, X)

50 생산물시장이 완전경쟁시장일 때, 노동시장이 수요독점일 때 균형 고용량은 노동의 한계생산가치곡선과 한계요소비용곡선이 만나는 점에서 결정된다. (O, X)

51 노동시장이 수요독점일 때 노동시장이 완전경쟁인 경우보다 균형 임금률이 낮고 균형 고용량이 많다. (O, X)

52 노동을 투입하여 상품을 제조하는 기업인 갑(甲)사는 상품시장에서는 완전경쟁에 노출되어 있으나 노동시장에서는 수요독점적 지위를 갖고 있다. 갑(甲)사의 노동의 한계생산가치곡선은 $VMP_L = 150 - L$, 한계노동비용곡선은 $MC_L = 2L$이고, 노동공급곡선은 L = w이다. 갑(甲)사가 이윤을 극대화하기 위해 설정할 임금은 50이다. (단, 노동시장에서 거래되는 임금과 고용량은 각각 w와 L이다.) (O, X)

53 노동시장에서 수요독점자인 A기업의 생산함수는 Q = 2L + 100이다. 생산물시장은 완전경쟁이고 생산물 가격은 100이다. 노동공급곡선이 W = 10L인 경우 노동시장의 수요독점에 따른 사회후생 감소분(절댓값)의 크기는 100이다. (단, Q는 산출량, L은 노동투입량, W는 임금이며 기업은 모든 근로자에게 동일한 임금을 지급한다.) (O, X)

정답 및 해설

49 X 한계요소비용(marginal factor cost)곡선은 노동공급곡선의 위쪽에 위치한다.

50 O

51 X 노동시장이 완전경쟁인 경우보다 균형 임금률과 고용량 모두 낮다.

52 O 1) 생산물시장은 완전경쟁시장이므로 노동수요는 $MRP_L = VMP_L = 150 - L$이다.
   2) 노동공급은 $TFC_L = wL = L^2$을 노동으로 미분하면 $MFC_L = 2L$이다.
   3) 이윤극대화 고용량을 구하면 $150 - L = 2L$, L = 50이다.
   4) 위를 노동공급곡선에 대입하면 w = 50이다.

53 X 1) 수요독점에서 이윤극대화 노동량은 $MRP_L = MFC_L$이다.
   2) 생산물 시장은 완전경쟁이므로 $MRP_L = VMP_L$이다.
   3) $VMP_L = P \times MP_L$ $100 \times 2 = 200$이다.
   4) $TFC_L = 10L^2$이므로 $MFC_L = 20L$이다.
   5) 이윤극대화 노동량은 $200 = 20L$ → L = 10이다.
   6) 수요독점에서는 노동량을 노동공급곡선에 적용하면 W = 100이다.
   7) 완전경쟁인 경우 $VMP_L = w$이므로 L = 20이다.
   8) 후생손실분 임금의 차이 × 고용량 감소분 × $\frac{1}{2}$ = 100 × 10 × $\frac{1}{2}$ = 500
   9) 그래프

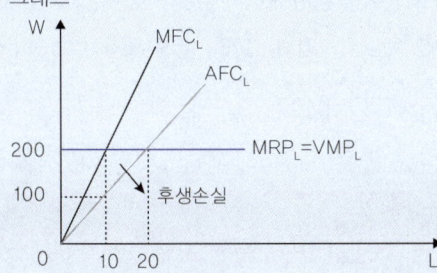

54 완전경쟁시장에서 기업 A의 생산함수는 $(x_1, x_2) = 12x_1^{0.5} + 4x_2^{0.5}$이다. 생산물의 가격이 4, 생산요소 x_1의 가격이 1, x_2의 가격이 2일 때, 이윤을 극대화하는 기업 A의 생산량은 300이다. (O, X)

55 10분위분배율은 최하위 40% 소득계층의 소득점유율을 최상위 20% 소득계층의 소득점유율로 나눈 값이다. (O, X)

56 5분위배율은 값이 커질수록 소득분배가 불평등함을 나타낸다. (O, X)

57 지니계수는 값이 커질수록 소득분배가 불평등함을 나타낸다. (O, X)

58 지니계수는 특정 소득계층의 소득분배상태 측정에 유용하다. (O, X)

59 45도 대각선 아래의 삼각형 면적을 45도 대각선과 로렌츠 곡선 사이에 만들어진 초생달 모양의 면적으로 나눈 비율이다. (O, X)

60 개인 A와 B로 구성된 한 사회에서 개인의 소득이 각각 I_A=400만 원, I_B=100만 원이다. 개인 $i = A, B$의 효용함수가 $U_i = I_i$이고, 이 사회의 사회후생함수(SW)가 다음과 같을 때, 애킨슨 지수(Atkinson index)는 0.2이다. (O, X)

$$SW = \min(U_A, 2U_B)$$

정답 및 해설

54 × 1) x_1을 노동, x_2을 자본이라고 가정하자
　　　 2) 완전경쟁시장이므로 한계생산물가치 = 요소가격일 경우 이윤극대화 고용량이 된다.
　　　 3) $VMP_L = w$이므로 $4 \times \dfrac{12}{2\sqrt{x_1}} = 1$이므로 $x_1 = 576$이다.
　　　 4) $VMP_K = r$이므로 $4 \times \dfrac{4}{2\sqrt{x_2}} = 2$ → $x_2 = 16$이다.
　　　 5) 따라서 생산함수에 대입하면 $12 \times 24 + 4 \times 4 = 304$

55 O

56 O

57 O

58 × 지니계수는 전체 소득계층의 소득분배상태 측정에 유용하다.

59 × 45도 대각선과 로렌츠 곡선 사이에 만들어진 초승달 모양의 면적을 45도 대각선 아래의 삼각형 면적으로 나눈 비율이다.

60 O 1) 롤스의 분배는 작은 수에 의해 결정되므로 I_B = 100일 때 결정된다.
　　　 2) 소득과 효용이 같으므로 $U_A = 2U_B$이므로 A가 가져야 하는 소득은 200이고 이것이 균등분배 대등소득이 된다.
　　　 3) 애킨슨지수 = $1 - \dfrac{\text{균등분배대등소득}}{\text{평균소득}}$이므로 $1 - \dfrac{200}{250} = 0.2$이다.

Topic 15 조세

[핵심정리]

적용세율에 따른 분류	평균세율이 상승하면 누진세, 일정하면 비례세, 감소하면 역진세이다.
직접세	1) 납세자와 담세자가 일치하여 조세전가가 불가능 2) 주로 소득이나 재산에 부과하며 누진세율 적용
간접세	1) 납세자와 담세자가 일치하지 않으므로 조세전가 가능 2) 주로 소비지출행위에 부과하며 비례세율 적용
소비자에게 종량세 부과	1) 소비자는 조세를 포함하여 지불용의를 가짐 2) 수요곡선이 P = -Q일 때 100원의 조세를 부과하면 P = -Q - 100으로 변함
생산자에게 종량세 부과	1) 생산자는 조세를 내고 최소비용을 확보해야 함 2) 공급곡선이 P = Q일 때 100원의 조세를 부과하면 P = Q + 100으로 변함
탄력성과 조세부담	비탄력적일수록 조세부담이 큼
탄력성과 후생손실	탄력적일수록 후생손실이 큼

[핵심정리 O/X]

01 소득이나 재산에 부과하는 세금을 직접세, 소비에 부과하는 세금을 간접세라고 한다. (O, X)

02 간접세는 조세의 전가가 이루어지지 않는다. (O, X)

03 직접세는 누진세를 적용하기에 용이하다. (O, X)

04 직접세는 간접세에 비해 조세저항이 크다. (O, X)

05 간접세는 직접세에 비해 역진적이므로 조세의 형평성을 떨어뜨린다. (O, X)

06 일반적으로 직접세는 비례세율을, 간접세는 누진세율을 사용한다. (O, X)

07 누진세를 제외한 비례세, 역진세, 정액세는 모두 역진성이 나타난다. (O, X)

08 직접세는 조세 전가가 없지만, 조세저항이 심하다. (O, X)

09 간접세는 대표적으로 부가가치세가 있으며 이는 빈부격차를 크게 하는 경향이 있다. (O, X)

10 조세부과 시 수요와 공급의 가격탄력성은 관련이 없다. (O, X)

11 수요의 가격탄력성이 작아질수록, 물품세 부과로 인한 경제적 순손실(deadweight loss)은 커진다. (O, X)

12 수요와 공급곡선이 비탄력적일수록 조세부담이 크다. (O, X)

13 조세는 바람직한 것이며 조세부과 시 후생손실은 발생하지 않는다. (O, X)

정답 및 해설

01 O
02 X 간접세는 납세자와 담세자가 다른 것이 일반적이므로 조세의 전가가 이루어지기 쉽다.
03 O
04 O
05 O
06 X 직접세가 누진세율, 간접세가 비례세율을 사용한다.
07 O
08 O
09 O
10 X 탄력성이 비탄력적일수록 조세부담이 크다.
11 X 경제적 순손실은 탄력성에 비례한다.
12 O
13 X 조세부담은 반드시 후생손실이 발생한다.

14	조세를 부과한 만큼 반드시 시장가격은 올라간다.	(O, ×)
15	수요가 완전 비탄력적이라면 조세부담은 모두 수요자가 하게 된다.	(O, ×)
16	탄력성이 크면 클수록 조세로 인한 후생손실이 커진다.	(O, ×)
17	X재 수요곡선은 가격탄력성이 0인 직선이고 공급곡선은 원점을 통과하는 우상향하는 직선이다. 공급자에게 물품세가 부과될 경우 생산자 잉여는 변화 없다.	(O, ×)
18	공급의 가격탄력성이 1일 때는 수요자와 공급자가 부담을 반씩 나누어 지게 된다.	(O, ×)
19	수요함수와 공급함수가 각각 $D = 10 - P$와 $S = 3P$인 재화에 1원의 종량세를 공급자에게 부과하면 소비자 부담은 생산자 부담의 3배이다. (단, D는 수요량, S는 공급량, P는 가격을 나타낸다.)	(O, ×)
20	물품세 부과 시 우상향하는 공급곡선의 경우 수요의 가격탄력도가 클수록 생산자부담이 커지게 된다.	(O, ×)
21	물품세 부과 시 우하향하는 수요곡선의 경우 공급의 가격탄력도가 작을수록 소비자부담은 작아지게 된다.	(O, ×)
22	물품세 부과 시 소비자 또는 생산자 중 누구에게 부과하느냐에 따라 소비자 부담과 생산자부담의 크기는 달라진다.	(O, ×)
23	물품세 부과 시 수요가 가격변화에 대해 완전탄력적이면 조세는 생산자가 전적으로 부담하게 된다.	(O, ×)
24	공급의 가격탄력성이 완전탄력적인 재화의 공급자에게 종량세를 부과할 경우 조세 부담은 모두 소비자에게 귀착된다.	(O, ×)

정답 및 해설

14 × 완전비탄력적이 아니면 종량세를 부과하는 경우 반드시 조세만큼 가격이 상승하지 않는다.
15 ○
16 ○
17 ○
18 × 수요의 가격 탄력성을 고려해야 한다.
19 ○
20 ○
21 ○
22 × 물품세가 소비자와 생산자 중 누구에게 부과되는지와 관계없이 상대적인 조세부담은 오로지 수요와 공급의 탄력성에 의해 결정된다.
23 ○
24 ○

25 종량세가 부과된 상품의 대체재가 많을수록 공급자에게 귀착되는 조세부담은 작아진다. (○, ×)

26 수요와 공급의 가격탄력성이 큰 재화일수록 종량세 부과의 자중손실이 크다. (○, ×)

27 종량세 부과가 균형거래량을 변동시키지 않는다면 종량세 부과는 자중손실을 발생시키지 않는다. (○, ×)

28 이윤세 부과는 독점기업의 균형생산량을 감소시킨다. (○, ×)

29 순수독점시장의 수요함수는 $Q=300-3P$이고, 독점공급자의 총비용함수는 $TC=\frac{1}{2}Q^2+10Q+20$이다. 정부가 소비자에게 20의 조세를 부과할 때 독점기업의 부담은 12이다. (○, ×)

정답 및 해설

25 × 종량세가 부과된 상품의 대체재가 많을수록 수요의 가격탄력성이 탄력적이므로 공급자에게 귀착되는 조세부담은 커진다.

26 ○

27 ○

28 × 순수한 경제적 이윤에 대한 조세는 기업의 의사결정에 아무런 영향을 미치지 않는다. 그러므로 이윤세가 부과되더라도 기업의 생산량과 가격에는 아무런 변화가 발생하지 않는다.

29 × 1) 수요곡선이 우하향의 직선일 때 한계수입곡선은 수요곡선과 절편은 동일하나, 기울기는 수요곡선의 2배이다.

2) 수요함수가 $P=100-\frac{1}{3}Q$이므로 한계수입 $MR=100-\frac{2}{3}Q$이고, 총비용함수를 미분하면 한계비용 $MC=Q+10$이다.

3) 이윤극대화 생산량을 구하기 위해 $MR=MC$로 두면 $100-\frac{2}{3}Q=Q+10$, $\frac{5}{3}Q=90$이므로, 조세부과 전의 균형거래량 $Q=54$이다. $Q=54$를 수요함수에 대입하면 $P=82$로 계산된다.

4) 정부가 소비자에게 20의 조세를 부과하면 수요곡선이 20만큼 하방으로 이동한다. 그러므로 조세부과 이후에는 수요함수가 $P=80-\frac{1}{3}Q$, 한계수입 $MR=80-\frac{2}{3}Q$가 된다.

5) 이제 조세부과 이후의 이윤극대화 생산량을 구하기 위해 $MR=MC$로 두면 $80-\frac{2}{3}Q=Q+10$, $\frac{5}{3}Q=70$, $Q=42$이다. $Q=42$를 조세부과 이후의 수요함수에 대입하면 균형가격 $P=66$으로 계산된다.

6) 단위당 20의 조세가 부과되었을 때 시장가격이 16만큼 하락하였으므로 단위당 조세액 중 독점기업의 부담은 16이다.

7) 조세부과 이후 소비자는 66의 가격으로 재화를 구입하나 단위당 20의 조세를 납부해야 하므로 조세를 포함한 실제 지불가격은 조세부과 전보다 4만큼 높아진 86이다. 그러므로 단위당 조세액 중 소비자부담은 4임을 알 수 있다.

30   A씨는 1m²당 1,000,000원 하는 토지를 1,000m² 가지고 있다. 1m²당 10,000원의 재산세가 영구적으로 부과되는 경우 조세의 자본화(tax capitalization) 크기는 1m²당 100,000원이다. (단, 할인율은 10%, 토지공급은 완전 비탄력적이라고 가정한다.)   (O, X)

31   X재의 시장수요곡선과 시장공급곡선이 각각 $Q_D = 100-2P$, $Q_S = 20$이다. 정부가 X재 한 단위당 10의 세금을 공급자에게 부과한 이후 X재의 시장가격은 조세부과전과 비교하여 변하지 않는다. (단, Q_D는 수요량, Q_S는 공급량, P는 가격이다.)   (O, X)

32   한계비용은 모든 생산량에서 일정하고, 시장수요곡선은 우하향하는 경우 생산량에 관계없이 일정액의 세금을 부과하면 생산량이 감소한다.   (O, X)

33   한계비용은 모든 생산량에서 일정하고, 시장수요곡선은 우하향하는 경우 이윤에 일정비율의 세금을 부과하면 자중손실이 크다.   (O, X)

34   甲국에서 X재에 대한 국내 수요곡선과 국내 공급곡선은 다음과 같다.

> - 국내 수요곡선: $Q_D = 700 - P$
> - 국내 공급곡선: $Q_S = 200 + 4P$

소비자에게 X재 1개당 10의 세금이 부과될 때, 소비자가 지불하는 가격(P_B)은 108이다. (단, Q_D는 국내 수요량, Q_S는 국내 공급량, P는 X재 가격이다.)   (O, X)

정답 및 해설

30   O   할인율이 10%일 때 1m²당 10,000원의 조세가 부과되는 경우 납세액의 현재가치가 100,000이므로 자본화되는 금액도 1m²당 100,000원이다. 납세액의 현재가치 $= \frac{10,000}{(1+r)} + \frac{10,000}{(1+r)^2} + \frac{10,000}{(1+r)^2} + \cdots = \frac{10,000}{r}$

31   O   1) 최초의 시장가격은 100 − 2P = 20 → P = 40이다.
         2) 문제의 형태에서 공급곡선의 형태가 완전비탄력적이므로 조세부과 시 100% 공급자가 부담한다.
         3) 공급자가 모두 부담하므로 공급자가 받을 수 있는 가격은 변함이 없으므로 40이다.

32   X   정액세는 MR, MC에 영향을 미치지 않기 때문에 생산량과 관련이 없다.

33   X   이윤세는 생산량에 영향을 주지 않으므로 사중손실이 발생하지 않는다.

34   O   1) 주어진 조건의 균형을 구하면 700 − P = 200 + 4P이므로 P = 100, Q = 600이다.
         2) 소비자에게 조세를 부과했으므로 수요곡선이 P = 700 − Q → P = 690 − Q로 변화한다.
         3) 새로운 균형을 구하면 690 − P = 200 + 4P → P = 98이다 이는 생산자가 받는 가격이다.
         4) 여기에 10을 더하면 소비자가 내는 가격이 된다.

35 甲국에서 X재에 대한 국내 수요곡선과 국내 공급곡선은 다음과 같다.

> - 국내 수요곡선: $Q_D = 100 - P$
> - 국내 공급곡선: $Q_s = P$

甲국 정부가 X재의 최저가격을 $P = 60$으로 설정하는 대신 X재를 구입하는 소비자에게 단위당 일정액의 보조금을 지급하려고 한다. 甲국 정부가 최저가격 설정 전의 거래량을 유지하고자 할 때 필요한 보조금의 총액은 750이다. (O, ×)

정답 및 해설

35 × 1) 주어진 조건으로 균형가격과 거래량을 구하면 100 − P = P ➔ P = 50, Q = 50이다.
2) 최저가격을 P = 60으로 설정할 경우 구매량을 50으로 맞추려면 10 × 50 = 500의 보조금을 지급하여야 한다.
3) 그래프

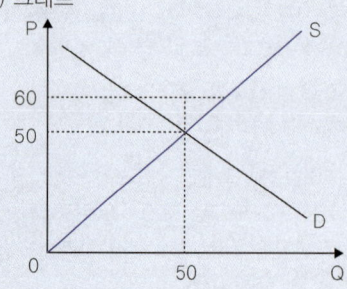

Topic 16 후생경제학과 외부성

[핵심정리]

01 파레토 효율성과 사회후생함수

파레토 효율성	1) 소비(교환)의 파레토 효율성 충족 조건 ➜ $MRS_{XY}^A = MRS_{XY}^B$ 2) 생산의 파레토 효율성 충족 조건 ➜ $MRTS_{LK}^X = MRTS_{LK}^Y$ 3) 산출물구성의 파레토 효율성 충족 조건 ➜ $MRS_{XY}^A = MRS_{XY}^B = MRT_{XY}$이 성립한다.
후생경제학의 정리	1) 후생경제학 제1정리 모든 개인의 선호체계가 강단조성(많이 소비하는 것이 좋음)을 지니고 외부성, 공공재 등의 시장실패 요인이 존재하지 않는다면 일반경쟁균형(왈라스균형)의 자원배분은 파레토 효율적이다. 2) 후생경제학 제2정리 모든 개인들의 선호가 연속적이고 강단조성 및 볼록성을 충족하면 초기부존자원의 적절한 재분배를 통해 임의의 파레토 효율적인 자원배분을 일반경쟁균형을 통해 달성할 수 있다.
사회후생함수	1) 공리주의 사회후생함수(Bentham) ① 전체 사회후생(SW: Social Welfare)은 개인효용의 총합으로 도출된다. 따라서, 사회적 무차별곡선(SIC)은 우하향하는 직선(MRS 일정)이 된다. ② 개인의 소득에 대한 한계효용이 동일하다고 가정한다. ③ $SW = U_A + U_B$ (U_A, U_B: 개인 A, B의 효용) 2) 롤스의 사회후생함수 ① 사회구성원 중 가장 낮은 효용(소득)을 누리는 자의 효용에 따라 사회후생수준이 결정된다. ② $SW = Min[U_A, U_B]$ (U_A, U_B: 개인 A, B의 효용) ③ 사회적 무차별곡선(SIC)은 L자형이 된다. 3) 평등주의적 사회후생함수 ① 사회구성원 중 높은 효용(소득)을 누리는 자에게 낮은 가중치를, 낮은 효용을 누리는 자에게는 높은 가중치를 적용하여 사회후생수준을 도출한다. ② $SW = U_A \times U_B$ (U_A, U_B: 개인 A, B의 효용)

02 외부효과

양(+)의 외부성	1) 어떤 경제 활동이 제 3자에게 이익을 주는데도 시장을 통해 대가를 받지 못한 경우 2) 효율적 수준보다 과소 생산 또는 소비 3) PMB(사적 한계편익) < SMB(사회적 한계편익) 4) PMC(사적 한계비용) > SMC(사회적 한계비용)
음(-)의 외부성	1) 어떤 경제 활동이 제 3자에게 손해를 주는데도 시장을 통해 대가를 지불하지 않는 경우 2) 효율적 수준보다 과다 생산 또는 소비 3) PMB(사적 한계편익) > SMB(사회적 한계편익) 4) PMC(사적 한계비용) < SMC(사회적 한계비용)

피구세 계산문제	1) 사회적 최적량을 구한다. → SMB = SMC 2) SMC = PMC + EMC로 구성된다. 문제에서 주어진 MD(한계피해는)는 EMC이다. 3) 사회적 최적량에서의 EMC만큼 피구세가 부과되면 사회적 최적량이 이루어진다.
코즈의 정리	1) 협상비용이 무시할 정도로 작고, 협상으로 인한 소득재분배가 각 개인의 한계효용에 영향을 미치지 않는다는 가정 2) 외부성에 관한 권리(재산권)가 어느 경제주체에 귀속되는가와 상관없이 당사자 간의 자발적 협상에 의한 자원배분은 동일하며 효율적이다.

[핵심정리 O/X]

01 어느 한 사람의 효용을 감소시키지 않고서는 다른 사람의 효용을 증가시킬 수 없는 상태는 파레토 효율적이다. (O, X)

02 일정한 조건이 충족될 때 완전경쟁시장에서의 일반균형은 파레토 효율적이다. (O, X)

03 파레토 효율적인 자원배분이 평등한 소득분배를 보장해 주는 것은 아니다. (O, X)

04 파레토 효율적인 자원배분 하에서는 항상 사회후생이 극대화된다. (O, X)

05 파레토 효율적인 자원배분은 일반적으로 무수히 많이 존재한다. (O, X)

06 효용가능경계 위의 점들에서는 사람들의 한계대체율이 동일하며, 이 한계대체율과 한계생산변환율이 일치한다. (O, X)

07 어느 경제에 주어진 경제적 자원이 모두 고용되면 이 경제는 효용가능경계 위에 있게 된다. (O, X)

08 생산가능곡선상의 한 점에서 생산된 상품의 조합을 사람들 사이에 적절히 배분함으로써 얻을 수 있는 최대 효용수준의 조합을 효용가능경계라고 한다. (O, X)

정답 및 해설

01 O

02 O

03 O

04 X 사회후생은 효율성과 공평성 모두 고려되어야 한다. 파레토효율성은 효율성만 고려되므로 사회후생이 극대화 되었다고 반드시 볼 수 없다.

05 O

06 O

07 X 모든 경제적 자원이 생산에 고용되더라도 비효율적인 방식으로 투입되면 경제는 효용가능경계 내부에 위치할 수도 있다.

08 X 생산가능곡선상의 한 점에서 생산이 이루어지면 소비에 있어서 에지워스 상자가 결정되는데, 소비가 파레토 효율적으로 이루어지는 점들을 연결한 선이 소비에 있어서의 계약곡선이다. 이를 효용공간에 옮기면 효용가능경계가 아니라 효용가능곡선을 얻게 된다.

09 모든 사람들의 한계대체율이 같을 때 소비 및 생산의 파레토 최적이 달성된다. (O, X)

10 파레토 효율성과 관련된 후생경제학 1정리와 2정리에 있어서 소비자의 선호체계에 대한 기본가정은 동일하지 않다. (O, X)

11 후생경제학의 제2정리는 초기 부존자원을 적절하게 재분배함으로써 효율성은 저해하지만 공평성을 추구할 수 있다는 것을 보여준다. (O, X)

12 후생경제학의 제2정리는 소득재분배를 위한 정부개입의 타당성을 보여주는 정리이다. (O, X)

13 후생경제학의 제2정리에서는 시장이 완전 경쟁이라면 자원은 효율적으로 배분됨을 보여주는데, 이는 아담 스미스의 '보이지 않는 손'이 달성됨을 보여준다. (O, X)

14 파레토(Pareto) 효율적인 상태는 파레토 개선이 가능한 상태를 뜻한다. (O, X)

15 제2정리는 모든 사람의 선호가 오목성을 가지면 파레토 효율적인 배분은 일반경쟁균형이 된다는 것이다. (O, X)

16 제1정리는 모든 소비자의 선호체계가 약단조성을 갖고 외부성이 존재하면 일반경쟁균형의 배분은 파레토 효율적이라는 것이다. (O, X)

17 제1정리는 완전경쟁시장하에서 사익과 공익은 서로 상충된다는 것이다. (O, X)

18 후생경제학의 제1정리는 아담 스미스(A. Smith)의 '보이지 않는 손'의 역할을 이론적으로 뒷받침해주는 것이다. (O, X)

정답 및 해설

09 X 생산의 파레토 최적이 달성되기 위해서는 재화 간(혹은 산업 간) 한계기술대체율이 같아야 한다.
10 O
11 X 효율성을 저해하지 않는다.
12 O
13 X 후생경제학의 1정리에 대한 설명이다.
14 X 파레토(Pareto) 효율적인 상태는 파레토 개선이 불가능한 상태를 뜻한다.
15 X 제2정리는 모든 사람의 선호가 볼록성 등을 가지고 있으면 파레토 효율적인 배분은 일반경쟁균형이 된다는 것이다.
16 X 제1정리는 모든 소비자의 선호체계가 강단조성 등을 갖고 외부성이 존재하지 않으면 일반경쟁균형의 배분은 파레토 효율적이라는 것이다.
17 X 제1정리는 완전경쟁시장하에서 일정조건이 갖추어졌을 때 완전경쟁균형은 파레토 효율적이라는 것이다.
18 O

19	계약곡선 위의 모든 점은 파레토 효율적 배분을 대표한다.	(O, X)
20	일정한 전제하에서 왈라스균형은 일반경쟁균형이 될 수 있다.	(O, X)
21	차선의 이론에 따르면 점진적 접근방식에 의한 부분적 해결책이 최선은 아닐 수 있다.	(O, X)
22	후생경제학의 1정리에 따르면 일반경쟁균형의 배분은 파레토 효율적이다.	(O, X)
23	후생경제학의 2정리는 재분배를 위한 목적으로 가격체계에 개입하는 것에 정당성을 부여한다.	(O, X)
24	계약곡선상의 점들은 생산의 효율성을 보장하는 점들의 집합이다.	(O, X)
25	효용가능곡선은 주어진 상품을 두 사람에게 배분할 때, 두 사람이 얻을 수 있는 최대한의 효용수준의 조합이다.	(O, X)
26	효용가능경계란 한 경제에 존재하는 경제적 자원을 가장 효율적으로 배분했을 때 얻을 수 있는 효용수준의 조합이다.	(O, X)
27	종합적 효율성(overall efficiency)이란 생산의 효율성과 교환의 효율성이 동시에 달성된 상태를 말한다.	(O, X)
28	생산가능곡선은 한 나라의 경제가 주어진 생산요소와 생산기술을 사용하여 최대한 생산할 수 있는 산출물들의 조합이다.	(O, X)

정답 및 해설

19	O
20	O
21	O
22	O
23	X	후생경제학의 2정리는 재분배를 위한 목적으로 가격체계에 개입하지 않는다면 효율성을 침해하지 않으면서 공평성을 높일 수 있다는 것을 의미한다.
24	X	계약곡선은 소비와 생산 모두 존재하므로 계약곡선상의 점들은 생산의 효율성을 보장하는 점들의 집합이라고 단정지을 수 없다.
25	O
26	O
27	O
28	O

29 두 재화 X와 Y만을 소비하는 두 명의 소비자 甲과 乙이 존재하는 순수교환경제에서 갑의 효용함수는 $U_甲(X_甲, Y_甲) = \min\{X_甲, Y_甲\}$, 을의 효용함수는 $U_乙(X_乙, Y_乙) = X_乙 \times Y_乙$ 이다. 甲과 乙의 초기 부존자원(X, Y)이 각각 (30, 60), (60, 30)이고 X재의 가격이 1이다. 일반균형(general equilibrium)에서 Y재의 가격은 1이어야 한다. (O, ×)

30 차선의 이론은 부분적 해결책이 최적은 아닐 수 있음을 보여준다. (O, ×)

31 롤즈(J. Rawls)적 가치판단을 반영한 사회무차별곡선은 L자 모양이다. (O, ×)

32 파레토 효율성 조건은 완전경쟁의 상황에서 충족된다. (O, ×)

33 공리주의적 사회후생함수는 최대다수의 최대행복을 나타낸다. (O, ×)

34 애로우(K. Arrow)의 불가능성 정리에서 파레토원칙은 과반수제를 의미한다. (O, ×)

35 평등주의 경향이 강할수록 사회무차별 곡선은 원점에 대해 더 오목한 모양을 갖는다. (O, ×)

36 평등주의적 사회후생함수는 개인들의 효용수준의 차이를 반영해야 한다는 평등주의적 가치판단을 근거로 한다. (O, ×)

37 공리주의자의 사회후생함수는 사회구성원의 효용수준에 동일한 가중치를 부여한다. (O, ×)

38 롤즈의 최소극대화 원칙(maxmin principle)은 한 사회에서 가장 가난한 사람의 생활수준을 가능한 한 크게 개선시키는 것이 재분배정책의 최우선 과제라는 주장이다. (O, ×)

정답 및 해설

29 O 1) 일반균형은 두 명의 한계대체율이 일치해야 한다.
2) 갑의 효용함수가 완전보완재이므로 추세선은 Y = X이다.
3) X축과 Y축이 모두 90인 정사각형의 대각선을 추세선이 지나며, 이때 예산선과 접해야 하는데 X재의 가격이 1이므로 Y재의 가격도 1이 된다.

30 O
31 O
32 O
33 O
34 × 애로우(K. Arrow)의 불가능성 정리에서 파레토원칙은 만장일치를 의미한다.
35 × 평등주의 경향이 강할수록 사회무차별 곡선은 원점에 대해 더 볼록한 모양을 갖는다.
36 O
37 O
38 O

39 시장실패는 사회적으로 효율적인 자원배분이 이루어지지 않는 경우이다. (O, X)

40 공공재와 달리 외부성은 비배제성과 비경합성의 문제로부터 발생하는 시장실패이다. (O, X)

41 각 경제주체가 자신의 이익을 위해서만 행동한다면 시장실패는 사회전체의 후생을 감소시키지 않는다.
    (O, X)

42 금전적 외부성이 존재하면 상대가격구조의 변동을 가져와 비효율적인 자원배분의 원인으로 작용한다.
    (O, X)

43 음(-)의 외부성은 사회적으로 바람직한 수준보다 낮은 가격이 형성된다. (O, X)

44 음(-)의 외부성은 기업의 사적 한계비용이 사회적 한계비용보다 높다. (O, X)

45 음(-)의 외부성은 사회적으로 바람직한 수준보다 많이 생산을 한다. (O, X)

46 부정적 외부효과가 존재할 때 정부의 정책은 시장의 자원배분 기능을 개선할 수 있다. (O, X)

47 시장실패는 부정적 외부효과의 경우뿐만 아니라 긍정적 외부효과의 경우에도 발생한다. (O, X)

48 정부의 정책개입이 없다면 부정적 외부효과가 존재하는 재화는 사회적으로 바람직한 수준보다 과소 공급된다.
    (O, X)

49 거래비용 없이 협상할 수 있다면, 당사자들이 자발적으로 외부효과로 인한 비효율성을 줄일 수 있다.
    (O, X)

정답 및 해설

39 O
40 X 공공재가 비배제성과 비경합성의 문제로부터 발생하는 시장실패이다.
41 X 각 경제주체가 자신의 이익을 위해서만 행동한다면 외부성을 발생시킬 수 있으므로, 시장실패가 발생하여 사회후생을 감소시킬 수 있다.
42 X 금전적 외부성은 자원배분의 비효율성과 관련이 없다.
43 O
44 X 사회적 한계비용 > 사적 한계비용이 음(-)의 외부성이다.
45 O
46 O
47 O
48 X 과다생산된다.
49 O

50   외부효과가 발생하는 경우 한 기업의 생산 활동이 다른 경제주체의 후생을 변화시키며, 동시에 이에 대하여 적절한 보상이 이루어진다. (O, X)

51   코즈(Coase) 정리에 의하면 소유권이 명백하게 정의되고 협상에 비용이 들지 않는다면, 외부효과를 발생시키는 주체와 그 피해를 입는 주체 간의 협상을 통하여 자원의 효율적 배분이 이루어진다. (O, X)

52   부정적 외부효과가 존재할 경우, 시장균형거래량에서 사회적 한계비용이 시장균형가격보다 낮다. (O, X)

53   긍정적 외부효과가 존재할 경우, 시장균형거래량은 사회적 최적거래량보다 작다. (O, X)

54   부정적 외부효과가 존재할 경우, 경제적 순손실(자중손실)이 발생한다. (O, X)

55   긍정적 외부효과가 존재할 경우, 경제적 순손실(자중손실)이 발생한다. (O, X)

56   외부효과는 한 사람의 행위가 제3자의 경제적 후생에 영향을 미치고, 그에 대한 보상이 이루어지지 않을 때 발생한다. (O, X)

57   코즈 정리가 성립하려면 재산권 혹은 소유권이 피해자에게 명확하게 설정되어 있어야 한다. (O, X)

58   상품의 시장수요곡선은 $Q=20-P$이고, 한계비용은 $MC=5+Q$이며, 상품 1단위 생산 시 발생한 한계피해는 $MD=Q$이다. 자원배분 왜곡을 치유하기 위한 최적 제품부과금(product charge)은 5이다. (단, Q: 수량, P: 가격) (O, X)

정답 및 해설

50   X   보상이 이루어지면 외부성이 아니다. 외부성은 보상과 대가가 모두 이루어지지 않는다.

51   O

52   X   부정적 외부효과가 존재할 경우, 시장균형거래량에서 사회적 한계비용이 시장균형가격보다 높다.

53   O

54   O

55   O

56   O

57   X   코즈 정리는 외부성에 관한 권리(재산권)가 어느 경제주체에 귀속되는가와 상관없이 당사자 간의 자발적 협상에 의한 자원배분은 동일하며 효율적이다.

58   O   1) 사회적인 한계비용 $SMC=PMC+MD=5+2Q$이고, 수요함수가 $P=20-Q$이므로, $P=SMC$로 두면 $20-Q=5+2Q$, $Q=5$이다.
      2) $Q=5$를 사회적 한계비용함수에 대입하면 $SMC=15$이고, $Q=5$를 사적 한계비용함수에 대입하면 $PMC=10$이므로, 단위당 최적조세액은 5임을 알 수 있다.

59 긍정적 외부성이 있는 재화의 수요함수가 Q = 10 − p이고, 한계편익함수는 Q = 5 − p이다. 한계생산비용이 7.5라면 사회적 최적 생산량은 3.75이다. (단, Q는 수량, p는 가격이다.) (O, ×)

60 A의 한계편익(MB_A)이 $MB_A = 90 - \frac{1}{2}Q$, A의 생산으로 인한 B의 한계피해비용(MD_B)은 $MD_B = \frac{1}{4}Q$일 때 강의 소유권이 A에게 있고 양자 간의 협상이 성립하여 사회적으로 바람직한 생산량이 달성된다면, A가 B로부터 받는 보상의 범위는 최소 900 이상, 최대 2,250 이하가 될 것이다. (단, Q에 대한 A의 한계비용과 B의 한계편익은 0이며, 협상이 개시되는 경우 협상비용도 0이며 Q는 A의 생산량이다.) (O, ×)

61 오염물질을 배출하는 기업 甲과 乙의 오염저감비용은 각각 $TAC_1 = 200 + 4X_1^2$, $TAC_2 = 200 + X_2^2$이다. 정부가 두 기업의 총오염배출량을 80톤 감축하기로 결정할 경우 두 기업의 오염저감비용의 합계를 최소화하는 甲의 오염감축량은 24이다. (단, X_1, X_2는 각각 甲과 乙의 오염감축량이다.) (O, ×)

정답 및 해설

59 O
1) 사회적 최적 생산량은 사회적 한계편익과 한계비용이 일치할 때 이루어진다.
2) Q = 10 − P는 P = 10 − Q이고 한계편익은 P = 5 − Q이므로 사회적 한계편익은 P = 15 − 2Q이다. 따라서 15 − 2Q = 7.50이므로, Q = 3.75이다.

60 O
1) 화학공장의 한계편익은 생산량이 0일 때 90이고 한계편익이 0일 때의 생산량은 180이다.
2) 양식장의 한계비용은 생산량이 0일 때 0이고 화학공장이 180 생산할 때 45이다.
3) 양자의 한계편익과 한계비용이 만나는 지점은 $90 - \frac{1}{2}Q = \frac{1}{4}Q$ 이므로 Q = 120이고 한계편익과 한계비용은 30이다. 이를 그래프로 나타내면 다음과 같다.

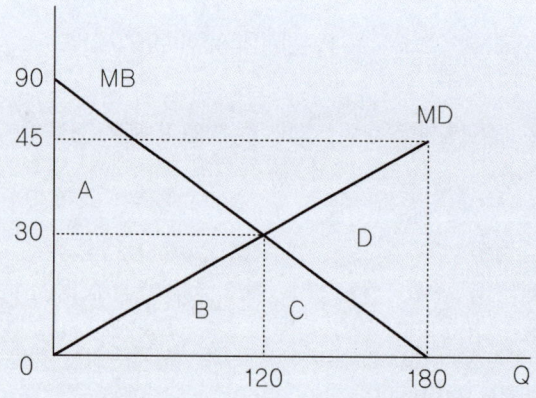

61 ×
1) 총감축량은 80톤이므로, $X_1 + X_2 = 80$톤이다.
2) 오염배출권의 균형은 두 기업의 한계저감비용이 동일해야 하므로, $MC_1 = MC_2$가 성립한다.
3) $MC_1 = 8X_1$, $MC_2 = 2X_2$ → $8X_1 = 2X_2$ → $4X_1 = X_2$
4) 이를 1번식에 대입하면 $X_1 + 4X_1 = 80$ → $X_1 = 16$, $X_2 = 64$이다.

62 담배 소비에 외부성이 존재하여 다른 사람에게 피해를 주게 된다면, 사회적으로 최적인 소비자 지불가격은 시장균형가격보다 낮고, 시장균형 생산량은 사회적 최적균형생산량보다 많다. (O, X)

63 어느 공장의 생산활동으로 지역 주민들이 대기오염 피해를 입는 외부불경제가 발생하였다. 공장의 사적 한계비용함수는 $PMC = 1 + 2Q$이고 사회적 한계비용함수는 $SMC = 4 + 2Q$이다. 수요곡선이 $Q_D = 40 - P$일 때 외부불경제로 인한 사회적 후생손실은 2이다. (O, X)

64 상품의 시장수요곡선은 P = 100 - 2Q이고, 한계비용은 20이고, 제품 한 단위당 20의 환경피해를 발생시킨다. 완전경쟁시장 하에서 사회적 최적수준의 생산량은 30이다. (O, X)

65 독점기업이 공급하는 X재의 시장수요곡선은 Q = 200 - P이고, 기업의 사적 비용함수는 $C = Q^2 + 20Q + 10$이고, 환경오염에 의한 추가적 비용을 포함한 사회적 비용함수는 $SC = 2Q^2 + 20Q + 20$이다. 이 경우 사회적으로 바람직한 최적생산량은 60이다. (단, Q는 생산량, P는 시장가격이다.) (O, X)

정답 및 해설

62 X 사회적으로 최적인 소비자 지불가격은 시장균형 가격보다 높고, 시장균형 생산량은 사회적 최적 균형 생산량보다 많다.

63 X
1) PMC + EMC = SMC이므로 EMC = 3이다.
2) 사회적 최적량은 SMC = SMB이므로 40 - Q = 4 + 2Q → 3Q = 36 → Q = 12이다.
3) 시장 균형량은 PMC = PMB이므로 40 - Q = 1 + 2Q → 3Q = 39 → Q = 13이다.
4) 사회적 후생손실 = $\frac{1}{2} \times 3 \times 1 = 1.5$
5) 그래프

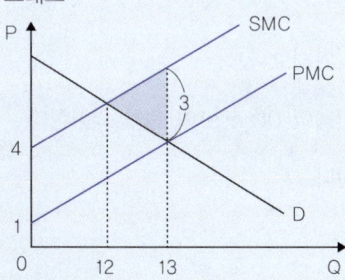

64 O
1) 사회적 최적 생산량은 SMB = SMC이다.
2) 수요곡선은 PMB = SMB이다.
3) 한계비용은 PMC이고 EMC = 20이다. 따라서 SMC = PMC + EMC = 20 + 20 = 40이다.
4) 사회적 최적량을 구하면 100 - 2Q = 40 → Q = 30이다.

65 X
1) 사회적 최적량은 P = SMC이다.
2) SMC = 4Q + 20이므로 200 - Q = 4Q + 20 → Q = 36이다.

Topic 17 공공재와 정보의 비대칭성

[핵심정리]

01 공공재

특성	1) 소비에서의 비경합성: 한 사람의 소비가 다른 사람이 소비할 수 있는 기회를 줄이지 않음 2) 소비에서의 비배제성: 대가를 치르지 않은 사람도 소비에서 배제할 수 없음
공공재의 적정공급	1) $MB_A + MB_B = MC$ 2) 계산문제 ① 수요함수가 한계편익이므로 수요함수를 P로 놓은 상태에서 더한다. ② 더한 P = MC로 놓고 구한다. ③ 공공재는 다리의 길이, 동굴의 깊이 등으로도 변형되어 나올 수 있으니 참고하자.
공유자원	1) 경합성은 있으나 배제성이 없어 무분별한 사용으로 자원의 낭비가 발생할 수 있음 2) 계산문제 ① 개인의 이익극대화는 총편익이 극대화될 때까지 생산할 것이므로 P = AC임 ② 마을의 이익극대화는 이윤극대화 조건이므로 MR = MC임 ③ 대부분의 문제에서 1마리의 양이나 소로 출제되므로 1마리의 가격은 AC = MC임

02 정보의 비대칭성

역선택	1) 감춰진 특성의 상황에서 잘못된 선택을 하는 것 2) 예 중고차시장에서의 중고차 구입자 – 중고차 품질 알지 못함 등 3) 대책: 신호발송, 선별, 의무가입, 평판, 표준화 등
도덕적 해이	1) 감춰진 상황에서 상대방의 행동이 변한 경우 2) 예 자동차보험 가입 이후 ➡ 난폭운전 등 3) 대책: 감시, 인센티브, 기초공제제도, 효율성 임금

[핵심정리 O/X]

01 순수공공재는 소비의 비배제성과 비경합성을 동시에 가지고 있다. (O, ×)

02 비경합성이란 소비자의 추가적인 소비에 따른 한계비용이 0(zero)이 됨을 의미한다. (O, ×)

03 소비의 비배제성으로 인한 무임승차의 문제가 발생한다. (O, ×)

정답 및 해설
01 O
02 O
03 O

04 공공재의 경우에는 개인의 한계편익곡선을 수평으로 합하여 사회적 한계편익곡선을 도출한다. (O, X)

05 공공재의 최적생산을 위해서는 경제주체들의 공공재 편익을 사실대로 파악하여야 한다. (O, X)

06 국가가 제공하는 의료서비스나 주택서비스는 공공재이다. (O, X)

07 공공재와 가치재를 정부가 공급하면 소비자주권과 충돌이 발생한다. (O, X)

08 공유지의 비극(tragedy of the commons)은 배제성은 없으나 경합성이 있는 재화에서 발생한다. (O, X)

09 공공재의 경우 개인들의 한계편익을 합한 것이 한계비용보다 작다면 공공재 공급을 증가시키는 것이 바람직하다. (O, X)

10 두 명의 주민이 사는 어느 마을에서 가로등에 대한 개별 주민의 수요함수는 $P = 10 - Q$로 표현되며, 주민 간에 동일하다. 가로등 설치에 따르는 한계비용이 6일 때, 이 마을에 설치할 가로등의 적정 수량6이다. (단, Q는 가로등의 수량이다.) (O, X)

11 공공재에 대하여 개별 수요자의 진정한 수요가 표출되지 않기 때문에 가상수요곡선의 개념을 사용한다. (O, X)

12 적정 공급수준에서는 수요자로 하여금 자신이 얻는 한계편익과 일치하는 가격을 지불하도록 하면 공공재 공급의 재원조달문제가 해결가능하다. (O, X)

정답 및 해설

04 X 공공재의 경우에는 소비가 비경합적이므로 개인들의 사적인 한계편익곡선을 수직으로 합하여 사회적 한계편익곡선을 도출한다.

05 O

06 X 국가가 제공하는 의료서비스나 주택서비스는 배제성과 경합성을 모두 지니고 있으므로, 공공재가 아닌 가치재이다.

07 X 공공재는 민간부문에 의해서는 거의 공급되기 어려우므로 정부에 의한 공공재 공급이 소비자주권과 충돌한다고 보기는 어렵다.

08 O

09 X 공공재의 경우 개인들의 한계편익을 합한 것이 한계비용보다 크다면 공공재 공급을 증가시키는 것이 바람직하다.

10 X 1) 개별주민의 공공재 수요함수가 $P = 10 - Q$이고, 공공재는 가격을 더하는데 주민 수가 2명이므로, 시장수요함수 $P = 20 - 2Q$이다.
   2) 최적생산량을 구하기 위해 $P = MC$로 두면 $20 - 2Q = 6$, $Q = 7$이다.

11 O

12 O

13 두 사람(A, B)이 존재하는 경제에서 공공재 X의 한계비용(MC_x)은 $2X$, A의 한계효용(MU_A)은 $4-X$, B의 한계효용(MU_B)은 $8-2X$이다. 이 경우 공공재의 균형량은 3이다. (O, ×)

14 국방에 대한 갑의 수요함수는 $Q=45-3P$, 을과 병의 수요함수는 각각 $Q=40-4P$이다. 국방의 한계비용이 25이면 사회적으로 적정한 국방 수준은 12이다. (단, Q: 국방수준, P: 부담몫) (O, ×)

15 4가구(가)~(라)가 있는 마을에서 강을 건너기 위한 다리를 건설하기로 합의하였다. (가)는 다리를 건널 필요가 없는 농가이고, (나)는 다리를 이용하여 강 건너 직장에 출퇴근하여 500의 총편익을 얻는다. 다리 이용에 따른 (다)의 총편익은 $400+30M+20M^3$이고 (라)의 총편익은 $300+70M+30M^3$이다. 이때 다리의 총건설비용은 $3,850M+700$이다. 다리의 적정 규모 M은 5이다. (단, M: 다리규모)
(O, ×)

16 역선택은 정보를 가지고 있는 자의 자기선택 과정에서 생기는 현상이다. (O, ×)

17 교육수준이 능력에 관한 신호를 보내는 역할을 하는 경우 역선택의 문제가 완화된다. (O, ×)

18 정부에 의한 품질인증은 역선택의 문제를 완화시킨다. (O, ×)

19 역선택 현상이 존재하는 상황에서 강제적인 보험프로그램의 도입은 후생을 악화시킨다. (O, ×)

정답 및 해설

13 × 두 사람의 한계편익을 합한 사회적인 한계편익 $SMB=12-3X$이므로, 최적 공공재의 생산량을 구하기 위해 $SMB=MC$로 두면 $12-3X=2X$이므로 $X=2.4$로 계산된다.

14 O 1) 공공재의 시장수요곡선은 개별수요곡선의 수직합으로 도출되므로, 시장수요곡선을 구하기 위해서는 각자의 공공재 수요곡선을 P에 대해 정리한 후에 더해야 한다.
2) 갑의 수요함수가 $P=15-\frac{1}{3}Q$, 을과 병의 수요함수가 각각 $P=10-\frac{1}{4}Q$이므로, 공공재의 시장수요곡선은 $P=35-\frac{5}{6}Q$이다.
3) 공공재의 최적생산량을 구하기 위해 $P=MC$로 두면 $35-\frac{5}{6}Q=25$, $Q=12$로 계산된다. 이제 각 개인이 지불해야 할 가격을 구하기 위해 $Q=12$를 각자의 수요함수에 대입하면 갑, 을, 병이 지불해야 할 가격은 각각 11, 7, 7로 계산된다.

15 O
16 O
17 O
18 O
19 × 역선택이 존재하는 상황에서 정부가 공적인 보험제도를 도입하여 강제로 가입하도록 하면 역선택 문제가 해소될 수 있다. 모든 대상자의 가입을 의무화하는 공적인 보험제도가 도입되면 사회후생이 증가할 가능성이 높다.

20 선별(screening)이란 사적 정보를 가진 경제주체가 상대방의 정보를 더욱 얻어내기 위해 취하는 행동이다. (O, X)

21 신호발생(signaling)이란 정보를 가진 경제주체가 자신에 관한 정보를 상대방에게 전달하려는 행동이다. (O, X)

22 탐색행위(search activities)란 상품의 가격에 대한 정보를 충분히 갖지 못한 수요자가 좀 더 낮은 가격을 부르는 곳을 찾으려고 하는 행위이다. (O, X)

23 역선택(adverse selection)이란 상대방의 감추어진 속성으로 인해 정보가 부족한 쪽에서 바람직하지 않은 선택을 하는 현상이다. (O, X)

24 실업급여를 받게 되자 구직 활동을 성실히 하지 않는 것은 역선택의 사례이다. (O, X)

25 사망 확률이 낮은 건강한 사람이 주로 종신연금(life annuity)에 가입하는 것은 도덕적 해이의 사례이다. (O, X)

26 사고가 발생할 가능성이 높은 사람일수록 보험에 가입할 가능성이 크다는 것은 역선택(adverse selection)에 해당한다. (O, X)

27 화재보험 가입자가 화재예방 노력을 게을리할 가능성이 크다는 것은 도덕적 해이(moral hazard)에 해당한다. (O, X)

28 통합균형(pooling equilibrium)에서는 서로 다른 선호체계를 갖고 있는 경제주체들이 동일한 전략을 선택한다. (O, X)

29 선별(screening)은 정보를 보유하지 못한 측이 역선택 문제를 해결하기 위해 사용할 수 있는 방법이다. (O, X)

정답 및 해설

20 X 선별(screening)이란 정보를 갖지 못한 측이 이미 알려진 정보를 이용하여 상대방을 구분하는 것을 말한다.
21 O
22 O
23 O
24 X 행동이 변한 것이므로 도덕적 해이의 사례이다.
25 X 사망확률이 낮으면 종신연금액이 많아지므로 보험회사의 입장에서는 역선택의 사례이다.
26 O
27 O
28 O
29 O

30. 항공사가 서로 다른 유형의 소비자에게 각각 다른 요금을 부과하는 행위는 신호발송(signaling)에 해당한다. (O, X)

31. 공공재에 대한 甲과 乙의 수요함수가 각각 $P_甲 = 80 - Q$, $P_乙 = 140 - Q$이다. 공공재 생산의 한계비용이 50일 때, 사회적 최적 생산량은 85이다. (단, P는 가격, Q는 수량) (O, X)

32. 어느 마을에 주민들이 염소를 방목할 수 있는 공동의 목초지가 있다. 염소를 방목하여 기를 때 얻는 총수입은 $R = 10(20X - X^2)$이고, 염소 한 마리에 소요되는 비용은 20이다. 만약 개별 주민들이 아무런 제한 없이 각자 염소를 목초지에 방목하면 마을 주민들은 총 18마리를 기를 것이다. (O, X)

33. 행태경제학은 사람들은 합리적이지 않을 뿐 아니라 예측이 불가능하다고 가정한다. (O, X)

34. 행태경제학은 경제학과 심리학이 결합된 융합학문 분야로 볼 수 있다. (O, X)

35. 행태경제학에서는 합리적인 경제주체라면 무시해야 하는 작은 요소가 경제의사결정에 큰 영향을 줄 수 있다는 접근을 취하고 있다. (O, X)

36. 행태경제학에서는 공정성에 대한 고려로 인해 사람들이 비합리적으로 보이는 의사결정을 할 수도 있음을 주장한다. (O, X)

정답 및 해설

30. X 항공사가 서로 다른 유형의 소비자에게 각각 다른 요금을 부과하는 행위는 선별에 해당한다.

31. X 공공재 생산의 한계비용이 50이면 乙의 Q가 90이므로, 乙만 공공재에 대한 지불용의가 있다. 따라서 甲의 한계편익만을 이용한다. 140 - Q = 50 → Q = 90이다.

32. O 1) 주민들의 순편익극대화조건은 P = AC이다.
        2) P는 200 - 10X, AC는 20이다. 따라서 X = 18이다.

33. X 행태경제학은 사람들은 합리적이지 않은 측면이 나타날 수 있다는 것을 심리학적 접근을 통해 설명한 것이다. 인간이 기본적으로 합리적이라는 가정은 변하지 않는다.

34. O

35. O

36. O

해커스 감정평가사
ca.Hackers.com

해커스 공무원
gosi.Hackers.com

해커스 서호성 경제학원론 핵심포인트

제6장

국민소득결정이론

Topic 18 GDP
Topic 19 국민소득 결정이론
Topic 20 소비이론
Topic 21 투자이론

제6장 국민소득결정이론

Topic 18 GDP

[핵심정리]

01 국내총생산

의미	한 나라 안에서 일정 기간(보통 1년) 동안 새로이 생산한 재화와 서비스의 최종 생산물의 시장 가치를 합한 것
계산	1) 생산 활동을 통해 만들어 낸 부가가치의 합 2) 총생산물의 가치 - 중간 생산물 3) 최종 생산물의 가치
GDP에 포함되지 않는 것	시장에서 거래되지 않는 재화, 여가의 가치, 이전지출 등
GDP에 포함되는 것	재고, 귀속임대료 등
실질 GDI	실질 GDP + 교역조건변화에 따른 실질 무역손익
실질 GNI	실질 GDI + 해외 순수취 요소소득 = 실질 GDP + 교역조건변화에 따른 실질무역손익 + 해외 순수취 요소소득
명목 GDP와 실질 GDP	1) 명목 GDP는 생산량을 측정시점의 가격으로 측정하여 화폐 가치로 평가한 것 2) 실질 GDP는 생산량을 기준시점의 가격으로 측정하여 화폐 가치로 평가한 것 3) GDP디플레이터 = $\frac{\text{명목 GDP}}{\text{실질 GDP}} \times 100$
실제 GDP와 잠재 GDP	1) 실제 GDP(actual GDP)는 한 나라의 경제가 실제로 생산한 모든 최종 생산물을 평가 한 것 2) 잠재 GDP(potential GDP)는 한 나라 국경 안에 존재하는 모든 생산 자원을 정상적으로 고용할 경우 생산 가능한 모든 최종 생산물의 시장 가치 ➜ 완전 고용 GDP, 완전 고용 국민 소득 3) GDP 갭 = 실재 GDP - 잠재 GDP

[핵심정리 O/X]

01 GDP는 일정기간 동안 국내에서 최종적으로 생산된 상품과 서비스에 대한 총지출이다. (O, X)

02 GDP는 저량개념이다. (O, X)

03 식당에서 판매하는 식사는 GDP에 포함되지만, 아내가 가족을 위해 제공하는 식사는 GDP에 포함되지 않는다. (O, X)

04 발전소가 전기를 만들면서 공해를 발생시키는 경우, 전기의 시장가치에서 공해의 시장가치를 뺀 것이 GDP에 포함된다. (O, X)

05 임대 주택이 제공하는 주거서비스는 GDP에 포함되지만, 자가 주택이 제공하는 주거서비스는 GDP에 포함되지 않는다. (O, X)

06 기존 아파트 매매가격 상승과 배 생산의 증가는 모두 실질 GDP 증가요인이다. (O, X)

07 GDP는 유량(flow)변수이다. (O, X)

08 이 나라의 밀 생산 농부들은 밀을 생산하여 그중 반을 소비자에게 1,000억원에 팔고, 나머지 반을 1,000억원에 제분회사에 팔았다. 제분회사는 밀가루를 만들어 나머지를 제과회사에 1,900억원에 팔았다. 제과회사는 밀가루로 빵과 과자를 만들어 2,400억원에 소비자에게 모두 팔았다. 이 나라의 GDP는 5,300억원이다. (단, 이 국가는 밀 생산 농부, 제분회사, 제과회사만으로 이루어져 있다.) (O, X)

09 GDP 디플레이터는 실질GDP를 명목GDP로 나눈 것으로 그 경제의 물가수준을 나타낸다. (O, X)

10 정부가 독거 노인들에게 무료로 식사를 제공하는 것은 정부지출에 포함된다. (O, X)

정답 및 해설

01 O

02 X 일정기간의 유량개념이다.

03 O

04 X 환경오염과 같은 삶의 질은 GDP에 포함되지 않는다.

05 X 임대 주택이 제공하는 주거서비스와 귀속임대료 모두 GDP에 해당된다.

06 X 기존 아파트 매매가격상승은 실질 GDP와 관련 없다.

07 O

08 X 최종재로서 소비자에게 팔린 밀 절반 1,000억원 어치 + 나머지 밀 → 밀가루 → 빵과 과자 2,400억원 어치를 더하면 GDP는 3,400억원이 된다.

09 O

10 X 무료로 식사를 제공하는 것은 이전지출로 정부지출에 해당하지 않는다.

11 기준연도의 명목GDP와 실질GDP는 같다. (O, X)

12 외국인의 한국 내 생산활동은 한국의 GDP 산출에 포함된다. (O, X)

13 소비, 투자, 정부지출(구입), 순수출이 GDP를 구성하는 네 가지 항목이다. (O, X)

14 A와 B가 서로의 아이를 돌봐주고 각각 임금을 상대방에게 지불할 경우, A와 B 중 한 사람의 임금만 GDP에 포함된다. (O, X)

15 작년에 완공된 주택을 올해 매매하는 과정에서 생긴 수수료는 올해의 GDP에 포함된다. (O, X)

16 국내총생산은 일정기간 동안 국내에서 새로이 생산된 최종생산물의 시장가치를 합하여 구한다. (O, X)

17 국내총생산은 일정기간 동안 국내 생산과정에서 새로이 창출된 부가가치를 합하여 구한다. (O, X)

18 국내총생산은 일정기간 동안 국내 생산과정에서 투입된 중간투입물의 시장가치를 합하여 구한다. (O, X)

19 국내총생산은 일정기간 동안 국내 생산과정에 참여한 경제주체들이 받은 요소소득을 합하여 구한다. (O, X)

20 생산 측면, 분배 측면, 지출 측면에서 측정한 GDP의 값은 동일하다. (O, X)

21 지출GDP는 생산의 각 단계에서 지출된 부가가치의 합으로 측정한다. (O, X)

22 국내총지출은 소비지출, 투자지출, 정부지출, 그리고 순수출로 이루어져 있다. (O, X)

정답 및 해설

11 O
12 O
13 O
14 × A와 B가 서로의 아이를 돌봐주고 각각 임금을 상대방에게 지불할 경우, A와 B 둘 다 포함된다.
15 O
16 O
17 O
18 × GDP는 일정기간 동안 국내에서 새로이 생산된 최종생산물의 시장가치이므로, 중간생산물은 GDP계산에 포함되지 않는다.
19 O
20 O
21 O
22 O

23	외국과의 교역이 전혀 없는 국가에서 투자가 GDP보다 클 수 있다.	(O, X)
24	태풍이나 지진 등으로 인해 피해가 발생해도 GDP 집계에 포함되지 않는다.	(O, X)
25	저축은 민간저축과 정부저축의 합으로 구성된다.	(O, X)
26	2020년에 A국에서 생산되어 재고로 있던 제품을 2021년 초에 B국에서 수입해 자국에서 판매했다고 할 때 A국의 2021년 수출은 증가하고 GDP는 불변이다.	(O, X)
27	실업수당은 정부지출이기 때문에 GDP에 포함된다.	(O, X)
28	최근 실질 국민총소득(GNI) 증가율이 실질 국내총생산(GDP) 증가율보다 높게 평가되었다면 국내재화의 수출단가가 낮아졌기 때문이다.	(O, X)
29	명목GDP는 당해연도의 가격으로 측정한 GDP이다.	(O, X)
30	물가수준이 꾸준히 오른다면 실질GDP는 명목GDP보다 크다.	(O, X)
31	GDP디플레이터는 명목GDP를 실질GDP로 나눈 값이다.	(O, X)
32	GDP디플레이터는 명목GDP를 실질GDP로 환산할 때 사용된다.	(O, X)
33	작년에 비해 실질 GDP(Gross Domestic Product)가 상승하였다면 작년에 비해 명목 GDP는 감소하였고 GDP 디플레이터는 증가하였다.	(O, X)
34	GDP는 생산수준뿐만 아니라 여가수준과 환경수준까지 고려한다.	(O, X)

정답 및 해설

- **23** X 폐쇄경제에서 GDP는 지출 측면으로 측정할 때 소비+투자+정부지출로 구성되므로, GDP는 투자보다 항상 크다.
- **24** O
- **25** O
- **26** O
- **27** X 실업수당은 이전지출이기 때문에 GDP에 포함되지 않는다.
- **28** X 실질 GNI는 실질 GDP에 교역조건 변화로 인한 실질 무역손익과 실질 해외순수취요소소득을 더해서 구한다. GNI가 크게 증가하는 이유는 교역조건이 호전(국내상품 가격상승, 해외상품 가격하락)되거나 해외순수취요소소득이 전보다 증가할 경우에 발생할 수 있다.
- **29** O
- **30** X 물가가 오르면 명목GDP가 크고 물가가 내린다면 실질 GDP가 크다.
- **31** X 명목GDP를 실질GDP로 나눈 값에 100을 곱하여 구한다.
- **32** O
- **33** X 실질GDP = $\dfrac{\text{명목 GDP}}{\text{GDP디플레이터}} \times 100$이므로 작년에 비해 실질GDP가 증가하였다는 것은 작년에 비해 명목GDP가 증가하였거나 GDP디플레이터가 감소하였음을 의미한다.
- **34** X GDP는 여가수준과 환경수준 등의 삶의 질측면은 포함하지 않는다.

35	GDP를 통해 소득분배의 형평성에 대해서는 알 수 없다.	(O, X)
36	GNI는 교역조건 변화로 인한 실질소득변화를 반영한다.	(O, X)
37	폐쇄경제에서는 실질 GDP와 실질 GDI가 같다.	(O, X)
38	명목 GNI와 명목 GNP와 동일한 개념이다.	(O, X)
39	교역조건 변화에 따른 실질무역손익이 음(−)의 값을 가질 경우, 실질 GDI는 실질 GDP보다 작다.	(O, X)
40	실질 GNI는 실질 GNP와 동일한 개념이다.	(O, X)
41	국내총생산은 시장에서 거래되는 최종생산물만 포함한다.	(O, X)
42	국내순생산은 국내총생산에서 고정자본소모를 제외한 부문이다.	(O, X)
43	명목국내총생산은 재화와 서비스의 생산의 가치를 경상가격으로 계산한 것이다.	(O, X)
44	3면 등가의 원칙으로 국내총생산은 국내 총소득과 일치한다.	(O, X)
45	국내총생산은 요소비용국내소득에 순간접세와 고정자본소모를 더한 것이다.	(O, X)
46	2023년에 기업 A는 한국에서 생산한 부품 100억 달러를 베트남 현지 공장에 수출하였다. 같은 해에 베트남 현지 공장에서 그 부품을 조립하여 소비재 완제품 200억 달러를 만들어 그중 50억 달러는 한국에 수출하고, 140억 달러는 미국에 수출하였으며 10억 달러는 재고로 남았다. 이월된 재고 10억 달러는 2024년 베트남 국내에서 모두 판매되었다. 이 경우 2023년 한국의 GDP는 50억 달러이다.	(O, X)

정답 및 해설

35	O	
36	O	
37	O	
38	O	
39	O	
40	X	명목으로 계산하면 재화와 서비스의 가격변동이 모두 GDP에 반영이 되므로 교역조건 변화에 따른 실질 무역손익은 0이다. 그러므로 명목으로 집계하면 GNI와 과거에 사용하던 GNP가 동일하다. 반면, 실질로 집계할 때는 가격변화에 따른 구매력 변화가 GDP에 반영되지 않으므로 교역조건 변화에 따른 무역손익이 0보다 크거나 작을 수 있다. 그러므로 실질로 집계하면 GNI와 GNP는 달라지게 된다.
41	X	국내총생산은 기업이 투자로 계산하는 재고투자도 포함된다.
42	O	
43	O	
44	O	
45	O	
46	X	한국의 GDP는 한국 국내에서 수출한 부품 100억 달러이다.

Topic 19 국민소득 결정이론

[핵심정리]

01 고전학파의 국민소득결정이론

기본가정	1) 제1가정 세이의 법칙 "공급은 스스로 수요를 창출한다" 공급이 되면, 그만큼 소득이 창출되고, 이 소득이 수요로 나타난다. 2) 제2가정 모든 가격변수(물가, 명목이자율, 명목임금)의 완전신축성 3) 제3가정 노동의 수요와 공급은 실질임금의 함수이며, 완전경쟁시장이다. 노동자는 물가변화를 항상 정확히 예상한다(완전예견). 4) 제4가정 노동시장에서 수요와 공급의 불일치는 신축적인 명목임금에 의하여 아주 신속히 조절된다. 따라서 노동시장은 항상 균형이라고 보아도 좋다. 완전고용량을 의미한다.
국민소득결정	1) 노동시장에서 자율적으로 고용수준이 결정되고(완전고용), 2) 이것이 한 나라 전체의 생산함수와 결합하여 총공급곡선을 결정하며, 이 "총공급에 의하여" 국민소득이 결정된다는 것이다.

02 케인즈의 국민소득 결정이론과 승수효과

기본가정	충분한 잉여생산능력이 있다고 가정한다.
국민소득의 결정	균형조건식이 의미하는 것은 총수요(총지출)(Y^D)만큼 국내총생산(Y)할 때 균형국민소득이 결정된다는 것이다.
승수	독립투자 증가분에 대한 균형국민소득증가분의 비율
승수의도출	1) 기본가정(개방경제를 전제로 할 경우) $Y = C + I + G + X - M$ $C = a + c \cdot Y_d = a + c(Y-T)$ (단, Y_d: 처분가능소득 $Y_d = Y - T$) $T = T_0 + tY$ (t: 세율, 만약 정액세라고 한다면 $t=0$) $I = I_0 + iY$ $G = G_0$ $X = X_0$ $M = M_0 + mY$ (m: 한계수입성향) 2) 도출과정 $Y = C + I + G + X - M$ $\quad = a + c(Y - T_0 - tY) + I_0 + iY + G_0 + X_0 - M_0 - mY$ 인데, 이를 Y에 대해서 풀면, $Y = \dfrac{1}{1-c(1-t)+m-i}[a - cT_0 + I_0 + G_0 + X_0 - M_0]$

3) 승수
① 정부지출승수: $\dfrac{dY}{dG} = \dfrac{1}{1-c(1-t)+m-i}$

② 투자승수: $\dfrac{dY}{dI} = \dfrac{1}{1-c(1-t)+m-i}$

③ 조세승수: $\dfrac{dY}{dT} = \dfrac{-c}{1-c(1-t)+m-i}$

4) 균형재정승수
① 균형재정: 세입과 세출이 같을 때 G = T를 의미한다.
② 균형재정승수: $\dfrac{dY}{dG} + \dfrac{dY}{dT} = \dfrac{1-c}{1-c} = 1$(정액세, 폐쇄경제를 가정)
③ 정액세일 경우에만 1이고 나머지 경우는 1보다 작다.

03 저축

총저축(S_N)	총저축(S_N) = 민간저축(S_P) + 정부저축(S_G) = Y-C-G
민간저축(S_P)	민간저축 = 소득 − 소비 − 조세 = Y-C-T
정부저축(S_G)	정부저축 = 조세 − 정부지출 = T-G

[핵심정리 O/X]

01 고전학파는 모든 가격변수가 신축적이기에 불균형 시 가격조정으로 즉각 균형회복이 가능하다고 가정한다. (O, ×)

02 고전학파 모형에서는 절약의 역설이 성립할 수 없다. (O, ×)

03 고전학파 모형에서는 이자율의 신축적인 조정을 통해 생산물시장의 불균형이 조정된다. (O, ×)

04 고전학파 모형은 단기보다 장기를 분석하기에 적합한 모형이다. (O, ×)

05 고전학파 모형에서 정부지출의 변화는 실질변수에 아무런 영향을 미칠 수 없다. (O, ×)

06 고전학파 모형에서 국민들의 전반적인 저축성향이 증가하면 투자도 증가한다. (O, ×)

정답 및 해설

01 O
02 O
03 O
04 O
05 × 국민소득은 변화가 없지만 확대정책인 재정정책을 실시하면 실질이자율이 상승하므로 민간투자가 감소한다.
06 O

07 고전학파 모형은 세이의 법칙이 성립하므로 유효수요부족이 발생하지 않는다. (O, X)
08 고전학파는 통화량변화에도 화폐의 중립성 때문에 명목변수만 영향을 줄 뿐 실질변수는 불변으로 본다. (O, X)
09 고전학파는 시장체제가 안정적이기 때문에 시장에 대한 정부정책의 유효성이 매우 높다고 본다. (O, X)
10 고전학파는 물가, 임금 등의 변수가 경직적이라고 본다. (O, X)
11 고전학파에서는 세이의 법칙(Say's law)이 성립하여, 수요측면은 국민소득 결정에 영향을 미치지 못한다. (O, X)
12 고전학파에서는 물가와 임금 등 모든 가격이 완전히 신축적이고, 노동시장은 균형을 달성한다. (O, X)
13 고전학파에서는 노동시장의 수요는 실질임금의 함수이다. (O, X)
14 고전학파에서는 노동의 한계생산이 노동시장의 수요를 결정하는 중요한 요인이다. (O, X)
15 고전학파에서는 통화공급이 증가하여 물가가 상승하면, 노동의 한계생산이 증가한다. (O, X)
16 정부지출승수가 0보다 크면, 국민소득이 정부지출분보다 더 크게 증가한다. (O, X)
17 조세액과 정부지출액이 같으면 국민소득은 증가하지 않는다. (O, X)
18 케인즈학파는 공급측면을 중시하고 장기분석에 집중하여 시장가격의 자동조절기능을 신뢰한다. (O, X)

정답 및 해설

07 O
08 O
09 × 시장체제가 안정적이므로 시장에 대한 정부정책의 유효성이 매우 적다고 본다.
10 × 고전학파는 가격변수가 신축적이라고 본다.
11 O
12 O
13 O
14 O
15 × 노동의 한계생산이 증가한다는 것은 생산량 증가 요인이다. 고전학파는 화폐는 실물부분에 영향을 줄 수 없다는 화폐의 중립성을 주장하므로 옳지 않다.
16 O
17 × 정부지출승수가 조세승수보다 크므로 국민소득이 증가한다. 이때 균형재정승수는 1이다.
18 × 고전학파는 공급측면을 중시하고 장기분석에 집중하여 시장가격의 자동조절기능을 신뢰한다.

19 케인즈의 국민소득 결정이론에서 한계저축성향이 클수록 투자의 승수효과는 작아진다. (O, X)

20 케인즈의 국민소득 결정이론에서 디플레이션 갭(deflation gap)이 존재하면 일반적으로 실업이 유발된다. (O, X)

21 케인즈의 국민소득 결정이론에서 임의의 국민소득 수준에서 총수요가 총공급에 미치지 못할 때, 그 국민소득 수준에서 디플레이션 갭이 존재한다고 한다. (O, X)

22 케인즈의 국민소득 결정이론에서 정부지출 증가액과 조세감면액이 동일하다면 정부지출 증가가 조세감면보다 국민소득 증가에 미치는 영향이 더 크다. (O, X)

23 케인즈의 이론에 따르면 노동시장에서 명목임금은 하방경직성을 갖는다. (O, X)

24 케인즈의 이론에 따르면 투자는 기업가의 심리에 큰 영향을 받는다. (O, X)

25 케인즈의 이론에 따르면 경기침체 시에는 확대재정정책이 필요하다. (O, X)

26 케인즈의 이론에 따르면 공급은 스스로의 수요를 창조하므로 만성적인 수요부족은 존재하지 않는다. (O, X)

27 케인즈의 이론에 따르면 저축의 역설이라는 관점에서 '소비는 미덕, 저축은 악덕'이라고 주장한다. (O, X)

28 케인즈에 의하면 정부지출이 조세보다 효과가 크다. (O, X)

29 케인즈는 가격변수는 경직적이고 충분한 유휴설비가 존재하면 불균형 시 생산량조정으로 불균형이 조정된다고 가정한다. (O, X)

정답 및 해설

19 O
20 O
21 × 디플레이션 갭은 디플레이션 갭 = 완전고용국민소득 - 실제총수요이다. 따라서 디플레이션 갭은 완전고용국민소득 수준에서 측정되는 개념이다.
22 O
23 O
24 O
25 O
26 × 케인즈는 세이의 법칙이 성립하지 않으며, 유효수요의 부족으로 인해 경기침체가 발생하는 것으로 본다.
27 O
28 O
29 O

30 균형재정승수는 정액세의 경우는 1이지만, 비례세의 경우 1보다 작다. (O, X)

31 소비지출 C = 100 + 0.8Y, 투자지출 I = 500, 정부지출 G = 200일 때 균형국민소득은 4,000이다.
(O, X)

32 완전고용 국민소득수준에서 총공급이 총수요를 초과할 때 발생하는 인플레이션갭은 인플레이션을 탈피하기 위해 증가시켜야 하는 유효수요의 크기로 측정된다. (O, X)

33 정부지출승수는 한계저축성향이 클수록 커진다. (O, X)

34 정부지출 승수와 투자승수는 동일하다. (O, X)

35 폐쇄경제하에서 소비(C)는 감소하고 정부지출(G)은 증가할 경우 민간저축은 증가하고 정부저축은 감소한다. (단, 국민소득과 세금은 고정되어 있다고 가정한다.) (O, X)

36 정부가 지출을 10만큼 늘렸을 때 총수요가 10보다 적게 늘어났다면 이자율변화에 따른 투자감소를 유추할 수 있다. (O, X)

37 A국의 총수요는 200억 달러이며 장기생산량 수준은 300억 달러이다. A국 총수요 구성 항목 중 소비를 제외한 구성항목은 독립 지출이다. 소비는 가처분 소득에 영향을 받으며 한계소비성향은 1/2이다. 아울러 물가수준은 고정되어 있다. 정부가 장기생산량 수준을 달성하고자 할 때, 증가시켜야 할 재정지출은 100억이다. (단, 조세는 정액세로 가정한다.) (O, X)

38 정부승수의 일반형은 $\dfrac{dY}{dG} = \dfrac{1}{1-c(1-t)+m}$ 이다. (단, 유발투자는 없다고 가정한다.) (O, X)

정답 및 해설

30 O

31 O

32 X 완전고용 국민소득수준에서 총공급이 총수요를 초과할 때 발생하는 디플레이션갭은 디플레이션을 탈피하기 위해 증가시켜야 하는 유효수요의 크기로 측정된다.

33 X 한계소비성향은 한계저축성향과 반대이다. 따라서 한계저축성향이 작을수록 커진다.

34 O

35 O

36 O

37 X 1) 한계소비성향 c = 0.5이므로 정부지출승수 $\dfrac{dY}{dG} = \dfrac{1}{1-c} = 2$이다.
2) 정부지출승수가 2이므로 국민소득을 100억 달러 증가시키려면 재정지출을 50억 달러 증가시켜야 한다.

38 O

39 아래와 같은 거시경제모형의 초기 균형에서 정부지출을 1만큼 증가시킬 때, 균형국민소득의 증가분은 2이다. (단, Y, C, I, G, T는 각각 국민소득, 소비, 투자, 정부지출, 조세이다.) (O, X)

- Y = C + I + G
- C = 1 + 0.5(Y−T)
- I = 2
- G = 10
- T = 2 + 0.2Y

40 폐쇄경제인 A국의 국민소득(Y)이 5,000이고 정부지출(G)이 1,000이며 소비(C)와 투자(I)가 각각 C = 3,000 − 50r, I = 2,000 − 150r과 같이 이자율(r)의 함수로 주어진다고 할 때, 균형 상태에서의 총저축은 1,250이다. (단, 총저축은 민간저축과 정부저축의 합이다.) (O, X)

41 개방경제 甲국의 국민소득 결정모형이 다음과 같다. 특정 정부지출 수준에서 경제가 균형을 이루고 있으며 정부도 균형예산을 달성하고 있을 때, 균형에서 민간저축은 200이다. (단, Y는 국민소득, C는 소비, I는 투자, G는 정부지출, T는 조세, X는 수출, M은 수입이다.) (O, X)

- Y = C + I + G + (X − M)
- C = 150 + 0.5(Y − T)
- I = 200
- T = 0.2Y
- X = 100
- M = 50

정답 및 해설

39 X 1) 정부지출승수는 $\frac{1}{1-c(1-t)+m-i}$ 이다.
   2) 문제에 주어진 조건에 대입하면 $\frac{1}{1-0.5(1-0.2)} = \frac{1}{0.6} = \frac{5}{3}$ 이다.

40 O 1) 총저축 = 민간저축 + 정부저축이다. ➔ S = Y − C − G
   2) 국민소득 항등식 Y = C + I + G ➔ 5,000 = 3,000 − 50r + 2,000 − 150r + 1,000
      ➔ 1,000 = 200r ➔ r = 5이다.
   3) C = 3,000 − 250 = 2,750
   4) I = 2,000 − 750 = 1,250
   5) 총저축은 5,000 − 2,750 − 1,000 = 1,250이다.

41 X 1) 균형재정이므로 T = G이다. 따라서 G = 0.2Y이다.
   2) 주어진 공식에서 Y를 구하면 Y = 150 + 0.5Y−0.1Y + 200 + 0.2Y + 100−50 ➔ Y = 400 + 0.6Y
      ➔ Y = 1000이다.
   3) 민간저축은 $S_P = Y - C - T$ 이므로 1,000 − (150 + 400) − 200 = 250이다.

42 어느 폐쇄경제 국가의 거시경제모형에서 완전고용 국민소득 수준은 6,800이다. 완전고용 국민소득을 달성시킬 수 있는 정부지출의 증가분은 200이다. (O, X)

- 소비함수: C = 0.9(Y − T) + 300
- 투자지출: I = 200
- 정부지출: G = 300
- 조세수입: T = 300

(단, Y는 국민소득이다)

43 A국과 B국의 거시경제모형이 각각 다음과 같을 때 A국의 균형국민소득이 215조원이라고 할 때 균형국민소득을 4% 증가시키기 위해서는 정부지출을 8.6조원 증대시키면 된다. (O, X)

A국	B국
$C = 20 + 0.8 Y_D$	$C = 20 + 0.8 Y_D$
$Y_D = Y - T$	$Y_D = Y - T$
$T = 30 + 0.25 Y$	$T = 30$
$I = 40$	$I = 40$
$G = 50$	$G = 50$
$X = M = 0$	$X = M = 0$

(단, C는 소비, Y_D는 가처분소득, Y는 국민소득, T는 조세, I는 투자, G는 정부지출, X는 수출, M은 수입을 나타내며, 측정 단위는 조원이다.)

44 국민총소득은 1,000조원이고 정부지출은 200조원, 조세수입은 150조원, 투자는 250조원인 폐쇄경제에서의 민간저축은 300조원이다. (O, X)

정답 및 해설

42 X
1) 실제 GDP
   Y = 0.9Y − 0.9T + 300 + 200 + 300 → T = 300을 대입하여 정리하면 0.1Y = 530 → Y = 5,300이다.
2) 완전고용국민소득보다 1,500이 부족하다. 정부지출을 통한 승수효과로 1,500을 달성하여야 한다.
3) 1,500 = 정부지출증가분 × $\frac{1}{1-0.9}$ → 정부지출증가분은 150이다.

43 X A국의 승수는 $\frac{1}{1-0.8(1-0.25)} = 2.5$이다. A국의 균형국민소득이 215조원이라고 할 때 균형국민소득을 4% 증가시키기 위해서는 8.6조원을 증가시켜야 한다. 정부지출승수가 2.5이므로 정부지출을 3.44조원 증대시키면 된다.

44 O
1) Y = C + I + G이다.
2) 문제의 조건을 대입하면 1,000 = C + 250 + 200 → C = 550
3) Y = C + S_P + T
4) 문제의 조건을 대입하면 1,000 = 550 + S_P + 150 → S_P = 300이다.

Topic 20 소비이론

[핵심정리]

절대소득가설	1) 소비의 독립성: 소비를 결정하는 요인은 소득이다. 2) 소비의 가역성: 소득이 변화하면 소비는 반드시 변화한다. 3) 소비함수는 소비축을 통과 　기초소비 한계소비성향(MPC)이 0과 1사이이므로 소득의 증가분 모두가 소비되는 것은 아니며 소득이 없어도 소비되는 기초소비 때문에 소비함수는 소비축을 통과한다.
쿠즈네츠의 실증분석	1) 단기소비함수(SRC; short-run consumption): APC > MPC 　평균소비성향이 한계소비성향보다 큼. 따라서 소비수요곡선은 절편을 가지며 우상향. 이 결과는 케인즈 절대소득가설과 일치한다. 2) 장기소비함수(LRC; long-run consumption): APC=MPC 　케인즈의 절대소득가설과 달리 평균소비성향과 한계소비성향이 동일. 따라서 장기소비수요곡선은 원점으로부터 우상향하는 직선이다.
상대소득가설	1) 소비의 상호의존성 　개인의 소비는 사회적 의존관계에 있는 동류집단의 소비행위에 영향을 받는다. 이는 전시효과(demonstration effect)를 발생시킨다. 2) 소비의 비가역성(irreversibility) 　소득이 증가에 따라 일단소비가 증가하면 소득이 감소하더라도 소비를 줄이기가 어렵다. 이는 톱니효과(ratchet effect)를 발생시킨다.
항상소득가설	1) $Y = Y_P + Y_T$ (소득 = 항상소득 + 임시소득) 2) 소비는 항상소득의 일정비율이므로 $C = kY_P = k(Y - Y_T)$이다. 3) $APC = \dfrac{C}{Y} = \dfrac{k(Y - Y_t)}{Y} = k(1 - \dfrac{Y_t}{Y})$ 4) 단기적으로 장기적 추세에 비하여 임시소득이 많은 호황기에는 단기평균소비성향이 장기평균소비성향보다 작고, 불황기에는 임시소득이 적으므로 단기 평균소비성향이 장기 평균소비성향보다 크다.
생애주기가설	1) 생애주기가설에 따르면 조세조정은 당기 가처분소득은 변화시킬 수 있으나 미래 예상소득에는 거의 영향을 미칠 수 없다. 2) 정부가 이전지출을 하는 경우 평균소비성향이 큰 노년층을 대상으로 하는 것이 소득증가측면에서 보다 효과적이다.

[핵심정리 O/X]

01 절대소득가설에 따르면 한계소비성향이 0과 1 사이에 존재한다. (O, ×)

02 절대소득가설에 따르면 평균소비성향은 소득이 증가함에 따라 감소한다. (O, ×)

03 절대소득가설에 따르면, 소비는 현재의 처분가능소득으로 결정된다. (O, ×)

04 절대소득가설에 따르면 현재의 소비는 현재의 소득에 의존한다. (O, ×)

05 절대소득가설에 따르면 이자율은 소비를 결정할 때 중요한 역할을 한다. (O, ×)

06 레입슨(D. Laibson)의 소비이론에 따르면 소비자는 시간 비일관성(time inconsistency)을 보인다. (O, ×)

07 항상소득 가설에 의하면 평균소비성향은 현재소득 대비 항상소득의 비율에 의존한다. (O, ×)

08 프리드먼의 항상소득 이론에 의하면 소비자들은 소비를 일정한 수준에서 유지하고자 한다. (O, ×)

09 프리드먼의 항상소득 이론에 의하면 일시적 소득세 감면이 지속적인 감면보다 소비지출 증대효과가 작다. (O, ×)

10 프리드먼의 항상소득 이론에 의하면 불황기의 평균소비성향은 호황기에 비해 감소한다. (O, ×)

정답 및 해설

01 O
02 O
03 O
04 O
05 × 케인즈의 절대소득가설에 의하면 현재소비는 현재의 가처분소득에 의해서만 결정된다. 그러므로 이자율은 소비에 아무런 영향을 미치지 않는다.
06 O
07 O
08 O
09 O
10 × 항상소득가설에 의하면 경기불황으로 임시소득이 감소하더라도 소비는 별로 감소하지 않으므로 평균소비성향이 높아진다.

11 항상소득가설에 따르면, 호황기에 일시적으로 소득이 증가할 때 소비가 늘지 않지만 불황기에 일시적으로 소득이 감소할 때 종전보다 소비가 줄어든다. (O, ×)

12 생애주기 가설에 의하면 전 생애에 걸쳐 소비흐름은 평탄 하지만, 소득흐름은 위로 볼록한 모양을 갖는다. (O, ×)

13 생애주기가설에 따르면, 소비는 일생 동안의 소득을 염두에 두고 결정되는 것은 아니다. (O, ×)

14 한계저축성향과 평균저축성향의 합은 언제나 1이다. (O, ×)

15 케인즈의 소비함수에서는 소비가 미래에 예상되는 소득에 영향을 받는다. (O, ×)

16 가계에 유동성제약이 존재하면 현재소득에 대한 현재소비의 의존도는 약화된다. (O, ×)

17 소비의 무작위행보(random walk) 가설이 성립하면 예상된 정책 변화는 소비에 영향을 미치지 못한다. (O, ×)

18 리카도의 대등정리(Ricardian equivalence)가 성립하면 정부지출에 변화가 없는 한 조세의 삭감은 소비에 영향을 미치지 못한다. (O, ×)

19 기간간 선택모형에 따르면 소비는 소득과 상관없이 매기 일정하다. (O, ×)

20 항상소득가설에 따르면 한계소비성향은 현재소득에 대한 항상소득의 비율에 의존한다. (O, ×)

정답 및 해설

11 × 항상소득가설에 의하면 호황기에 일시적으로 소득이 증가할 때 소비가 약간 증가하고, 불황기에 일시적으로 소득이 감소할 때 소비가 약간 감소한다.

12 O

13 × 생애주기가설에 의하면 소비는 일생 동안의 소득에 의해 결정된다.

14 × 한계저축성향과 한계소비성향의 합은 항상 1이고, 평균소비성향과 평균저축성향의 합도 항상 1이다. 그러나 한계저축성향과 평균저축성향의 합이 1이 된다는 보장은 없다.

15 × 케인즈의 절대소득가설에 의하면 소비는 미래 예상소득이 아니라 현재의 가처분소득에 의해 결정된다.

16 × 유동성제약이 존재하면 소비를 더 늘리고 싶어도 차입이 불가능하므로 현재소비는 현재소득과 같아지게 된다. 그러므로 가계의 유동성제약이 존재하면 현재소비의 현재소득에 대한 의존도가 커지게 된다.

17 O

18 O

19 × 기간간 선택모형에 의하면 소비는 소득과 상관없이 일정한 것이 아니라 소득이 증가하면 소비가 증가하게 된다.

20 × 항상소득가설에 의하면 소비함수가 $C = kY_P = k(Y - Y_t)$이므로 소비함수를 Y에 대해 미분하면 한계소비성향 MPC $= \frac{dC}{dY} = k$이다. 그러므로 한계소비성향은 현재소득에 대한 항상소득의 비율과 관계없이 일정하다.

21	생애주기가설은 일시적인 조세정책이 효과가 미약함을 보여준다.	(O, X)
22	생애주기가설에 따르면 장기적으로 평균소비성향이 일정하다.	(O, X)
23	항상소득가설에 따르면 단기적으로 소득 증가는 평균소비성향을 감소시킨다.	(O, X)
24	케인즈(J. M. Keynes)의 소비가설에서 이자율은 소비에 영향을 주지 않는다.	(O, X)
25	피셔(I. Fisher)의 기간 간 소비선택이론에 따르면 이자율은 소비에 영향을 준다.	(O, X)
26	임의보행(random walk)가설에 따르면 소비의 변화는 예측할 수 있다.	(O, X)
27	케인즈 소비함수에 의하면 평균소비성향이 한계소비성향보다 크다.	(O, X)
28	상대소득가설에 의하면 장기소비함수는 원점을 통과하는 직선으로 나타난다.	(O, X)
29	항상소득가설에 의하면 항상소비는 평생 부(wealth)와 관계없이 결정된다.	(O, X)
30	생애주기가설에 의하면 중년층 인구비중이 상승하면 국민저축률이 하락한다.	(O, X)
31	절대소득가설에 의하면 소비의 이자율탄력성은 0이다.	(O, X)
32	절대소득가설에 의하면 기초소비가 있는 경우, 평균소비성향이 한계소비성향보다 크다.	(O, X)

정답 및 해설

21 O
22 O
23 O
24 O
25 O
26 X 임의보행(random walk)가설에 따르면 예상된 충격은 예측이 가능하나 예상되지 못한 충격은 합리적 기대하에서도 예측이 불가능하다.
27 O
28 O
29 X 항상소득가설에 의하면 항상소비는 항상소득과 관련된다. 평생 부(wealth)는 항상소득에 해당하므로 평생 부가 증가하면 소비도 증가한다.
30 X 생애주기가설에 의하면 중년층 인구는 소비보다 소득이 많으므로 중년층 비중이 상승하면 국민저축률이 증가한다.
31 O
32 O

33 항상소득가설에 의하면 임시소비는 임시소득에 의해 결정된다. (O, X)

34 상대소득가설에 의하면 장기소비함수는 원점을 통과하는 직선의 형태로 도출된다. (O, X)

35 생애주기가설에 의하면 사람들은 일생에 걸친 소득 변화 양상을 염두에 두고 적절한 소비수준을 결정한다. (O, X)

36 케인즈의 소비이론은 소비자들의 소비평탄화(consumption smoothing)를 강조한다. (O, X)

37 소비에 대한 임의보행(random walk)가설은 유동성제약에 직면한 소비자의 소비 선택을 설명한다. (O, X)

38 소비함수에 관한 불규칙보행(Random Walk) 가설에서 정보의 불완전성으로 소비자들은 합리적 기대를 형성하지 못한다고 본다. (O, X)

39 소비함수에 관한 불규칙보행(Random Walk) 가설은 항상소득가설과는 무관하다. (O, X)

40 소비함수에 관한 불규칙보행(Random Walk) 가설에서는 소비자는 예기치 못한 소득감소를 초래할 수 있는 미래의 불확실성 정도에 따라서 소비와 저축을 합리적으로 조정한다. (O, X)

41 소비함수에 관한 불규칙보행(Random Walk) 가설에서 미래소비의 가장 좋은 예측치는 현재소비라고 본다. (O, X)

정답 및 해설

33 X 항상소득가설에 의하면 임시소득은 소비에 영향을 미치지 않는다.
34 O
35 O
36 X 케인즈의 소비이론은 소비자들의 소비평탄화(consumption smoothing)와 관련이 없다. 생애주기가설이 관련이 있다.
37 X 소비에 대한 임의보행(random walk)가설은 유동성제약에 직면한 소비자의 소비 선택을 설명하지 못한다.
38 X 랜덤워크가설은 합리적 기대를 기반으로 설명한 이론이다.
39 X 항상소득가설 + 합리적 기대를 결합한 소비이론이다.
40 X 예상치 못한 충격에 의해 합리적으로 조절하기 어렵다.
41 O

Topic 21 투자이론

[핵심정리]

01 투자함수론

현재가치법	1) 의미 투자로부터 얻는 예상수입의 현재가치와 투자재의 구입비용을 비교해 투자 여부를 결정하는 것 2) 공식 $$PV = B_0 - C_0 + \frac{B_1 - C_1}{(1+r)} + \frac{B_2 - C_2}{(1+r)^2} \cdots \cdots \frac{B_n - C_n}{(1+r)^n}$$ $$NPV = PV - C \text{ (P는 현재가치, C는 비용)}$$ PV > C (즉, NPV > 0)이면 투자를 늘리고, PV < C (즉, NPV < 0)이면 투자를 중지한다.
내부수익률법	1) 의미 내부수익률(투자의 한계효율)과 이자율을 비교해 투자를 결정한다는 케인즈의 투자결정이론으로, 투자의 한계효율이란 투자로부터 얻게 되는 수입의 현재가치(PV)와 투자비용(C)이 같아지는 할인율(m)을 의미한다. 즉, 투자의 순현재가치를 0으로 만드는 할인율을 의미한다. 2) 공식 $$PV = B_0 - C_0 + \frac{B_1 - C_1}{(1+m)} + \frac{B_2 - C_2}{(1+m)^2} + \cdots \cdots + \frac{B_n - C_n}{(1+m)^n} = 0$$ m=MEI>r 이면 투자를 증가, m = MEI = r이면 투자를 중지, m = MEI<r이면 투자를 감소시킨다.
자본의 사용자비용 (졸겐슨)	$C = (r+d)P_K$
토빈의 q	1) $\dfrac{\text{주식시장에서 평가된 기업의 시장가치}}{\text{기업실물자본의 대체비용}}$ 2) 1보다 큰 경우 주가가 실제투자하는 것보다 비싸므로 투자가 이루어진다.
가속도 원리	소비가 증가하여 생산물 판매량이 증가하면 기업은 자본설비를 늘리려 하므로 유발투자수요가 증가

[핵심정리 O/X]

01 순현재가치법을 사용하면 프로젝트의 채택 여부나 순위에 관하여 모두 바른 결정을 할 수 있다.
(O, X)

02 할인율이 높을수록 순현재가치가 더 커지는 경우도 나타날 수 있다. (O, X)

03 순현재가치법의 경우 사업규모가 큰 사업이 불리하게 된다. (O, X)

04 프로젝트의 채택 여부만을 결정하려면 순현재가치법이나 편익/비용 비율법은 동일한 결과를 가져다 준다. (O, X)

05 내부수익률은 순편익의 현재가치가 0이 되도록 하는 할인율을 말한다. (O, X)

06 내부수익률이 양(+)으로 나타나는 경우 사업 타당성이 인정된다. (O, X)

07 내부수익률을 이용하는 경우에 규모가 큰 투자사업이 언제나 우선순위가 높다고 나타난다. (O, X)

08 내부수익률을 계산하는 경우에 시장할인율을 얼마로 결정하는가에 크게 의존한다. (O, X)

09 어떤 한 대안의 내부수익률은 여러 개로 계산될 수 있다. (O, X)

10 복수사업을 비교할 때(우선순위를 결정할 때) 내부수익률법과 순현재가치법은 같은 결과를 보이게 된다.
(O, X)

11 편익은 비용의 감소, 비용은 편익의 감소로 생각할 수도 있으므로 편익과 비용의 정의를 어떻게 내리느냐에 따라서 내부수익률 값이 달라질 수 있다. (O, X)

정답 및 해설

01 O
02 O
03 X 순현재가치법은 사업규모를 반영하여 순편익이 큰 것을 결정할 뿐 유/불리한 정도와는 관계가 없다.
04 O
05 O
06 X 내부수익률이 시장이자율보다 클 때 사업의 타당성이 인정된다.
07 X 내부수익률은 사업의 규모를 고려하지 못한다.
08 X 내부수익률을 구하는 데엔 시장할인율이 고려되지 않기 때문이다. (시장할인율에 크게 의존하는 것은 순현재가치법이다.)
09 O
10 X 복수사업을 비교할 때는 세 가지 비용편익분석방법이 다 다른 결과를 가질 수 있다. 단일사업의 경우는 세 가지 방안 모두 같은 결과를 가진다.
11 X 편익/비용비율법의 단점이다.

12 내부수익률(internal rate of return)법은 투자액 한 단위당 수익률을 비교하기는 용이하나 사업별 총수익을 비교하는 데에는 유용하지 않다. (○, ×)

13 비교하고자 하는 사업이 서로 다른 기간구조를 가질 경우 내부수익률만을 기준으로 투자우선순위를 결정하는 것은 바람직하지 않다. (○, ×)

14 아래와 같은 비용과 편익이 발생하는 사업의 순편익의 현재가치는 200이다. (단, 할인율은 10%이다.)

	0기	1기
비용	1,400	0
편익	0	550

(○, ×)

15 A기업은 ○○산업단지에 현재 시점에서 10억원의 투자비용이 일시에 소요되는 시설을 건축하기로 했다. 이 시설로부터 1년 후에는 10억원의 소득이 발생할 것으로 예상되고 2년 후에는 B기업이 20억원에 이 시설을 인수하기로 했다고 하자. 연간 이자율이 50%라면 A기업의 입장에서 해당 사업의 내부 수익률은 100%이다. (○, ×)

16 어떤 투자사업은 초기 투자비용이 500억원이고, 투자 다음 해부터 20년간 매년 20억원의 편익과 2억원의 비용이 발생한다고 한다. 사회적 할인율이 0%일 때, 이 사업에서 발생하는 순편익의 현재가치는 −100억원이다. (단, 사업의 잔존가치는 0원이다.) (○, ×)

17 자본재 가격이 일정할 때 소비재가격이 상승하면 자본의 한계효율곡선이 좌측으로 이동한다.
(○, ×)

정답 및 해설

12 ○

13 ○

14 × $NPV = -1,400 + \dfrac{550}{(1+0.1)} + \dfrac{1,210}{(1+0.1)^2} = -1,400 + 500 + 1,000 = 100$이다.

15 ○ 내부수익률은 순편익의 현재가치가 0이 되는 할인율(m)이므로 아래의 식을 풀면 순편익의 현재가치를 계산할 수 있다.
$$NPV = -10 + \dfrac{10}{(1+m)} + \dfrac{20}{(1+m)^2} = 0$$
위의 식은 아래와 같이 정리되므로 $m = -2$ 혹은 1로 계산된다. 내부수익률이 (−)가 될 수는 없으므로 적절한 내부수익률 값은 $m = 1$임을 알 수 있다.
$(1+m)^2 - (1+m) - 2 = 0$ ➜ $m^2 + m - 2 = 0$ ➜ $(m+2)(m-1) = 0$

16 × 사회적 할인율이 0이므로 순편익의 현재가치 $NPV = -140$억원으로 계산된다.
$$NPV = -500 + \dfrac{(20-2)}{(1+0)} + \dfrac{(20-2)}{(1+0)^2} + \cdots + \dfrac{(20-2)}{(1+0)^{20}}$$
$= -500 + (18 + 18 + \cdots + 18)$
$= -500 + 360 = -140$

17 × 자본재를 구입할 때의 예상수익률을 의미하는 자본의 한계효율(투자의 한계효율)이 상승한다. 그러므로 자본의 한계효율곡선이 상방(우측)으로 이동한다.

18 토빈(J. Tobin)의 q 값이 1보다 큰 경우 투자를 증가시켜야 한다. (O, X)

19 신고전학파(Neoclassical) 투자이론에서 자본량이 증가하면 자본의 한계생산물은 감소한다. (O, X)

20 신고전학파(Neoclassical) 투자이론에서 감가상각률이 증가하면 자본비용도 증가한다. (O, X)

21 신고전학파(Neoclassical) 투자이론에서 자본량이 균제상태(steady state) 수준에 도달되면 자본의 한계생산물은 자본비용과 일치한다. (O, X)

22 신고전학파(Neoclassical) 투자이론에서 자본의 한계생산물이 자본비용보다 크다면 기업은 자본량을 증가시킨다. (O, X)

23 신고전학파(Neoclassical) 투자이론에서 실질이자율이 상승하면 자본비용은 감소한다. (O, X)

24 가속도 원리에서 산출량의 증가는 투자에 양(+)의 영향을 끼친다. (O, X)

25 재고투자는 전체투자에서 차지하는 비중이 크지 않으나 변동성이 매우 크다는 특징이 있다. (O, X)

26 중간생산물에 대한 재고투자는 해당연도 GDP에 포함된다. (O, X)

27 생산 평탄화(Production Smoothing) 이론은 재고투자를 설명하는 이론이다. (O, X)

28 재고투자는 국내총자본형성에 포함된다. (O, X)

29 재고투자모형에 따르면 불확실성의 증가는 재고투자를 증가시킬 수 있다. (O, X)

30 실질이자율이 하락하면 토빈의 q값은 커진다. (O, X)

정답 및 해설

18 O
19 O
20 O
21 O
22 O
23 X   자본의 사용자 비용 $C=(r+d)P_K$이므로 실질이자율(r)이 상승하면 자본비용은 상승한다.
24 O
25 O
26 O
27 O
28 O
29 O
30 O

31 주식시장이 완전경쟁적이고 효율적이면 자본재시장의 구조와 관계없이 토빈의 q값은 1이어야 한다.
(O, ×)

32 어느 경제에 다음과 같은 신고전학파의 투자 모형이 적용된다고 한다. 정상상태(steady state)에서 이 경제의 자본량 10이다. (O, ×)

- 생산함수: $Y = 3K^{\frac{2}{3}}L^{\frac{1}{3}}$
- 자본추가에 따른 실질 이윤율: $MP_K - P_K(r+\delta)$

(단, Y는 생산물, K는 자본량, L은 노동량으로 1,000으로 고정, MP_K는 자본의 한계생산, P_K는 자본의 가격으로서 100, r은 실질이자율로 0.06, δ는 감가상각률로 0.04이다.)

정답 및 해설

31 × 토빈의 q값은 주식가격에 따라 일정한 값이 아닌 변동되는 값이다.

32 × 1) 실질이윤이 0이 될 때 정상상태의 자본량이다.
2) $MP_K - P_K(r+\delta) = 0$ ➡ $MP_K - 100(0.06 + 0.04) = 0$ ➡ $MP_K = 10$이다.
3) 생산함수를 통해 한계생산을 구하면 $MP_K = 2(\frac{L}{K})^{\frac{1}{3}}$이다.
4) 따라서 $10 = 2(\frac{L}{K})^{\frac{1}{3}}$ ➡ $5 = (\frac{1,000}{K})^{\frac{1}{3}}$ ➡ $125K = 1,000$ ➡ $K = 8$

해커스 감정평가사
ca.Hackers.com

해커스 공무원
gosi.Hackers.com

해커스 서호성 경제학원론 핵심포인트

제7장

화폐금융론

Topic 22 본원통화와 화폐공급
Topic 23 화폐수요

제 7 장 화폐금융론

Topic 22 본원통화와 화폐공급

[핵심정리]

통화지표(M1)	현금통화(민간보유현금) + 요구불예금(당좌예금, 보통예금) + 수시입출식 저축성예금 (저축예금, MMDA, 투신사 MMF 등)
본원통화	본원통화(10억원) • 현금통화(8억원) / 지급준비금(2억원) • 현금통화(8억원) / 시중은행 지급준비금: 시재금(1억원) / 중앙은행 지급준비예치금(1억원) • 화폐발행액(9억원)
통화승수	1) 현금통화비율(c)이 주어진 경우의 통화승수 $m = \dfrac{M}{H} = \dfrac{1}{c+z(1-c)}$ ($c = \dfrac{현금통화(C)}{통화량(M)}$, $z = \dfrac{실제지준금(Z)}{예금통화(D)}$) 2) 현금예금비율(k)이 주어진 경우의 통화승수 $m = \dfrac{M}{H} = \dfrac{k+1}{k+z}$ ($k = \dfrac{현금통화(C)}{예금통화(D)}$)
신용창조승수	$\dfrac{1}{지급준비율(r)}$ (요구불예금만 존재하며, 예금은행이 법정지급준비금만 보유할 경우, 예금은행은 대출의 형태로만 자금을 운용한다는 가정이 있을 때)

[핵심정리 O/X]

01 협의통화 M1은 교환의 매개수단으로서의 기능을 중시한 통화지표이다. (O, ×)

02 본원통화가 증가할수록 통화량은 증가한다. (O, ×)

03 간접금융의 경우 금융 중개기관은 직접증권을 발행하여 자금을 조달한다. (O, ×)

정답 및 해설

01 O

02 O

03 × 직접금융은 직접증권인 주식, 회사채 등을 발행하며, 간접금융은 예금증서, 보험증서 등의 간접증권을 발행한다.

04 지급준비율이 높을수록 통화승수는 증가한다. (O, ×)
05 본원통화는 민간보유현금과 은행의 지급준비금을 합한 것이다. (O, ×)
06 중앙은행이 민간은행에 대출을 하는 경우 본원통화가 증가한다. (O, ×)
07 중앙은행이 민간으로부터 국채를 매입할 경우 통화공급은 증가한다. (O, ×)
08 우리나라는 부분지급준비제도를 활용하고 있다. (O, ×)
09 은행들은 법정지급준비금 이상의 초과지급준비금을 보유할 수 있다. (O, ×)
10 100% 지급준비제도하에서는 지급준비율이 1이므로 통화승수는 0이 된다. (O, ×)
11 A국 시중은행의 지급준비율이 0.2이며 본원통화는 100억 달러인 경우 A국의 통화승수는 5이다. (단, 현금통화비율은 0이다.) (O, ×)
12 지급준비율을 올리면 본원통화의 공급량이 변하지 않아도 통화량이 줄어들게 된다. (O, ×)
13 통화승수는 이자율 상승으로 요구불예금이 증가하면 작아진다. (O, ×)
14 통화공급이 내생적이면 외생적인 때보다 통화량의 변화가 경제에 미치는 영향이 작다. (O, ×)
15 통화승수는 대출을 받은 개인과 기업들이 더 많은 현금을 보유할수록 작아진다. (O, ×)
16 화폐공급에 내생성이 없다면 화폐공급곡선은 수직선의 모양을 갖는다. (O, ×)

정답 및 해설

04 × 통화승수 $m = \dfrac{1}{c + z(1-c)}$ 이므로 지급준비율(z)이 높을수록 통화승수가 작아진다.
05 ○
06 ○
07 ○
08 ○
09 ○
10 × 통화승수 $m = \dfrac{1}{c + z(1-c)}$ 이므로 지급준비율이 $z = 1$이면 통화승수가 1이다.
11 ○
12 ○
13 × 이자율 상승으로 요구불예금이 증가하면 현금통화비율이 낮아지므로 통화승수가 커지게 된다.
14 ○
15 ○
16 ○

17 법정지급준비율을 변경하여 통화량을 조절하는 것은 중앙은행이 가장 자주 사용하는 수단이다.
(O, ×)

18 민간은행들은 법정지급준비율 이상의 준비금을 보유할 수 있다. (O, ×)

19 민간은행들이 중앙은행으로부터 적게 차입할수록 통화공급은 감소한다. (O, ×)

20 공개시장조작을 통한 중앙은행의 국채매입이 본원통화와 통화량 모두 증가한다. (O, ×)

21 갑을은행이 300억원의 예금과 255억원의 대출을 가지고 있다. 만약 지불준비율이 10%라면, 동 은행의 초과지불준비금은 45억원이다.
(O, ×)

22 100% 지급준비제도가 실행될 경우, 민간이 현금통화비율을 높이면 통화승수는 감소한다. (O, ×)

23 민간이 현금은 보유하지 않고 예금만 보유할 경우, 예금은행의 지급준비율이 높아지면 통화승수는 감소한다.
(O, ×)

24 중앙은행이 민간이 보유한 국채를 매입하면 통화승수는 증가한다. (O, ×)

25 법정지급준비율의 변동은 본원통화량을 변화시키지 않는다. (O, ×)

26 중앙은행이 통화안정증권을 발행하여 시장에 매각하면 통화량이 감소한다. (O, ×)

27 중앙은행이 시중은행으로부터 채권을 매입하면 통화량이 감소한다. (O, ×)

정답 및 해설

17 × 중앙은행이 자주 사용하는 수단은 이자율을 조절하는 방법이다. 지급준비율정책은 강력한 통화정책 수단이나 그 효과를 정확히 예측할 수 없기 때문에 실제로는 통화량 조절수단으로 거의 사용되지 않는다.

18 O

19 O

20 O

21 × 1) 법정지급준비금은 예금액에서 법정지급준비율을 곱한 값이다.
2) 예금액이 300억원이고 법정지급준비율이 10%이므로 법정지급준비금은 30억원이다.
3) 은행은 예금액 300억원 중 255억원을 대출해 주었으므로 실제지급준비금은 45억원이다.
4) 따라서 실제지급준비금(45억원) 중 법정지급준비금(30억원)을 초과하는 부분인 15억원이 초과지급준비금이 된다.

22 × 100% 지급준비제도가 실행될 경우, 지급준비율이 1이면 현금 통화비율과 관련 없이 통화승수가 1이다.

23 O

24 × 중앙은행이 민간이 보유한 국채를 매입하면 본원통화는 증가하나 통화승수는 변하지 않는다.

25 O

26 O

27 × 중앙은행이 시중은행으로부터 채권을 매입하면 본원통화가 증가하므로 통화량이 증가한다.

28	은행의 법정지급준비율을 100%로 규제한다면 본원통화량과 통화량은 동일하다.	(O, X)
29	정부의 중앙은행차입이 증가하면 통화량은 증가한다.	(O, X)
30	상업은행의 자산은 지급준비금, 대출, 국채 등이 있고 부채는 예금 등이 있다.	(O, X)
31	상품화폐의 내재적 가치는 변동하지 않는다.	(O, X)
32	M2는 준화폐(near money)를 포함하지 않는다.	(O, X)
33	명령화폐(fiat money)는 내재적 가치를 갖는 화폐이다.	(O, X)
34	가치 저장수단의 역할로 소득과 지출의 발생시점을 분리시켜 준다.	(O, X)
35	다른 용도로 활용될 수 있는 재화는 교환의 매개수단으로 활용될 수 없다.	(O, X)
36	중앙은행의 대차대조표상의 순해외자산이 증가하면 본원통화는 증가한다.	(O, X)
37	민간은 화폐를 현금과 요구불예금으로 각각 1/2씩 보유하고, 은행은 예금의 1/3을 지급준비금으로 보유한다. 통화공급을 150만큼 늘리기 위한 중앙은행의 본원통화 증가분은 50이다. (단, 통화량은 현금과 요구불예금의 합계이다.)	(O, X)

정답 및 해설

28 O

29 O

30 O

31 X 상품화폐의 내재적 가치는 변동한다.

32 X 준화폐는 화폐로의 전환이 매우 용이하여 사실상 화폐와 거의 비슷한 취급을 받는 자산을 말한다. 그래서 명칭이 니어 머니(near money)이다. 저축예금계좌, 유가증권 등이 포함된다. M2는 M1에 예금취급기관의 각종 저축성예금, 시장성 금융상품, 실적배당형 금융상품, 금융채 및 거주자예금을 더한 것이다. 따라서 준화폐는 M2에 포함된다.

33 X 명령화폐(fiat money)는 명목화폐이다. 명목화폐는 물건이 가진 실질적 가치와는 관계없이, 표시되어 있는 화폐 단위로 통용되는 화폐이다. 지폐, 은행권, 보조 화폐 따위를 의미하므로 내재적 가치를 가지고 있지 않은 화폐이다.

34 O

35 X 다른 용도로 활용될 수 있는 재화는 교환의 매개수단으로 활용될 수 있다.

36 O

37 X 1) 통화승수 = $\dfrac{1}{c+z(1-c)}$ 이다.

2) c(현금통화비율) = 0.5, z(지급준비율) = $\dfrac{1}{3}$ 이다.

3) 통화량 증가분 = 통화승수 × 본원통화 증가분이다.

4) $150 = 1.5 \left[= \dfrac{1}{0.5 + \dfrac{1}{3}(1-0.5)} \right]$ × 본원통화 증가분 → 본원통화 증가분은 100이다.

38 모든 사람들이 화폐(M2)를 현금 25%, 요구불예금 25%, 저축성예금 50%로 나누어 보유하고, 은행의 지급준비율은 요구불예금과 저축성예금에 대하여 동일하게 10%라고 할 때, M2 통화승수는 3.1이다. (단, 소수점 둘째 자리에서 반올림하여 소수점 첫째 자리까지 구한다.) (O, X)

39 요구불예금에 대한 법정지급준비율이 5%이고, 개인들은 발행된 화폐를 모두 은행에 요구불예금으로 저축한다. 은행이 법정지급준비금 이외의 모든 예금을 대출한다면, 10억원의 현금이 발행될 때 총예금 창조액 크기는 200억원이다. (O, X)

40 어느 경제에 모든 사람들이 화폐의 1/3은 현금으로, 2/3는 요구불예금으로 보유한다. 현재 지급준비율이 10%이고 은행들은 초과 지급준비금을 보유하고 있지 않을 경우, 시중에 3,000만큼의 현금이 통화량으로 공급된다면 전체 통화량의 증가량은 7,500이다. (단, 은행의 부채는 요구불예금뿐이며 법정 지급준비금만 남기고 전액대출로 자금을 운용한다.) (O, X)

41 요구불예금과 현금통화의 합인 M1(협의통화)을 통화량으로 정의할 때, 통화량 대비 현금통화 비율은 20%, 요구불예금 대비 법정지급준비율과 초과지급준비율은 각각 15%와 10%이다. 통화량을 25조원 증가시키는 데 필요한 본원통화 증가액은 5조원이다. (O, X)

정답 및 해설

38 O 1) 현금예금비율 k를 이용하여 승수를 구하면 $\dfrac{k+1}{k+z}$ 이다.

2) 현금예금비율은 $\dfrac{C}{D} = \dfrac{0.25}{0.25+0.5} = \dfrac{1}{3}$ 이다.

3) 주어진 조건에 대입하면 $\dfrac{\frac{1}{3}+1}{\frac{1}{3}+0.1} = \dfrac{\frac{4}{3}}{\frac{13}{30}} = \dfrac{40}{13} = 3.076 \cdots$ 이므로 약 3.1이다.

39 O 1) 현금통화비율이 0이므로 신용승수는 $\dfrac{1}{지급준비율} = \dfrac{1}{0.05} = 20$ 이다.

2) 통화량의 증가 = 신용승수 × 초과지급준비금 ➔ 10억원 × 20 = 200억원이다.

40 O 1) 통화량의 증가량 = 통화승수 × 본원통화의 증가량

2) 현금예금비율 = $\dfrac{C}{D} = \dfrac{\frac{1}{3}}{\frac{2}{3}} = \dfrac{1}{2}$ 이다.

3) 통화승수 = $\dfrac{k+1}{k+z} = \dfrac{\frac{1}{2}+1}{\frac{1}{2}+0.1} = \dfrac{1.5}{0.6} = \dfrac{5}{2}$

4) $\dfrac{5}{2} \times 3{,}000 = 7{,}500$이다.

41 X 1) 통화량 = 통화승수 × 본원통화

2) 지급준비율 = 법정지급준비율 + 초과지급준비율

3) 통화승수 = $\dfrac{1}{c+z(1-c)} = \dfrac{1}{0.2+0.25(1-0.2)} = 2.5$

4) 25조원 = 2.5 × 본원통화 ➔ 본원통화는 10조원이다.

Topic 23 화폐수요

[핵심정리]

01 고전학파의 화폐수요이론

고전적 화폐 수량설	1) MV = PY (M은 통화량, V는 유통속도, P는 물가, Y는 실질 GDP) 2) 교환의 매개 수단으로서의 화폐의 기능 중시 3) 통화 공급 증가율 + 유통속도 증가율 = 물가 상승률 + 경제성장률
현금잔고방정식	1) M = kPY (k: 마샬의 k) 2) 가치의 저장 기능 중시

02 케인즈의 화폐수요이론

케인즈의 화폐수요의 동기	1) 거래적 동기: 일상적인 지출을 위한 화폐수요 ➡ 소득의 증가 함수 2) 예비적 동기: 예상하지 못한 지출에 대비하기 위한 화폐수요 ➡ 소득의 증가 함수 3) 투기적 동기: 장래 수입을 극대화하기 위한 화폐수요 ➡ 이자율의 감소 함수
유동성 함정	1) 이자율이 매우 낮은 수준(채권 가격이 매우 높은 수준)이 되면 개인들은 이자율 상승(채권 가격 하락)을 예상하여 화폐수요를 무한히 증대시키게 된다. 2) 개인들의 화폐수요 곡선이 수평선이 되는 구간(화폐수요의 이자 탄력성이 무한대)이 도출되는데 이를 유동성 함정(liquidity trap)이라 함

03 케인즈 학파의 화폐수요이론

Baumol의 재고이론	1) 화폐로 교환할 때의 거래비용 $\frac{PY}{M} \times Pb = \frac{P^2Y}{M}b$로 표현할 수 있다. 2) 화폐수요함수의 도출 ① 화폐보유의 총비용은 감소하다가 증가하는 패턴을 보이므로 최소화하는 M을 구하기 위해서 M으로 미분하여 구한다. ② $M = P\sqrt{\frac{2bY}{r}}$ 여기서 평균화폐보유액은 $\frac{M}{2} = M^D = P\sqrt{\frac{bY}{2r}}$ 가 도출된다.
Tobin의 자산선택이론	1) 대체효과 > 소득효과 이자율이 상승 ➡ 채권보유 증가 ➡ 화폐(현금)보유 감소 2) 대체효과 < 소득효과 이자율이 상승 ➡ 채권보유 감소 ➡ 화폐(현금)보유 증가 3) 결론 이자율이 상승 시 대체효과가 소득효과보다 크면 투기적 화폐수요는 이자율의 감소함수이지만 대체효과가 소득효과보다 작다면 증가함수가 된다.

04 신화폐수량설

의미	프리드만은 고전학파의 화폐수량설을 발전시켜 화폐를 일종의 상품이나 자산으로 취급하여 화폐의 수요를 예산제약에 의한 효용극대화원리나 이윤극대화원리에 의해 결정된다는 일종의 자산선택이론이다.
화폐수요함수	1) 화폐보유자에게 중요한 것은 실질화폐량($\frac{M^D}{P}$)이다. 2) $\frac{M^D}{P} = f(Y_P, r, \pi^e)$ 3) 항상소득의 화폐수요의 탄력성을 1이라(항상소득의 변화율만큼 화폐수요가 변함) 가정하면 $\frac{M^D}{P} = k(r, \pi^e) Y_P = \frac{1}{V(r, \pi^e)} Y_P$이다.

05 이자율의 기간구조

기대이론	단기채와 장기채는 완전대체재이므로 장기 채권 수익률이 미래 단기 채권 수익률의 평균과 같다고 보는 이론이다.
유동성 프리미엄론	투자자들이 만기가 긴 채권보다 만기가 짧은 채권을 선호하는 경향이 있다고 주장하며, 장기채권에 투자하는 것에 대한 대가로 추가적인 이자, 즉 유동성 프리미엄을 요구한다는 이론이다.
분할시장이론	채권시장이 만기(단기, 중기, 장기)에 따라 완전히 분리되어 각 시장의 수요와 공급이 해당 만기 채권의 이자율을 결정한다고 보는 이론이다.

[핵심정리 O/X]

01 신용카드가 널리 보급되면 화폐수요가 감소한다. (O, X)

02 경기가 좋아지면 화폐수요가 감소한다. (O, X)

03 이자율이 증가하면 화폐수요가 증가한다. (O, X)

04 경제 내의 불확실성이 커지면 화폐수요가 감소한다. (O, X)

05 고전학파의 화폐수량설에 따르면 통화량이 증가하면, 물가나 실질 GDP가 증가하거나 화폐유통속도가 하락해야 한다. (O, X)

정답 및 해설

01 O
02 X 경기가 좋아지면 사람들의 지출이 늘어나므로 화폐수요가 증가한다.
03 X 이자율이 상승하면 화폐보유의 기회비용이 상승하므로 화폐수요가 감소한다.
04 X 경제의 불확실성이 커지면 사람들은 이에 대비하기 위해 화폐수요를 늘리므로 화폐수요가 증가한다.
05 O

06 고전학파의 화폐수량설에 따르면 V와 Y가 일정하다는 가정을 추가하면 화폐수량설이 도출된다.
(O, X)

07 고전학파의 화폐수량설에 따르면 V와 M이 일정할 때, 실질 GDP가 커지면 물가가 상승해야 한다.
(O, X)

08 고전학파의 화폐수량설에 따르면 V와 Y가 일정할 때, 인플레이션율과 통화증가율은 비례관계에 있다.
(O, X)

09 고전학파의 화폐수량설에 따르면 산출량(Y)은 통화량(M)이 아니라, 생산요소의 공급량과 생산기술에 의해 결정된다.
(O, X)

10 중앙은행이 통화량(M)을 증대시키면, 산출량의 명목가치(PY)는 통화량과는 독립적으로 변화한다.
(O, X)

11 케인즈의 화폐수요이론에서 개인은 수익성 자산에 투자하는 과정에서 일시적으로 화폐를 보유하기도 한다.
(O, X)

12 케인즈의 화폐수요이론에서 화폐수요의 이자율 탄력성이 0이 되는 것을 유동성 함정이라고 한다.
(O, X)

13 케인즈의 화폐수요이론에서 소득수준이 높아질수록 예비적 동기의 화폐수요는 증가한다. (O, X)

14 케인즈의 화폐수요이론에서 거래적 동기의 화폐수요는 소득수준과 관련이 있다. (O, X)

15 케인즈의 화폐수요이론에서 실제이자율이 정상이자율보다 낮다면 사람들은 채권을 구입하고자 한다.
(O, X)

16 케인즈의 화폐수요이론에서 이자율이 상승하면 화폐보유의 기회비용이 상승하므로 거래적 화폐수요가 감소한다.
(O, X)

정답 및 해설

06 O
07 X 교환방정식 MV = PY에서 V와 M이 일정할 때 실질GDP Y가 커지면 물가 P가 하락해야 한다.
08 O
09 O
10 X 중앙은행이 통화량(M)을 증대시키면, 산출량의 명목가치(PY)는 통화량과는 연계하여 변화한다.
11 O
12 X 유동성함정(liquidity trap)은 화폐수요의 이자율탄력성이 0이 아니라 무한대인 구간이다.
13 O
14 O
15 X 실제이자율이 낮으면 채권가격이 높으므로 채권을 구입하지 않을 것이다.
16 X 거래적 화폐수요는 소득의 영향을 받으므로 이자율상승과 관련이 없다.

17 케인즈의 화폐수요이론에 의하면 유동성함정에서는 사람들이 추가적인 이자율 하락을 예상한다.
(O, ×)

18 보몰-토빈(Baumol-Tobin)의 거래적 화폐수요이론의 거래적 화폐수요는 이자율의 감소함수이다.
(O, ×)

19 보몰-토빈(Baumol-Tobin)의 거래적 화폐수요이론의 거래적 화폐수요는 소득의 증가함수이다.
(O, ×)

20 보몰-토빈(Baumol-Tobin)의 거래적 화폐수요이론의 화폐를 인출할 때 발생하는 거래비용이 증가하면 거래적 화폐수요는 증가한다.
(O, ×)

21 보몰-토빈(Baumol-Tobin)의 거래적 화폐수요이론의 거래적 화폐수요의 소득탄력성은 1이다.
(O, ×)

22 보몰-토빈의 거래적 화폐수요이론에 따르면, 다른 조건이 일정할 때 소득이 2배 증가하면 화폐수요는 2배보다 더 많이 증가한다.
(O, ×)

23 토빈의 자산선택이론에서 개별투자자의 투기적 화폐수요는 이자율의 완만한 감소함수로 표현된다.
(O, ×)

24 토빈의 자산선택이론은 케인즈의 유동성선호함수와 결론은 동일하게 나타났지만 위험부담에 대한 개인의 태도를 우선적으로 설명하고 있다는 점에서 케인즈와는 다르다.
(O, ×)

25 모든 재화의 가격이 10% 상승하면 명목화폐수요량과 실질화폐수요량이 모두 증가한다. (O, ×)

정답 및 해설

17 × 유동성함정은 사람들이 이자율 상승(채권가격 하락)을 예상하는 구간이다.

18 ○

19 ○

20 ○

21 × 보몰-토빈의 거래적 화폐수요이론의 화폐수요함수가 $M^d = P\sqrt{\dfrac{bY}{2r}}$ 이다.

화폐수요함수를 다시 정리하면 $M^d = P\sqrt{\dfrac{bY}{2r}} = \dfrac{1}{\sqrt{2}}Pb^{\frac{1}{2}}Y^{\frac{1}{2}}r^{-\frac{1}{2}}$ 이므로 화폐수요의 소득탄력성은 $\dfrac{1}{2}$, 이자율탄력성은 $-\dfrac{1}{2}$ 이다.

22 × $M^d = P\sqrt{\dfrac{bY}{2r}}$ 이므로 제곱근만큼 증가한다.

23 ○

24 ○

25 × 모든 재화의 가격이 10% 상승하면 명목화폐수요는 10% 증가하나 실질화폐수요는 변화하지 않는다.

26 　실질이자율이 5%에서 4%로 하락하면 명목화폐수요량과 실질화폐수요량이 모두 증가한다. (O, ×)

27 　매년 이자를 지급하는 일반 이표채권의 가격은 액면가 아래로 낮아질 수 있다. (O, ×)

28 　매년 이자를 지급하는 일반 이표채권의 가격이 액면가보다 높다면 이 채권의 시장수익률은 이표이자율보다 낮다. (O, ×)

29 　매년 이자를 지급하는 일반 이표채권의 이표이자액은 매년 시장수익률에 따라 다르게 지급된다. (O, ×)

30 　매년 이자를 지급하는 일반 이표채권 가격의 상승은 그 채권을 매입하여 얻을 수 있는 수익률의 하락을 의미한다. (O, ×)

31 　시장이자율 상승 시 무이표채(discount bond)는 만기가 일정할 때 채권가격이 하락한다. (O, ×)

32 　시장이자율 상승 시 이표채(coupon bond)는 만기가 일정할 때 채권가격이 하락한다. (O, ×)

33 　실효만기가 길수록 채권가격은 민감하게 변화한다. (O, ×)

34 　무이표채의 가격위험은 장기채보다 단기채가 더 크다. (O, ×)

35 　주가와 같이 예측 불가능한 자산가격 변수가 시간이 흐름에 따라 나타나는 움직임을 임의보행(random walk)이라 한다. (O, ×)

36 　기대이론에 따르면 수익률곡선이 우하향할 때에는 미래의 단기이자율이 현재보다 낮아질 것으로 기대된다. (O, ×)

정답 및 해설

26　O
27　O
28　O
29　×　이미 발행된 이표채권의 이표이자액은 채권에 표시되어 있는 대로 지급된다. 이를 표면이자율이라고 한다.
30　O
31　O
32　O
33　O
34　×　무이채표의 가격위험은 장기채가 단기채보다 크다.
35　O
36　O

37 기발행된 이표채권의 이표이자율보다 시장이자율이 높아진다면 이 채권의 가격은 액면가보다 높아진다. (O, X)

38 시중금리가 연 5%에서 연 6%로 상승하는 경우, 매년 300만원씩 영원히 지급받을 수 있는 영구채의 현재가치의 변화 300만원이다. (O, X)

39 현재 시점에서 A국 경제의 채권시장에 1년 만기, 2년 만기, 3년 만기 국채만 존재하고 각각의 이자율이 3%, 5%, 6%이다. 현재 시점으로부터 2년 이후에 성립하리라 기대되는 1년 만기 국채의 이자율 예상치는 7%에 가까울 것이다. (단, 이자율의 기간구조에 대한 기대이론이 성립한다.) (O, X)

40 효율시장가설(efficient markets hypothesis)에 따르면 자산가격에는 이미 공개되어 있는 모든 정보가 반영되어 있다. (O, X)

41 폐쇄경제에서 국내총생산이 소비, 투자, 그리고 정부지출의 합으로 정의된 항등식이 성립할 때 총저축은 투자와 같다. (O, X)

42 폐쇄경제에서 국내총생산이 소비, 투자, 그리고 정부지출의 합으로 정의된 항등식이 성립할 때 민간저축이 증가하면 투자가 증가한다. (O, X)

정답 및 해설

37 X 이표채의 표면이자율보다 시장이자율이 더 높다면 채권가격은 액면가보다 낮아진다.

38 X
1) 매년 A원의 이자를 지급받는 영구채의 가격 $P = \dfrac{A}{r}$ 이다.
2) 이자율이 5%일 때 매년 300만원의 이자를 지급 받는 영구채의 가격 $P = \dfrac{300만원}{0.05} = 6{,}000만원$
3) 이자율이 6%로 상승하면 동일한 영구채의 가격 $P = \dfrac{300만원}{0.06} = 5{,}000만원$으로 하락한다. 따라서 이자수입의 현재가치가 1,000만원 감소함을 알 수 있다.

39 X
1) 이자율의 기간구조에 대한 기대이론은 N년 만기 채권의 수익률은 N년동안 발생할 것으로 예상되는 1년 이자율의 평균값과 같다.
2) 지금 2년 만기 채권을 사고 나온 원리금으로 다시 1년 만기 채권을 사서 나온 원리금과 지금 3년 만기 채권을 사서 나온 원리금은 같아야 한다.
3) $\dfrac{3 + 1년\ 뒤에\ 성립하리라\ 보는\ 1년\ 만기\ 국채이자율예상치}{2} = 5\%$ → 1년 뒤에 성립하리라 보는 1년 만기 국채 이자율 예상치 7%
4) $\dfrac{3 + 7 + 2년\ 뒤에\ 성립하리라\ 보는\ 1년\ 만기\ 국채이자율예상치}{3} = 6\%$ → 2년 뒤에 성립하리라 보는 1년 만기 국채 이자율 예상치는 8%이다.

40 O

41 O

42 O

43 폐쇄경제에서 국내총생산이 소비, 투자, 그리고 정부지출의 합으로 정의된 항등식이 성립할 때 대부자금시장의 총저축은 민간저축과 정부저축의 합이다. (O, ×)

44 폐쇄경제에서 국내총생산이 소비, 투자, 그리고 정부지출의 합으로 정의된 항등식이 성립할 때 대부자금시장의 민간저축이 증가하면 이자율이 하락하여 정부저축이 증가한다. (O, ×)

45 폐쇄경제에서 국내총생산이 소비, 투자, 그리고 정부지출의 합으로 정의된 항등식이 성립할 때 대부자금시장의 정부저축이 감소하면 대부자금시장에서 이자율은 상승한다. (O, ×)

46 甲국의 중앙은행은 다음해 실질경제성장률과 물가상승률 목표를 각각 4%와 3%로 두고 있다. 甲국의 화폐유통속도 증가율이 다음해에도 2%가 될 것으로 예상된다. 화폐수량설에 기초할 때 甲국의 다음해 적정 통화성장률은 3%이다. (O, ×)

47 만기 외에 다른 조건이 동일한 채권의 만기와 이자율 사이의 관계를 나타내는 곡선이다. (O, ×)

48 이자율의 기간구조에 대한 분할시장이론(segmented markets theory)은 단기채권과 장기채권의 이자율이 시간의 흐름에 따라 같은 방향으로 움직이는 이유를 설명해 준다. (O, ×)

49 이자율의 기간구조에 대한 유동성 프리미엄 이론(liquidity premium theory)은 수익률곡선이 전형적으로 우상향하는 이유를 설명해 준다. (O, ×)

50 이자율의 기간구조에 대한 기대이론(expectations theory)에 따르면, 중앙은행이 앞으로 계속 단기이자율을 낮추겠다는 공약을 할 경우 장기이자율은 하락해야 한다. (O, ×)

51 이자율의 기간구조에 대한 기대이론(expectations theory)에 따르면 만기가 다른 채권들은 완전대체재이다. (O, ×)

52 이자율의 기간구조에 대한 기대이론(expectations theory)에 따르면 장·단기이자율의 동반변화 현상을 잘 설명한다. (O, ×)

정답 및 해설

43 O
44 × 민간저축이 증가하면 이자율이 하락하지만 정부저축과 관련이 없다.
45 O
46 × 1) 화폐수량설에 따르면 통화량 변화율 + 유통속도 변화율 = 물가상승률 + 실질경제성장률이다.
       2) 통화량 변화율 + 2% = 3% + 4%이므로 통화량변화율은 5%이다.
47 O
48 × 이자율의 기간구조에 대한 분할시장이론(segmented markets theory)은 단기 채권과 장기를 완전히 다른 것으로 보는 것이다.
49 O
50 O
51 O
52 O

53 이자율의 기간구조에 대한 기대이론(expectations theory)에 따르면 수익률곡선이 전형적으로 우상 향한다는 사실을 설명한다. (O, X)

54 이자율의 기간구조에 대한 기대이론(expectations theory)에 따르면 현재에 비해 미래 단기이자율이 점차 하락할 것으로 예상되면, 수익률곡선은 우하향한다. (O, X)

55 현재 국채시장에서 유통되는 만기별 국채이자율과 유동성 프리미엄이 아래 표와 같다. 유동성 프리미엄 이론에 따르면, 2년 후 시점에서 형성될 1년 만기 국채이자율에 대한 시장의 예상치는 4%이다.
(O, X)

구분	만기		
	1년	2년	3년
이자율	1%	2%	4%
유동성 프리미엄	0%	0%	2%

정답 및 해설

53 X 기대이론에서 만기가 다른 채권들은 대체재이므로 단기이자율이 상승할것으로 예상되면 수익률곡선은 우상향하고, 반대로 단기 이자율이 하락할 것으로 예상되면 수익률곡선은 우하향 한다. 따라서 수익률 곡선이 전형적으로 우상향하는 것은 아니다.

54 O

55 X 1) 원리

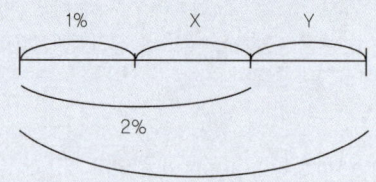

4%: 유동성 프리미엄을 제외 2%

2) 2년만기 채권의 유동성 프리미엄이 0이므로 1년 후 1년만기 채권의 이자율(X)을 구하면 $\frac{1+X}{2}=2$
→ X는 3%이다.
3) 3년만기 채권의 유동성 프리미엄이 2%이므로 2년만기 채권의 이자율은 2%이다. 2년 후 1년만기 채권의 이자율(Y)을 구하면 $\frac{1+3+Y}{3}=2$ → Y = 2%이다.

해커스 감정평가사
ca.Hackers.com

해커스 공무원
gosi.Hackers.com

해커스 서호성 경제학원론 핵심포인트

제8장

총수요공급

Topic 24 IS-LM 모형
Topic 25 총수요-총공급 모형
Topic 26 물가
Topic 27 실업과 필립스곡선

제8장 총수요공급

Topic 24 IS-LM 모형

[핵심정리]

의미	1) 생산물시장의 균형: IS곡선 ① IS란 투자(Investment)와 저축(Saving)의 약자로 IS곡선은 생산물 시장의 균형을 나타내는 이자율과 국민소득과의 관계곡선이다. ② $r = -\dfrac{1-c(1-t)+m-i}{b}Y + \dfrac{1}{b}(C_0 - cT_0 + I_0 + G_0 + X_0 - M_0)$ 2) 화폐시장의 균형: LM곡선 ① LM이란 화폐수요(Liquidity Preference)와 화폐공급(Money Supply)의 약자로 LM곡선은 화폐 시장의 균형을 나타내는 이자율과 국민소득과의 관계곡선이다. ② $\dfrac{M^D}{P} = kY - hr$ (k: 화폐수요의 소득 탄력성, h: 화폐수요의 이자율 탄력성)
이동요인	1) IS곡선의 이동요인 IS곡선은 국민소득 순환모형에서 주입에 해당되는 요인인 소비(C_0), 투자(I_0), 정부지출(G_0), 수출(X_0) 등이 증가하면 이자율이 불변인 상황에서 국민소득이 증가하므로 승수배만큼 우측으로 이동한다. 2) LM곡선의 이동요인 통화량증가는 LM곡선의 우측이동, 물가상승과 화폐수요 증가는 LM곡선의 좌측이동 원인이다.
불균형의 조정	 | 구분	생산물시장	화폐시장
---	---	---
A	초과공급	초과공급
B	초과수요	초과공급
C	초과수요	초과수요
D	초과공급	초과수요	
IS곡선 기울기에 대한 두 견해	1) 케인즈학파 ① 케인즈는 투자는 기업가의 직관력이 중요하므로 이자율과 관련이 없다. ② 이를 계승한 케인즈학파는 b(투자의 이자율 탄력성)값이 작으므로 IS곡선의 기울기의 절댓값이 커져서 IS곡선은 급경사를 이룬다.

	2) 통화주의(고전)학파 ① 통화주의학파는 투자는 이자율에 의해 크게 좌우된다. ② 통화주의학파는 b(투자의 이자율 탄력성)값이 크므로 IS곡선의 기울기의 절댓값이 작아서 IS곡선은 완만하다.
LM곡선 기울기에 대한 학파별 견해	1) 케인즈학파 케인즈학파는 h(화폐수요의 이자율 탄력성) 값이 크므로 LM곡선의 기울기의 절댓값이 작아서 LM곡선은 완만하다. 2) 통화주의학파 통화주의학파는 h(화폐수요의 이자율 탄력성)값이 작으므로 LM곡선의 기울기의 절댓값이 커서 LM곡선은 급경사를 이룬다. 3) 고전학파의 LM곡선 고전학파의 경우는 화폐수요가 이자율에 전혀 영향을 받지 않으므로 h(화폐수요의 이자율탄력성)의 값이 0이므로 LM곡선은 수직선으로 도출된다.

[핵심정리 O/X]

01 자국의 한계소비성향이 커지면 IS곡선의 기울기가 완만해진다. (O, X)

02 자국의 소득증가로 인한 한계유발투자율이 증가하면 IS곡선의 기울기가 완만해진다. (O, X)

03 자국의 정부지출이 증가하면 IS곡선은 오른쪽으로 이동한다. (O, X)

04 자국의 한계수입성향이 커질수록 IS곡선의 기울기는 가팔라진다. (O, X)

05 해외교역국의 한계수입성향이 커질수록 IS곡선의 기울기는 완만해진다. (O, X)

06 생산물시장의 균형은 IS곡선으로, 화폐시장의 균형은 LM 곡선으로 나타낸다. (O, X)

07 IS곡선의 하방은 생산물시장이 초과공급상태이고, IS곡선의 상방은 생산물시장이 초과수요상태이다. (O, X)

정답 및 해설

01 O

02 O

03 O

04 O

05 X 외국의 한계수입성향이 크면 수출이 늘어나므로 IS곡선이 오른쪽으로 이동하게 된다.

06 O

07 X IS곡선의 상방은 균형보다 이자율이 높기에 투자과소로 생산물시장이 초과공급상태이고, IS곡선의 하방은 균형보다 이자율이 낮기에 투자과다로 생산물시장이 초과수요상태이다.

08 정부지출증가로 IS곡선은 좌측으로 이동하고, 조세증가로 IS곡선은 우측으로 이동한다. (O, ×)

09 유발투자가 존재하면 보다 완만한 IS곡선이 도출된다. (O, ×)

10 IS곡선이 우하향할 때, 확장적 재정정책은 IS곡선을 왼쪽으로 이동시킨다. (O, ×)

11 LM곡선이 우상향할 때, 중앙은행의 공개시장을 통한 채권 매입은 LM곡선을 오른쪽으로 이동시킨다. (O, ×)

12 투자가 이자율의 영향을 받지 않는다면 IS곡선은 수직선이다. (O, ×)

13 IS 곡선이 급경사일수록 재정정책의 유효성은 커진다. (O, ×)

14 LM곡선이 완만할수록 재정정책의 유효성은 작아진다. (O, ×)

15 투자의 이자율탄력성이 클수록, 화폐수요의 이자율탄력성이 작을수록 구축효과는 커진다. (O, ×)

16 IS곡선이 완만할수록 금융정책의 유효성은 커진다. (O, ×)

17 LM곡선이 급경사일수록 금융정책의 유효성은 작아진다. (O, ×)

18 물가수준이 하락하면 경제주체가 보유한 자산의 실질가치 또한 하락한다. (O, ×)

19 물가하락이 화폐구매력증가를 가져와 실질부증가에 의한 소비증가를 초래하여 총수요(국민소득)를 증가시키는데, 이를 피구효과라 한다. (O, ×)

정답 및 해설

08 × 정부지출증가로 IS곡선은 우측으로 이동하고, 조세증가로 IS곡선은 좌측으로 이동한다.
09 O
10 × IS곡선이 우하향할 때, 확장적 재정정책은 IS곡선을 오른쪽으로 이동시킨다.
11 O
12 O
13 O
14 × LM곡선이 완만할수록 화폐수요의 이자율탄력성이 커서 이자율상승폭이 작기에 민간투자가 적게 감소한다. 따라서 구축효과가 작고, 재정정책의 유효성은 커진다.
15 O
16 O
17 × LM곡선이 급경사일수록 화폐수요의 이자율탄력성이 작아 이자율하락폭이 크기에 민간투자가 크게 증가한다. 따라서 금융정책의 유효성은 커진다.
18 × 물가수준이 하락하면 화폐가치가 상승하므로 자산의 가치는 상승한다.
19 O

20 IS-LM 모형하에서 재정지출 확대 시 다른 조건이 일정한 경우 LM곡선의 기울기가 커질수록 구축효과는 커진다. (O, ×)

21 IS-LM 모형하에서 재정지출 확대 시 다른 조건이 일정한 경우 투자의 이자율탄력성이 낮을수록 구축효과는 커진다. (O, ×)

22 IS-LM 모형하에서 재정지출 확대 시 다른 조건이 일정한 경우 화폐수요의 이자율탄력성이 낮을수록 구축효과는 커진다. (O, ×)

23 IS-LM 모형하에서 재정지출 확대 시 다른 조건이 일정한 경우 한계소비성향이 클수록 구축효과는 커진다. (O, ×)

24 유동성 함정 발생시 재정지출 확대가 국민소득에 미치는 영향은 거의 없다. (O, ×)

25 유동성 함정 발생 시 통화량 공급을 늘려도 더 이상 이자율이 하락하지 않는다. (O, ×)

26 유동성 함정 발생 시 재정지출 확대에 따른 구축효과가 발생하지 않는다. (O, ×)

27 유동성 함정 발생 시 경제주체들은 채권가격 하락을 예상하여 채권에 대한 수요대신 화폐에 대한 수요를 늘린다. (O, ×)

28 유동성 함정에서는 IS 곡선이 수직선이다. (O, ×)

29 유동성 함정에서는 LM곡선이 수평선이다. (O, ×)

30 유동성 함정에서는 재정정책이 국민소득에 영향을 주지 않는다. (O, ×)

31 유동성 함정에서는 화폐수요의 이자율 탄력성이 무한대일 때 나타난다. (O, ×)

정답 및 해설

20 O
21 × IS곡선이 완만할수록 구축효과가 커지므로 투자의 이자율탄력성이 클수록 구축효과가 커진다.
22 O
23 O
24 × 유동성 함정 시 재정지출의 효과가 크다.
25 O
26 O
27 O
28 × IS가 아닌 LM곡선과 관련이 있다.
29 O
30 × 통화정책은 효과가 없고 재정정책이 효과가 크다.
31 O

32	화폐수요의 이자율 탄력성이 클수록 통화정책의 효과가 크다.	(O, ×)
33	투자의 이자율 탄력성이 클수록 통화정책의 효과가 크다.	(O, ×)
34	임금조정의 신축성이 클수록 통화정책의 효과가 크다.	(O, ×)
35	한계소비성향이 작을수록 통화정책의 효과가 크다.	(O, ×)
36	화폐수요의 이자율 탄력성이 0이면 경제는 유동성함정(liquidity trap) 상태에 직면한다.	(O, ×)
37	폐쇄경제일 경우 LM곡선이 수직선이고 IS곡선이 우하향하면, 완전한 구축효과(crowding-out effect)가 나타난다.	(O, ×)
38	폐쇄경제일 경우 IS곡선이 수평선이고 LM곡선이 우상향하면, 통화정책은 국민소득에 영향을 미치지 않는다.	(O, ×)
39	폐쇄경제일 경우 소비가 이자율에 영향을 받을 때, 피구효과(Pigou effect)가 발생한다.	(O, ×)
40	폐쇄경제일 경우 IS곡선이 우하향할 때, IS곡선의 위쪽에 있는 점은 생산물시장이 초과수요 상태이다.	(O, ×)
41	폐쇄경제일 경우 투자가 이자율에 영향을 받지 않는다면 LM곡선은 수직선이 된다.	(O, ×)
42	폐쇄경제일 경우 투자가 이자율에 영향을 받지 않는다면 IS곡선은 수직선이 된다.	(O, ×)

정답 및 해설

32 × 화폐수요의 이자율탄력성이 크면 LM곡선이 완만하므로 통화정책의 효과가 작아진다.
33 O
34 × 임금조정이 신축적이면 총공급곡선이 급경사이므로 재정정책과 통화정책의 효과가 작아진다.
35 × 한계소비성향이 작으면 IS곡선이 급경사이므로 통화정책의 효과가 작아진다.
36 × 화폐수요의 이자율 탄력성이 무한대이면 경제는 유동성함정(liquidity trap) 상태에 직면한다.
37 O
38 × 유동성 함정은 IS곡선이 우하향하고 LM곡선이 수평이면, 통화정책은 국민소득에 영향을 미치지 않는다는 것을 의미한다.
39 × 소비가 이자율에 영향을 받을 때, 구축효과가 발생한다.
40 × IS곡선이 우하향할 때, IS곡선의 위쪽에 있는 점은 생산물시장이 초과공급 상태이다.
41 × 투자가 이자율에 영향을 받지 않는다면 IS곡선은 수직선이 된다.
42 O

43 폐쇄경제일 경우 통화수요가 이자율에 영향을 받지 않는다면 LM곡선은 수직선이 된다. (O, X)

44 폐쇄경제일 경우 통화수요가 소득에 영향을 받는다면 LM곡선은 수직선이 된다. (O, X)

45 투자가 이자율에 민감할수록 통화정책의 효과가 작다. (O, X)

46 화폐수요가 이자율에 민감할수록 재정정책의 효과가 크다. (O, X)

47 한계소비성향이 클수록 통화정책의 효과가 크다. (O, X)

48 다음 거시경제모형에서 생산물시장과 화폐시장이 동시에 균형을 이루는 소득은 200이다. (단, C는 소비, Y는 국민소득, I는 투자, G는 정부지출, T는 조세, r은 이자율, MD는 화폐수요, MS는 화폐공급이다. 물가는 고정되어 있고, 해외부문은 고려하지 않는다.) (O, X)

- C = 20 + 0.8(Y − T) − 0.5r
- I = 50 − 9.5r
- G = 50
- T = 50
- MD = 50 + Y − 50r
- MS = 250

정답 및 해설

43 O

44 X 통화수요 소득에 영향을 받는다면 LM곡선은 수직선이라고 볼 수 없다.

45 X 투자가 이자율에 민감할수록 IS곡선이 완경사이므로 통화정책의 효과가 크다.

46 O

47 O

48 X
1) IS곡선
Y = C + I + G → Y = 20 + 0.8(Y − 50) − 0.5r + 50 − 9.5r + 50 → Y = 400−50r
2) LM곡선
$\dfrac{M^d}{P} = \dfrac{M^s}{P}$ → 물가는 고정되어 있으므로 50 + Y − 50r = 250 → Y = 200 + 50r
3) 균형을 구하면 400−50r = 200 + 50r → r = 2, Y = 300이다.

49 아래의 폐쇄경제 IS-LM 모형에서 중앙은행은 균형이자율을 현재보다 5만큼 높이는 긴축적 통화정책을 실시하여 균형국민소득을 감소시키고자 한다. 현재 명목화폐공급량(M)이 40일 때, 이를 달성하기 위한 명목화폐공급량의 감소분은 9이다. (단, r은 이자율, Y는 국민소득, M^d는 명목화폐수요량, P는 물가수준이고 1로 고정되어 있다.) (O, ×)

- IS 곡선: r = 120−5Y
- 실질화폐수요함수: $\frac{M^d}{P}$ = 3Y−r

50 아래의 IS−LM 모형에서 균형민간저축(private saving)은 5이다. (단, C는 소비, Y는 국민소득, T는 조세, I는 투자, r은 이자율, G는 정부지출, M^s는 명목화폐공급량, P는 물가수준, M^d는 명목화폐수요량이다.) (O, ×)

- C = 8 + 0.8(Y − T)
- I = 14 − 2r
- G = 2
- T = 5
- M^s = 10
- P = 1
- M^d = Y − 10r

정답 및 해설

49 ×
1) 화폐시장의 균형은 40 = 3Y−r ➡ r = 3Y − 40이다.
2) 생산물시장과 화폐시장의 동시균형을 구하면 120−5Y = 3Y−40 ➡ 8Y = 160 ➡ Y = 20, r = 20이다.
3) 현재 이자율을 5만큼 높이면 r = 25이다. 이를 IS곡선에 대입하면 25 = 120 − 5Y ➡ Y = 19이다.
4) 이를 화폐시장의 균형에 대입하면 M = 3×19−25 ➡ M = 32이다. 따라서 명목화폐량의 감소분은 8이다.

50 ×
1) IS곡선은 Y = C + I + G + X − M이다. 문제에서 제시된 조건을 대입하면
Y = 8 + 0.8Y−4 + 14−2r + 2 ➡ 0.2Y = 20 − 2r ➡ Y = 100−10r
2) 균형이자율은 화폐시장의 균형에서 만들어지므로 $\frac{M^s}{P} = \frac{M^d}{P}$이다.
문제의 조건을 대입하면 $\frac{10}{1} = \frac{Y-10r}{1}$ ➡ Y = 10 + 10r이다.
3) 생산물시장과 화폐시장의 균형을 구하면 100−10r = 10 + 10r ➡ 20r = 90 ➡ r = 4.5, Y = 55
4) 균형민간저축은 $S_P = Y − C − T$이다.
5) 구한 값을 대입하면 S_P = 55 − 48 − 5 = 2

51 IS곡선은 우하향, LM곡선은 우상향할 때, 화폐공급이 외생적으로 결정될 때보다 이자율에 대한 증가함수일 때, LM곡선의 기울기는 더 가파르다. (O, X)

52 IS곡선은 우하향, LM곡선은 우상향할 때, 화폐수요의 이자율탄력성이 클수록 재정정책 효과는 증가하고, 통화정책 효과는 감소한다. (O, X)

53 어떤 폐쇄경제 국가의 거시경제모형이 다음과 같을 때 균형이자율은 2%이다. (O, X)

- $C = 130 + 0.5 Y_D$
- $Y_D = Y - T$
- $T = 0.2 Y$
- $I = 120 - 90r$
- $G = 200$
- $M_D = 25 + 0.5 Y - 25r$
- $M_S = 200$

(단, C는 소비, Y_D는 가처분소득, Y는 국민소득, T는 조세, I는 투자, r은 이자율, G는 정부지출, M_D는 화폐수요, M_S는 화폐공급을 나타낸다.)

정답 및 해설

51 X 화폐공급이 외생적으로 결정될 때보다 이자율에 대한 증가함수일 때, LM곡선의 기울기는 더 완만하다.

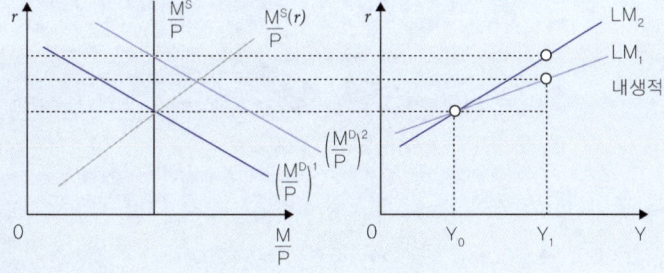

52 O

53 O 1) IS 곡선은 $Y = C + I + G$이다.
2) $Y = 130 + 0.5(Y - 0.2Y) + 120 - 90r + 200$ → $0.6Y = 450 - 90r$ → $Y = 750 - 150r$
3) LM 곡선은 $M_D = M_S$이다.
4) $25 + 0.5Y - 25r = 200$ → $0.5Y = 175 + 25r$ → $Y = 350 + 50r$
5) $750 - 150r = 350 + 50r$ → $400 = 200r$ → $r = 2$

54 다음 폐쇄경제에서 정부지출이 100에서 125로, 물가가 2에서 5로 상승하는 경우, 균형소득은 100 증가한다. (단, Y는 소득, r은 이자율이다)   (O, X)

- 소비함수: C = 200 + 0.75(Y − T)
- 투자함수: I = 200 − 25r
- 정부지출: G = 100
- 조세: T = 100
- 화폐수요함수: $\dfrac{M^d}{P} = Y - 100r$
- 화폐공급: $M^s = 1,000$
- 물가: P = 2

정답 및 해설

54 X   1) IS − Y = C + I + G
   Y = 200 + 0.75Y − 75 + 200 − 25r + 100 ➔ 0.25Y = 425 + 25r ➔ Y = 1,700 − 100r
2) LM − $\dfrac{M^s}{P} = \dfrac{M^D}{P}$

   $\dfrac{1,000}{2} = Y - 100r$ ➔ Y = 500 + 100r
3) 1,700 − 100r = 500 + 100r ➔ 200r = 1,200 ➔ r = 6, Y = 1,100
4) 정부지출이 125로 증가하면
   Y = 200 + 0.75Y − 75 + 200 − 25r + 125 ➔ 0.25Y = 450 + 25r ➔ Y = 1,800 − 100r
5) 물가가 5로 상승하면
   $\dfrac{1,000}{5} = Y - 100r$ ➔ Y = 200 + 100r
6) 1,800 − 100r = 200 + 100r ➔ 200r = 1,600 ➔ r = 8, Y = 1,000
7) 따라서 이자율은 +2, 국민소득은 −100이 변함을 알 수 있다.

Topic 25　총수요-총공급 모형

[핵심정리]

총공급	1) **총공급**: 한 나라 안에서 일정 기간 동안 판매하고자 하는 재화와 용역의 총량 2) 총공급의 크기는 한 나라가 보유한 노동, 자본 등 생산 요소 부존량과 생산 기술에 의하여 결정 3) **총공급 곡선**: 각각의 물가 수준에서 기업 전체가 생산하는 총생산을 나타내는 곡선으로 물가와 총공급은 비례
형태	1) **고전학파**: 노동 시장에서의 수급 불일치는 매우 신속하게 조정되므로 물가 수준이 변하더라도 완전 고용 및 완전 고용 수준이 항상 그대로 유지됨. 완전고용 국민 소득 수준에서 수직인 직선, 수직의 총공급곡선이 우측으로 이동하는 경우는 기술 혁신에 의한 생산성의 증가, 자본 축적, 노동력의 증가 등이 일어날 때임 2) **케인즈**: 1930년대의 경제 상황을 배경으로 주어진 물가 수준을 상승시킴 없이 얼마든지 총공급을 증가시킬 수 있다고 봄. 완전고용국민소득수준에 도달하기 전에는 유효수요의 크기가 전적으로 균형 국민 소득을 결정 3) **오늘날의 총공급 곡선** ① 물가가 변하지 않는 기간을 단기, 물가와 명목 임금이 시장 상황에 부응하여 완전 신축적으로 변하는 시간을 장기라고 정의하여 단기에는 수평의 케인즈 총공급곡선, 장기에는 수직의 고전학파 총공급곡선을 사용 ② 물가가 전혀 변하지 않는 기간을 단기라고 정의하는 대신에 물가가 어느 정도 변하는 것을 수용하면서 단기에 우상향의 총공급 곡선을 도출
새고전학파의 총공급함수 (＝루카스 총공급함수)	1) $Y = Y_N + \alpha(P - P^e)$ (Y_N: 자연생산량, P^e: 기업의 예상물가, $\alpha > 0$) 2) **물가를 정확히 예상한 경우**($P = P^e$) P와 P^e가 정확하게 일치하면 Y도 Y_N과 일치하여 수직의 AS곡선이 도출된다. 3) **물가를 정확히 예상지 못한 경우** ($P > P^e$) 합리적기대를 하더라도 정보가 불완전한 경우나 예상치 못한 물가의 변화로 P가 P^e보다 크다면 Y도 Y_N보다 큰 값을 갖게 되어 우상향하는 AS곡선이 도출된다. 4) 예상물가상승률 P^e가 증가하면 총공급 곡선이 우측이동, P^e가 감소하면 총공급 곡선이 좌측이동한다.
재정 정책과 균형 국민 소득	1) **단기** 정부 재정 지출 증가 ➡ 총수요 곡선 우측 이동 ➡ 국민 소득 증가, 물가 상승 ➡ 거래적 동기에 의한 화폐 수요 증가 ➡ 이자율 상승 ➡ 투자 지출 감소 ➡ 총수요 곡선 좌측 이동(승수 효과와 구축 효과의 발생) 2) **장기** 단기에서의 균형 이동 ➡ 임금이나 다른 생산 요소 가격 상승 ➡ 총수요 곡선 좌측 이동

통화 정책과 균형 국민 소득	1) 단기 화폐 공급 증가 이자율 하락 ➡ 투자 지출 증가 ➡ 총수요 곡선 우측 이동 ➡ 국민 소득 증가, 물가 상승 2) 장기 단기에서의 균형 이동 ➡ 임금과 다른 생산 요소의 가격 상승 ➡ 총수요 곡선 좌측 이동 3) 통화 정책이 효과를 나타내기 위해서는 이자율 탄력성이 작아야 함(유동성 함정이 없어야 함)
통화 정책의 전달 경로에 대한 견해차	1) 케인즈 학파 ① 통화 정책은 이자율 변화를 통해 투자에 영향을 주게 되는데 통화 정책의 전달 경로가 너무 길고 불확실해 별로 믿을 수 없음 ➡ 금융 시장이 유동성 함정에 빠져 있는 상황에서는 통화량을 아무리 늘려도 이자율이 좀처럼 떨어지지 않는다. ② 재정 정책의 효과는 한층 더 직접적이고 확실함 ➡ 정부 지출의 증가는 곧바로 총수요의 증가로 이어지며 조세의 감면은 가처분소득을 늘려 소비지출 증가를 확실히 가져옴 2) 통화주의자 ① 화폐는 교환의 매개 수단으로 사용되기 때문에 화폐 공급량의 변화는 이자율의 변화를 거치지 않고도 국민 경제의 총거래량을 직접적으로 변화시킴 ② 재정 지출을 늘리는 것은 구축효과 때문에 경기를 활성화시키는데 별 효과를 거두지 못함
정책 시차에 대한 견해 차	1) **정책 시차**: 정책이 수립·집행되어 실제로 효과가 나타날 때까지는 어느 정도 시간이 흘러야 하는 것이 보통인데 이와 같은 시차를 가리켜 정책 시차라 함 ➡ 내부 시차 + 외부 시차 2) **내부 시차**: 정책 당국이 경기 변동을 발생시킨 요인을 찾아내고 관련 정보를 수집해 정책을 수립·입법화하는 데 걸리는 시간 3) **외부 시차**: 시행된 정책이 실제로 효과를 내기 시작하는 데까지 걸리는 시간 4) **케인즈학파**: 금융 정책의 외부 시차가 길어 재정 정책이 더 유효한 정책이라 봄 5) **통화주의자**: 재정 정책의 내부 시차가 길어 금융 정책이 한층 더 효과적인 안정화 정책이라 봄
배로(R. Barro)의 리카도의 대등 정리	1) 정부지출이 일정한 수준으로 결정되어 있다면 그것이 조세로 조달되든 국채를 통해 조달되든 총수요에 아무런 영향을 미치지 못한다. 2) 국채는 기본적으로 미래의 조세 부담을 뜻하며 그 부담의 현재가치는 국채의 가치와 정확하게 일치한다. 따라서 민간 부분의 경제활동에 아무런 영향을 미치지 못한다. 3) 리카도의 대등 정리가 성립하게 되면 국채의 발행이 이자율을 상승시키는 결과는 나타나지 않고, 따라서 구축효과도 나타나지 않게 된다.

[핵심정리 O/X]

01 총수요-총공급(AD-AS) 모형에 따르면 정부가 이전지출 규모를 축소하면 총수요곡선이 좌측으로 이동한다. (O, X)

02 총수요-총공급(AD-AS) 모형에 따르면 기대물가의 상승은 총공급곡선을 상방으로 이동시킨다. (O, X)

03 총수요-총공급(AD-AS) 모형에 따르면 팽창적 통화정책의 시행은 총수요곡선의 기울기를 가파르게 한다. (O, X)

04 총수요-총공급(AD-AS) 모형에 따르면 균형국민소득이 완전고용국민소득보다 작다면 인플레이션갭이 발생하여 물가상승압력이 커진다. (O, X)

05 자율주행 자동차 개발지원 정책으로 투자지출이 증가하면 총수요곡선이 오른쪽으로 이동한다. (O, X)

06 환율이 하락하여 국내 제품의 순수출이 감소하면 총수요곡선이 오른쪽으로 이동한다. (O, X)

07 주식가격이 상승하여 실질자산가치와 소비지출이 증가하면 총수요곡선이 오른쪽으로 이동한다. (O, X)

08 물가가 하락하여 실질통화량이 늘어나 투자지출이 증가하면 총수요곡선이 오른쪽으로 이동한다. (O, X)

09 기업에 대한 투자세액공제 확대는 총수요 증가요인이다. (O, X)

10 〈총수요곡선이 우하향하는 이유〉 자산효과: 물가수준이 하락하면 자산의 실질가치가 상승하여 소비지출이 증가한다. (O, X)

정답 및 해설

01 O
02 X 노동자들의 기대물가가 상승하면 노동자들의 임금인상 요구로 비용인상이 발생하므로 총공급곡선이 왼쪽으로 이동한다.
03 X 총수요곡선을 우측으로 이동시킨다.
04 O
05 O
06 X 순수출 감소는 총수요의 감소원인이다.
07 O
08 X 물가가 변동하는 것은 총수요곡선 내의 이동원인이다.
09 O
10 O

11 〈총수요곡선이 우하향하는 이유〉 이자율효과: 물가수준이 하락하면 이자율이 하락하여 투자지출이 증가한다. (O, X)

12 〈총수요곡선이 우하향하는 이유〉 환율효과: 물가수준이 하락하면 자국 화폐의 상대가치가 하락하여 순수출이 증가한다. (O, X)

13 물가수준이 하락하면 총수요곡선이 오른쪽으로 이동하여 총생산은 증가된다. (O, X)

14 단기적인 경기변동이 총수요충격으로 발생되면 물가수준은 경기역행적(countercyclical)으로 변동한다. (O, X)

15 정부지출이 증가하면 총공급곡선이 오른쪽으로 이동하여 총생산은 증가한다. (O, X)

16 에너지가격의 상승과 같은 음(-)의 공급충격은 총공급곡선을 오른쪽으로 이동시켜 총생산은 감소된다. (O, X)

17 케인즈(J. M. Keynes)에 따르면 명목임금이 고정되어 있는 단기에서 물가가 상승하면 고용량이 증가하여 생산량이 증가한다. (O, X)

18 가격경직성 모형(sticky-price model)에서 물가수준이 기대 물가수준보다 낮다면 생산량은 자연산출량 수준보다 높다. (O, X)

19 가격경직성 모형은 기업들이 가격수용자라고 전제한다. (O, X)

20 불완전정보 모형(imperfect information model)은 가격에 대한 불완전한 정보로 인하여 시장은 불균형을 이룬다고 가정한다. (O, X)

정답 및 해설

11 O
12 O
13 × 물가수준이 하락하면 총수요곡선 내에서 우하향한다.
14 × 단기적인 경기변동이 총수요충격으로 발생되면 물가수준은 경기순응적이다.
15 × 정부지출이 증가하면 총수요곡선이 오른쪽으로 이동하여 총생산은 증가한다.
16 × 에너지가격의 상승과 같은 음(-)의 공급충격은 총공급곡선을 왼쪽으로 이동시켜 총생산은 감소된다.
17 O
18 × 새케인즈 학파의 가격경직성 모형(sticky-price model)에서 물가수준이 기대 물가수준보다 낮다면 생산량은 자연산출량 수준보다 낮다.
19 × 새케인즈 학파의 가격경직성 모형은 기업들이 가격설정자라고 전제한다.
20 × 새고전학파의 불완전정보 모형(imperfect information model)은 시장은 균형을 이룬다고 본다.

21	불완전정보 모형에서 기대 물가수준이 상승하면 단기 총공급곡선은 오른쪽으로 이동된다.	(O, X)
22	물가가 상승하면 자기상품의 상대가격이 상승하였다고 오인하여 기업들이 생산을 증가시키므로 단기 총공급곡선이 우상향한다.	(O, X)
23	노동자가 기업에 비해 물가상승을 과소예측하면 노동공급이 증가하는 것은 단기 총공급곡선이 우상향하는 이유이다.	(O, X)
24	물가상승에도 불구하고 메뉴비용이 커서 가격을 올리지 않는 기업의 상품판매량이 증가하기 때문에 단기 총공급곡선이 우상향한다.	(O, X)
25	명목임금이 경직적이면 물가상승에 따라 고용이 증가한다.	(O, X)
26	중앙은행이 민간 보유 국채를 대량 매입하면 총수요곡선이 오른쪽으로 이동하여 총생산은 증가한다.	(O, X)
27	총생산함수와 노동시장균형으로부터 AS곡선이 도출된다.	(O, X)
28	장기 총공급 곡선은 자연실업률이 증가하면, 왼쪽으로 이동한다.	(O, X)
29	장기 총공급 곡선은 인적자본이 증가하면, 오른쪽으로 이동한다.	(O, X)
30	장기 총공급 곡선은 생산을 증가시키는 자원이 발견되면, 오른쪽으로 이동한다.	(O, X)
31	장기 총공급 곡선은 기술지식이 진보하면, 오른쪽으로 이동한다.	(O, X)
32	장기 총공급 곡선은 예상물가수준이 하락하면, 왼쪽으로 이동한다.	(O, X)

정답 및 해설

21	X	불완전정보 모형에서 기대 물가수준이 상승하면 단기 총공급곡선은 우상향의 형태로 본다.
22	O	
23	O	
24	O	
25	O	
26	O	
27	O	
28	O	
29	O	
30	O	
31	O	
32	X	장기총공급곡선은 잠재GDP수준에서 수직선이므로 예상물가수준의 변화는 장기총공급곡선에 아무런 영향을 미치지 않는다.

33 고전학파는 총공급곡선이 완전고용수준에서 수직의 형태를 갖는다고 본다. (O, X)

34 원자재 가격 상승 충격이 발생할 경우 정부가 산출량 안정을 도모하려면 총수요 축소 정책을 실시하여야 한다. (O, X)

35 원자재 가격 상승 충격이 발생할 경우 정부가 재정 정책을 통하여 물가 안정과 산출량 안정을 동시에 달성할 수 있다. (O, X)

36 경제가 유동성 함정에 빠져 있을 경우에는 통화정책보다는 재정정책이 효과적이다. (O, X)

37 재정정책과 통화정책을 적절히 혼합하여 사용하는 것을 정책혼합(policy mix)이라고 한다. (O, X)

38 화폐공급의 증가가 장기에 물가만을 상승시킬 뿐 실물 변수에는 아무런 영향을 미치지 못하는 현상을 화폐의 장기중립성이라고 한다. (O, X)

39 정부지출의 구축효과란 정부지출을 증가시키면 이자율이 상승하여 민간투자지출이 감소하는 효과를 말한다. (O, X)

40 원자재 가격 상승 충격이 발생할 경우 중앙은행이 물가 안정을 위하여 통화정책을 사용할 경우 실업률이 추가적으로 상승한다. (O, X)

41 새고전학파에 따르면 예상치 못한 정부지출의 증가는 장기적으로 국민소득을 증가시킨다. (O, X)

42 새고전학파에 따르면 예상된 통화공급의 증가는 단기적으로만 국민소득을 증가시킨다. (O, X)

43 새케인즈 학파에 따르면 예상치 못한 통화공급의 증가는 장기적으로 국민소득을 증가시킨다. (O, X)

44 새케인즈 학파에 따르면 예상된 정부지출의 증가는 단기적으로 국민소득을 증가시킨다. (O, X)

정답 및 해설

33 O
34 X   정부가 산출량 안정을 도모하려면 총수요를 증가시키는 정책을 실시하여야 한다.
35 X   정부가 재정 정책을 통하여 물가 안정과 산출량 안정을 동시에 달성할 수 없다.
36 O
37 O
38 O
39 O
40 O
41 X   새고전학파에 따르면 예상치 못한 정부지출의 증가는 장기적으로 국민소득을 변화시키지 않는다.
42 X   예상된 정책은 국민소득에 영향을 주지 않는다.
43 X   장기에는 장기총공급곡선이 수직선이므로 학파에 관계없이, 그리고 예상되었는지 혹은 그렇지 않은지에 관계없이 재정정책이나 금융정책은 장기에는 국민소득에 영향을 미칠 수 없다.
44 O

45 합리적 기대를 사용해서 예측을 하더라도 예측오류는 발생하나, 체계적 오류는 발생하지 않는다.
(O, ×)

46 준칙에 따른 정책은 소극적 경제정책의 범주에 속한다. (O, ×)

47 매기의 통화증가율을 k%로 일정하게 정하는 것은 통화공급량이 매기 증가한다는 점에서 재량적 정책에 해당한다. (O, ×)

48 동태적 비일관성(dynamic inconsistency)은 재량적 정책 때문이 아니라 준칙에 따른 정책 때문에 발생한다. (O, ×)

49 케인즈 경제학자들의 미세조정 정책은 준칙에 따른 정책보다는 재량적 정책의 성격을 띤다. (O, ×)

50 폐쇄경제인 경우 거래적 화폐수요의 소득탄력성이 클수록 정부지출승수가 증가한다. (O, ×)

51 폐쇄경제인 경우 동일한 크기의 조세 삭감과 정부지출 증가에 대해 조세승수의 절댓값이 정부지출승수의 절댓값보다 작은 이유는 조세감소분 중 일부분이 가계저축으로 전환되기 때문이다. (O, ×)

52 폐쇄경제인 경우 이자율 변화에 대해 투자가 민감하게 반응할수록 정부지출승수는 증가한다.
(O, ×)

53 이자율과 통화량을 동시에 타겟팅하는 것은 생산물시장의 균형을 변화시키는 충격이 존재하는 한 불가능하다. (O, ×)

정답 및 해설

45 O

46 × 준칙에 따른 정책도 적극적인 정책일 수도 있다.

47 × 매기의 통화증가율을 k%로 일정하게 정하는 것은 통화공급량이 매기 증가한다는 점에서 준칙에 따른 정책이면서 소극적인 정책에 해당된다.

48 × 동태적 비일관성(dynamic inconsistency)은 재량적인 정책을 실시할 때 나타나는 현상이다.

49 O

50 × 정부지출이 증가하면 국민소득이 증가하게 되는데, 화폐수요의 소득탄력성이 크다면 국민소득이 증가할 때 화폐수요가 큰 폭으로 증가하므로 이자율이 크게 상승한다. 이자율이 큰 폭으로 상승하면 민간투자가 대폭 감소하므로 정부지출 증가에 따른 유효수요증가분이 크게 상쇄된다. 따라서 화폐수요의 소득탄력성이 크면 정부지출승수가 작아진다.

51 O

52 × 이자율변화에 투자가 민감하게 반응한다면 정부지출 증가로 이자율이 상승할 때 투자가 큰 폭으로 감소하므로 정부지출 승수가 작아진다.

53 O

54 리카도의 대등정리는 정부지출이 경제에 미치는 효과는 정액세로 조달되는 경우와 국채발행으로 조달되는 경우가 서로 다르다는 주장이다. (O, X)

55 리카도 대등정리가 성립하기 위해서는 저축과 차입이 자유롭고 저축이자율과 차입이자율이 동일하다는 가정이 충족되어야 한다. (O, X)

56 리카도의 대등정리는 정부지출의 변화 없이 조세감면이 이루어진다면 경제주체들은 증가된 가처분소득을 모두 저축하여 미래의 조세증가를 대비한다고 주장한다. (O, X)

57 현재의 조세감면에 따른 부담이 미래세대에게 전가될 경우 후손들의 후생에 관심 없는 경제주체들에게는 리카도 대등정리가 성립하지 않게 된다. (O, X)

58 리카도의 등가정리는 정부지출의 규모가 동일하게 유지되면서 조세감면이 이루어지면 합리적 경제주체들은 가처분소득의 증가분을 모두 저축하여 미래에 납부할 조세의 증가를 대비한다는 이론이다. (O, X)

59 현실적으로 대부분의 소비자들이 유동성제약(liquidity constraint)에 직면하기 때문에 리카도의 대등정리는 현실 설명력이 매우 큰 이론으로 평가된다. (O, X)

60 리카도의 대등정리에 따르면 재정적자는 장기뿐만 아니라 단기에서조차 아무런 경기팽창 효과를 내지 못한다. (O, X)

61 리카도의 등가정리는 정부지출의 재원조달 방식이 조세든 국채든 상관없이 경제에 미치는 영향에 아무런 차이가 없다는 이론이다. (O, X)

62 리카디언 등가정리(Ricardian equivalence theorem)가 성립할 경우 현재소비는 기대되는 미래소득과 현재소득을 모두 포함한 평생소득(lifetime income)에 의존한다. (O, X)

정답 및 해설

54 X 리카도의 대등정리에 의하면 정부지출 재원을 국채발행을 통해 조달하거나 조세를 통해 조달하거나 경제에 미치는 효과는 아무런 차이가 없다. 즉, 정부지출 재원조달 방식의 차이는 경제의 실질변수에 아무런 영향을 미치지 않는다.

55 O
56 O
57 O
58 O
59 X 유동성 제약이 발생하면 저축이 불가능하므로 재정정책의 효과가 크다.
60 O
61 O
62 O

63 리카디언 등가정리(Ricardian equivalence theorem)가 성립할 경우 소비자는 현재 차입제약 상태에 있다. (O, X)

64 리카디언 등가정리(Ricardian equivalence theorem)가 성립할 경우 다른 조건이 일정할 때, 공채 발행을 통한 조세삭감은 소비에 영향을 줄 수 없다. (O, X)

65 리카디언 등가정리(Ricardian equivalence theorem)가 성립할 경우 정부지출 확대정책은 어떠한 경우에도 경제에 영향을 줄 수 없다. (O, X)

66 공개시장 매입은 본원통화를 증가시켜 이자율을 하락시킨다. (O, X)

67 재할인율 인상은 재할인대출을 감소시켜 이자율을 상승시킨다. (O, X)

68 자산가격경로는 이자율이 하락할 경우 자산가격이 상승하여 부(富)의 효과로 소비가증가하는 경로이다. (O, X)

69 신용경로는 중앙은행이 화폐공급을 축소할 경우 은행대출이 감소되어 기업투자와 가계소비가 위축되는 경로이다. (O, X)

70 환율경로는 이자율이 상승할 경우 자국통화가치가 하락하여 순수출이 증가하는 경로이다. (O, X)

71 총수요곡선은 물가수준과 재화 및 용역의 수요량 간의 관계를 보여준다. (O, X)

72 통화수요 또는 투자가 이자율에 영향을 받지 않을 경우 총수요곡선은 수평이 된다. (O, X)

73 단기적으로 가격이 고정되어 있을 경우 총공급곡선은 수평이 된다. (O, X)

정답 및 해설

63 X 리카도의 등가정리는 정부지출이 경기에 효과가 없다는 것이다. 소비자는 현재 차입제약 상태에 있다면 리카도의 등가정리는 성립하지 않는다.
64 O
65 X 위의 경우가 있으나 정부지출 확대정책은 어떠한 경우에도 경제에 영향을 줄 수 없다는 것은 옳지 않다.
66 O
67 O
68 O
69 O
70 X 환율경로는 이자율이 상승 → 외화의 공급이 증가 환율하락 → 자국통화가치 상승 → 순수출이 감소한다.
71 O
72 X 통화수요 또는 투자가 이자율에 영향을 받지 않을 경우 총수요곡선은 수직이 된다.
73 O

74	정부지출의 변화는 총수요곡선상에서 변화를 가져온다.	(O, X)
75	케인즈(J. M. Keynes)에 따르면 명목임금이 고정되어 있는 단기에서 물가가 상승하면 고용량이 증가하여 생산량이 증가한다.	(O, X)
76	가격경직성 모형(sticky-price model)에서 물가수준이 기대 물가수준보다 낮다면 생산량은 자연산출량 수준보다 높다.	(O, X)
77	가격경직성 모형은 기업들이 가격수용자라고 전제한다.	(O, X)
78	불완전정보 모형(imperfect information model)은 가격에 대한 불완전한 정보로 인하여 시장은 불균형을 이룬다고 가정한다.	(O, X)
79	불완전정보 모형에서 기대 물가수준이 상승하면 단기 총공급곡선은 오른쪽으로 이동된다.	(O, X)
80	단기적인 경기변동이 총수요충격으로 발생되면 물가수준은 경기역행적(countercyclical)으로 변동한다.	(O, X)
81	피구효과가 존재하는 경우 총수요곡선의 기울기가 더 완만하다.	(O, X)
82	피구효과에 의하면 물가가 하락하면 실질화폐공급의 증가를 가져와 LM곡선을 오른쪽으로 이동시킨다.	(O, X)
83	피구효과에 의하면 실질화폐잔고가 소비를 결정하는 중요한 요인이다.	(O, X)
84	피구효과에 의하면 소비가 가처분소득만의 함수라고 가정한다면 피구효과를 설명할 수 없다.	(O, X)

정답 및 해설

- **74** X 정부지출의 변화는 총수요자체의 변화를 가져온다.
- **75** O
- **76** X 새케인즈 학파의 가격경직성 모형(sticky-price model)에서 물가수준이 기대 물가수준보다 낮다면 생산량은 자연산출량 수준보다 낮다.
- **77** X 새케인즈 학파의 가격경직성 모형은 기업들이 가격설정자라고 전제한다.
- **78** X 새고전학파의 불완전정보 모형(imperfect information model)은 시장은 균형을 이룬다고 본다.
- **79** X 불완전정보 모형에서 기대 물가수준이 상승하면 단기 총공급곡선은 우상향의 형태로 본다.
- **80** X 단기적인 경기변동이 총수요충격으로 발생되면 물가수준은 경기순응적이다.
- **81** O
- **82** X 피구효과는 가처분소득의 변화와 관계없이 물가가 하락하면 실질화폐잔고가치가 올라가 가계는 부의 증가로 받아들여 소비가 증가하므로 총수요곡선이 우하향한다는 것이다. 지문은 케인즈의 이자율효과에 대한 설명이다.
- **83** O
- **84** O

[85 ~ 88] 다음 테일러 준칙(Taylor rule)에 따라 중앙은행이 목표 명목정책금리를 결정한다.

목표 명목정책금리 = 실제 인플레이션율 + 균형 실질정책금리 + 0.5 × 산출갭 + 0.5 × 인플레이션갭

[단, 산출갭 = $\left(\dfrac{\text{실제실질 GDP} - \text{잠재실질 GDP}}{\text{잠재실질 GDP}}\right) \times 100$, 인플레이션갭 = 실제 인플레이션율 − 목표 인플레이션율]

85 산출갭과 인플레이션갭이 목표 명목정책금리 결정에 영향을 준다. (O, X)

86 현재의 실제 인플레이션율이 목표 인플레이션율보다 낮은 경우 목표 명목정책금리를 내린다. (O, X)

87 중앙은행이 경제의 잠재실질GDP를 과소평가하고 있다면, 목표 명목정책금리는 적정수준보다 낮게 결정된다. (O, X)

88 균형 실질정책금리가 실제보다 과대평가되어 있다면, 목표 명목정책금리는 적정수준보다 높아지게 된다. (O, X)

89 아래의 IS-LM 모형이 어느 경제의 균형조건을 나타내준다.

- IS: $Y = 2,000 - 40r$
- LM: $Y = 1,000 + 60r$
  (단, Y는 국민소득, r은 이자율이다.)

현재 이 경제가 $Y = 1,500$, $r = 12$에 있다고 할 때 생산물시장과 화폐시장 모두 초과 수요상태이다. (O, X)

정답 및 해설

85 O

86 O

87 X 중앙은행이 경제의 잠재실질GDP를 과소평가하고 있다면, 산출갭이 커지므로 목표 명목정책금리는 적정수준보다 높게 결정된다.

88 O

89 X 1) 생산물시장과 화폐시장의 균형을 구하면 2,000 − 40r = 1,000 + 60r → r = 10, Y = 1,600이다.
2) 그래프

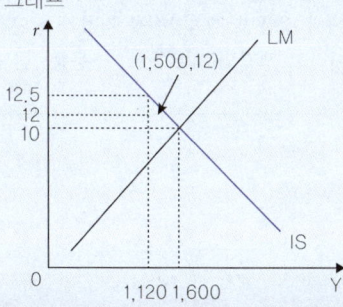

3) 현재상태가 IS곡선의 하방, LM곡선의 상방에 위치한다. 따라서 생산물시장의 초과수요, 화폐시장의 초과공급상태이다.

Topic 26 물가

[핵심정리]

물가지수의 의미	기준 시점의 물가를 100으로 잡고 다른 시점의 물가를 이의 백분비로 표시한 지수. 어느 시점의 물가지수가 110이라면 이는 기준 시점보다 물가가 10% 오른 것을 의미함
물가지수의 종류	1) 소비자 물가지수(consumer price index: CPI): 도시의 가계가 사용하는 대표적 소비재의 가격 동향을 보여주는 물가 지수, 라스파이레스 지수 2) 생산자 물가지수(producer price index: PPI): 기업 사이에서 거래되는 원자재와 자본재의 가격 동향을 보여주는 물가 지수 3) GDP디플레이터: 한 나라 안에서 생산되는 모든 상품의 가격을 고려 대상으로 삼아 산출한 물가 지수, 파셰지수

수요견인 인플레이션	1) 고전학파와 통화주의자
	  ① 원인: 급격하고 과도한 통화공급의 증가
	  ② MV = PY에서 V는 지불습관에 의해 고정, Y: 완전고용산출량수준으로서 일정함
	  ③ 결국, 물가(P)의 지속적 상승, 즉 인플레이션은 통화량 (M)의 증가가 원인임
	  ④ 대책: 안정적 통화공급 (EC방식) ➜ 프리드만의 k% 준칙
	2) 케인즈학파
	  ① 원인: 투자나 정부지출 증가 등 확대재정정책으로 인한 총수요곡선의 우측이동
	  ② 대책: 총수요억제 또는 긴축재정정책이 필요하다.

비용인상 인플레이션	1) 원인
	  ① 임금인상, 이윤인상, 석유파동 등 공급충격으로 생산비가 상승하여 AS곡선이 좌상방이동
	  ② 임금인상인플레이션, 이윤인상인플레이션, 공급충격인플레이션
	  ③ 인플레이션과 함께 산출량감소로 인한 실업률도 동시에 상승하게 되어 스태그플레이션이 나타남
	2) 대책
	  ① 총공급능력을 증가시키기 위한 정책(AS 곡선의 우측이동)
	  ② 노동생산성을 증가시키기 위한 기술향상, 교육훈련 등이 필요

예상된 인플레이션	1) 피셔가설: 명목이자율 = 실질이자율 + (예상)인플레이션율 2) 구두창비용과 메뉴비용 발생
예상되지 못한 인플레이션	1) 채권자로부터 채무자에게 부가 재분배되고, 급여생활자, 연금생활자가 불리해진다. 2) 장기계약 회피, 단기성 위주의 자금 대출 등의 경향이 생기게 된다. 3) 경험적으로 보면 인플레이션하에서 상품별 가격상승률 격차가 상당한 것을 알 수 있다. 가격이 더 많이 오를 것이라고 생각되는 부동산, 골동품, 금 등에 대한 투기가 성행하게 된다.

[핵심정리 O/X]

01 소비자물가지수는 매년 변화하는 재화 바스켓에 기초하여 계산된 지수이다. (O, X)

02 소비자물가지수는 대용품 간의 대체성이 배제되어 생활비의 인상을 과대평가하는 경향이 있다.
(O, X)

03 소비자물가지수와 생산자물가지수는 라스파이레스 방식이 아니라 파셰 방식으로 계산한다. (O, X)

04 GDP 디플레이터에는 국내산 최종 소비재만이 포함된다. (O, X)

05 GDP 디플레이터 작성 시 재화와 서비스의 가격에 적용되는 가중치가 매년 달라진다. (O, X)

06 소비자물가지수 산정에는 국내에서 생산되는 재화만 포함된다. (O, X)

07 소비자물가지수에는 국민이 구매한 모든 재화와 서비스가 포함된다. (O, X)

08 생산자물가지수에는 기업이 구매하는 품목 중 원자재를 제외한 품목이 포함된다. (O, X)

09 소비자물가지수는 대체효과, 품질변화 등으로 인해 실제 생활비 측정에 왜곡을 초래할 수 있다.
(O, X)

10 소비자물가지수는 대표적인 소비자가 구입하는 재화와 서비스의 전반적인 비용을 나타내는 지표이므로 특정 가계의 생계비 변화와 괴리가 발생할 수 있다. (O, X)

11 GDP 디플레이터는 소비자물가지수(CPI)에 비해 국가의 총체적인 물가변동을 측정하는 데 불리한 지표이다. (O, X)

정답 및 해설

01 X 소비자물가지수와 생산자 물가지수 모두 라스파이레스 방식으로 재화바스켓이 기준연도의 묶음으로 고정되어 있다고 가정한다.

02 O

03 X 라스파이레스 방식을 이용한다.

04 X GDP 디플레이터에는 국내산 최종 소비재뿐만 아니라 생산재도 포함된다.

05 O

06 X 소비자물가지수 산정에는 수입품이 포함된다.

07 X 소비자물가지수에는 가중치를 고려한 특정 재화만이 포함된다.

08 X 생산자물가지수에는 기업이 구매하는 품목 중 소비재와 원자재 모두 포함된다.

09 O

10 O

11 X GDP 디플레이터는 소비자물가지수(CPI)에 비해 항목이 다양하므로 국가의 총체적인 물가변동을 측정하는 데 유리한 지표이다.

12 GDP 디플레이터는 명목 GDP를 실질 GDP로 나눈다는 점에서 명목 GDP 1단위에 대한 실질 GDP의 값을 확인하는 지표이다. (O, ×)

13 GDP 디플레이터는 생산량 변화효과는 제거하고 기준가격에 대한 경상가격의 변화분만 나타내는 지표이다. (O, ×)

14 우리나라의 GDP 디플레이터는 장기간 증가하는 경향을 보이고 있는데 이는 국내 기업들의 생산량 증가에 기인한다. (O, ×)

15 인플레이션은 현금보유를 줄이기 위한 구두창 비용을 발생시킨다. (O, ×)

16 인플레이션이 예측되지 못할 경우 채권자와 채무자의 부가 재분배된다. (O, ×)

17 인플레이션이 안정적이고 예측 가능한 경우에는 메뉴비용이 발생하지 않는다. (O, ×)

18 인플레이션은 자원배분의 왜곡을 가져오지만, 상대가격의 변화를 발생시키지는 않는다. (O, ×)

19 기대인플레이션율 상승분이 모두 명목이자율 상승으로 반영되지 못하여 실질이자율이 하락하는 효과를 먼델-토빈효과라 한다. (O, ×)

20 스태그플레이션은 물가상승과 경기침체가 동시에 일어나는 현상이다. (O, ×)

21 인플레이션율이 0이면 명목이자율과 실질이자율은 같다. (O, ×)

22 인플레이션은 상품의 상대가격 변화를 가져와 자원배분을 왜곡시킴으로써 비효율을 초래한다. (O, ×)

정답 및 해설

12 × GDP 디플레이터는 명목 GDP를 실질 GDP로 나눈다는 점에서 실질 GDP 1단위에 대한 명목 GDP의 값을 확인하는 지표이다.

13 O

14 × 우리나라의 GDP 디플레이터는 장기간 증가하는 경향을 보이고 있는데 이는 물가가 상승하는 것을 보여준다.

15 O

16 O

17 × 인플레이션이 안정적이고 예측가능하다면 기업들은 인플레이션율에 맞추어 주기적으로 가격을 인상할 것이므로 메뉴비용이 발생한다.

18 × 통상적으로 인플레이션이 발생할 때 모든 재화의 가격이 동일한 비율로 상승하는 것이 아니기 때문에 상대가격의 변화가 초래된다. 상대가격의 변화가 초래되면 자원배분의 왜곡이 발생한다.

19 O

20 O

21 O

22 O

23	예상치 못한 인플레이션이 발생하면 채권자에게는 유리하나 채무자에게는 불리하다.	(O, X)
24	프리드만(M. Friedman)에 따르면 인플레이션은 언제나 화폐적 현상이다.	(O, X)
25	정부가 화폐공급을 통해 얻게 되는 추가적인 재정수입이 토빈세(Tobin tax)이다.	(O, X)
26	비용상승 인플레이션은 총수요관리를 통한 단기 경기안정화정책을 어렵게 만든다.	(O, X)
27	예상하지 못한 인플레이션은 채권자에서 채무자에게로 소득재분배를 야기한다.	(O, X)
28	인플레이션이 예상되는 경우에도 메뉴비용(menu cost)이 발생할 수 있다.	(O, X)
29	실질이자율은 명목이자율에서 인플레이션율을 뺀 것이다.	(O, X)
30	예상보다 높은 인플레이션율은 채무자에게 유리하고 채권자에게는 불리하다.	(O, X)
31	예상되는 미래인플레이션율의 상승은 예상되는 실질이자율을 상승시킨다.	(O, X)
32	화폐발행이득(시뇨리지)은 정부가 화폐공급량 증가를 통해 얻게되는 추가적 재정수입을 의미한다.	(O, X)
33	화폐발행이득은 화폐라는 세원에 대해 부과하는 조세와 같다는 뜻에서 인플레이션 조세라 부른다.	(O, X)

정답 및 해설

23 X 채무자가 유리하고 채권자가 불리하다.
24 O
25 X 단기성 외환거래에 부과되는 세금을 토빈세(Tobin tax)라고 한다.
26 O
27 O
28 O
29 O
30 O
31 X 예상되는 미래인플레이션율의 상승은 예상되는 실질이자율을 하락시킨다.
32 O
33 O

34 물가지수가 라스파이레스 지수(Laspeyres index)인 경우, 다음국가의 2010년과 2011년 사이의 물가상승률은 240이다. (단, 기준연도는 2010년이다.) (O, X)

연도 \ 재화	빵 구입량	빵 가격	의복 구입량	의복 가격
2010년	10만개	1만원	5만벌	3만원
2011년	12만개	3만원	6만벌	6만원

35 다음 표는 빵과 옷만을 생산하는 경제의 연도별 생산 현황이다. 2011년을 기준 연도로 할 때, 2013년의 GDP 디플레이터는 144이다. (단, 물가상승률은 GDP 디플레이터를 이용하여 구한다.) (O, X)

연도 \ 재화	빵 가격	빵 생산량	옷 가격	옷 생산량
2011	30	100	100	50
2012	40	100	110	70
2013	40	150	150	80

36 소비자물가지수를 구성하는 소비지출 구성이 다음과 같다. 전년도에 비해 올해 식료품비가 10%, 교육비가 10%, 주거비가 5% 상승하였고 나머지 품목에는 변화가 없다면 소비자물가지수 상승률은 8%이다. (O, X)

- 식료품비: 40%
- 교육비: 20%
- 교통비 및 통신비: 10%
- 주거비: 20%
- 기타: 10%

정답 및 해설

34 ×
1) 라스파이레스 물가지수는 기준연도 구입량을 가중치로 사용한다.
2) 2011년의 A국의 물가지수는 $L = \frac{P_t Q_0}{P_0 Q_0} \times 100 = \frac{(3 \times 10) + (6 \times 5)}{(1 \times 10) + (3 \times 5)} \times 100 = \frac{60}{25} \times 100 = 240$이다. 기준연도의 물가지수는 100이다.
3) 물가지수의 변화율이 물가상승률이므로 140%($= \frac{240 - 100}{100}$)이다.

35 O
1) 2012년과 2013년의 명목GDP와 실질GDP를 계산해 보면 각각 다음과 같다.
$\begin{cases} 명목 GDP_{2012} = (40 \times 100) + (110 \times 70) = 11,700 \\ 실질 GDP_{2012} = (30 \times 100) + (100 \times 70) = 10,000 \end{cases}$
$\begin{cases} 명목 GDP_{2013} = (40 \times 150) + (150 \times 80) = 18,000 \\ 실질 GDP_{2013} = (30 \times 150) + (100 \times 80) = 12,500 \end{cases}$
2) 따라서 2013년의 GDP디플레이터는 $144 (= \frac{18,000}{12,500} \times 100)$이다.

36 ×
1) 가중치를 두어 계산하면 된다.
2) $(0.4 \times 10\%) + (0.2 \times 10\%) + (0.2 \times 5\%) = 4\% + 2\% + 1\% = 7\%$이다.

Topic 27 실업과 필립스곡선

[핵심정리]

의미	일할 능력과 의사가 있음에도 불구하고 일자리를 갖지 못한 상태	
실업지표	1) 실업률 = $\dfrac{\text{실업자수}}{\text{경제활동인구(취업자수+실업자수)}} \times 100(\%)$ 2) 취업률 = $\dfrac{\text{취업자수}}{\text{경제활동인구수}} \times 100(\%)$ 3) 경제활동참가율 = $\dfrac{\text{경제활동인구(취업자수+실업자수)}}{\text{생산(노동)가능인구(15세 이상 인구)}} \times 100(\%)$ 4) 고용률 = $\dfrac{\text{취업자수}}{\text{생산(노동)가능인구(15세 이상 인구)}} \times 100(\%)$	
자발적 실업	직장 이동 과정에서 일시적으로 생기는 실업인 마찰적 실업 ➡ 대책: 취업정보제공 등	
비자발적 실업	1) **경기적 실업**: 불경기로 노동 수요가 부족하여 생기는 실업 ➡ 대책: 경기부양책 등 2) **구조적 실업**: 산업구조나 기술의 변동 속에서 생기는 실업 ➡ 대책: 기술교육 등	
자연실업률	1) 의미 경기변동에 관계없이 발생하는 실업인 마찰적 실업과 구조적 실업만 존재할때의 실업률을 의미한다. 2) 자연실업률 결정모형 ① 매기 취업자 중 실직하는 사람의 비율인 실직률(job separation rate)을 s, 실업자 중 새로이 취업하는 사람의 비율(job finding rate)인 구직율을 f라고 하자. ② 실업률은 $\dfrac{U}{L}$이므로 변형하면 $\dfrac{U}{L} = \dfrac{s}{f+s}$이다. 3) 자연실업률의 결정요인 ① **불완전경쟁시장**: 생산물시장과 생산요소시장의 불완전경쟁의 정도가 클수록 자연실업률은 상승한다. ② **탐색비용과 이동비용**: 직업을 구하는 비용과 이동하는 비용이 크면 자연실업률은 상승한다. ③ 제도적인 요인 　• 실업보험제도가 강화될수록 근로의욕이 저하되어 자연실업률은 상승한다. 　• 최저임금제도, 노동조합 등은 비자발적 실업을 발생시켜 자연실업률은 상승한다. ④ **산업구조의 변화**: 산업구조가 급격하게 변화하면 노동이동이 발생하여 자연실업률이 상승한다. ⑤ 인구구성의 변화	
필립스 곡선	$\pi = -\alpha(U - U_N)$ (U: 실업률, U_N: 자연실업률)	

자연실업률가설의 필립스 곡선	1) $\pi = \pi^e - \alpha(U - U_N)$ (π^e: 기대인플레이션율, U_N: 실업률, U_N: 자연실업률) 2) 장기 필립스곡선 ① 최초에 실업을 줄이기 위해 확장 정책을 시행하면 단기적으로 물가 상승, 실업률 하락 ② 장기적으로는 노동자들이 물가가 상승했다는 사실을 알게 되어 기대 물가가 상향 조정된다. → 기대 물가가 상향 조정되면 임금의 상승으로 인해 공급 곡선이 좌측으로 이동하고 실업률은 다시 상승하게 됨 ③ 따라서 장기 필립스 곡선은 자연 실업률 수준에서 수직선의 형태로 도출됨
새고전학파의 필립스 곡선	1) 의미 ① $\pi = \pi^e - \alpha(U - U_N)$ (π^e: 기대인플레이션율, U_N: 실업률, U_N: 자연실업률) ② 합리적 기대하에서는 이용가능한 모든 정보를 이용하여 다음 기의 인플레이션을 예상하므로 체계적 오차가 발생하지 않는다. ③ 따라서 $\pi - \pi^e$가 평균적으로 0이므로 $U - U_N$도 0이 되므로 물가와 관계없이 자연실업률이 일정하므로 필립스 곡선은 수직이 된다. 2) 단기와 장기 위의 결과처럼 물가를 정확히 예측한다면 단기와 장기 모두 수직인 필립스 곡선이 도출된다. 3) 정부의 신뢰성 ① 인플레이션 진정정책의 사회적 비용(실업률 증가)이 들지 않는다. ② 민간이 정부의 발표를 신뢰하지 않는다면 기대인플레이션이 낮아지지 않으므로 실업률이 대폭 상승하게 된다.

[핵심정리 O/X]

01 정규직 일자리를 찾으며 주 40시간 근무하는 38세 슈퍼마켓 비정규직 직원은 실업자이다. (O, X)

02 20년 동안 근속하던 직장에서 파업이 발생하자 사용자가 직장폐쇄를 하여 현재 집에서 쉬고 있는 42세 남성은 실업자이다. (O, X)

03 아버지가 운영 중인 식당에서 매일 2시간 무급으로 일하면서 구직활동을 하고 있는 28세 남성은 실업자이다. (O, X)

04 실업률은 실망실업자를 잡아내지 못하기 때문에 실업률이 과소평가되는 경향이 있다. (O, X)

05 마찰적 실업은 대표적인 비자발적 실업에 해당한다. (O, X)

정답 및 해설
01 X 취업자이다.
02 X 취업자이다.
03 O
04 O
05 X 마찰적 실업은 대표적인 자발적 실업이다.

06 오쿤의 법칙을 통해 실업에 따른 산출량 손실을 계산할 수 있다. (O, ×)

07 마찰적 실업이란 직업을 바꾸는 과정에서 발생하는 일시적인 실업이다. (O, ×)

08 균형임금을 초과한 법정 최저임금의 인상은 비자발적 실업을 증가시킨다. (O, ×)

09 실업급여 인상과 기간 연장은 자발적 실업 기간을 증가시킨다. (O, ×)

10 정부의 확장적 재정정책은 경기적 실업을 감소시킨다. (O, ×)

11 인공지능 로봇의 도입은 경기적 실업을 증가시킨다. (O, ×)

12 구직자와 구인자의 연결을 촉진하는 정책은 마찰적 실업을 감소시킨다. (O, ×)

13 일자리를 가지고 있지 않으나 취업할 의사가 없는 사람은 경제활동인구에 포함되지 않는다. (O, ×)

14 실업이란 사람들이 일할 능력과 의사를 가지고 일자리를 찾고 있으나 일자리를 얻지 못한 상태를 말한다. (O, ×)

15 자연실업률은 구조적 실업만이 존재하는 실업률이다. (O, ×)

16 실업자가 구직을 단념하여 비경제활동인구로 전환되면 실업률이 감소한다. (O, ×)

17 경기변동 때문에 발생하는 실업은 경기적(cyclical) 실업이다. (O, ×)

18 구조적 실업은 기술의 변화 등으로 직장에서 요구하는 기술이 부족한 노동자들이 경험할 수 있다. (O, ×)

정답 및 해설

06 O
07 O
08 O
09 O
10 O
11 × 인공지능 로봇의 도입은 경기적 실업이 아닌 구조적 실업과 관련되어 있다.
12 O
13 O
14 O
15 × 자연실업률은 마찰적 실업과 구조적 실업만이 존재하는 실업률이다.
16 O
17 O
18 O

19 경기적 실업은 경기가 침체되면서 이윤감소 혹은 매출감소 등으로 노동자를 고용할 수 없을 경우 발생한다. (O, ×)

20 자연실업률은 마찰적, 구조적, 경기적 실업률의 합으로 정의된다. (O, ×)

21 자연실업률은 완전고용상태에서의 실업률이라고도 한다. (O, ×)

22 어떤 나라의 경제활동인구가 일정하고, 비경제활동인구는 존재하지 않으며 취업인구 중에서 매달 일자리를 잃는 노동자의 비율이 2%이고 실업인구 중에서 매달 취업이 되는 노동자의 비율이 14%라면, 이 나라의 자연실업률은 12%이다. (O, ×)

23 경제활동인구와 노동가능인구는 동일하다. (O, ×)

24 화폐환상은 실질임금의 변화 없이 명목임금만 오르더라도 경제주체들이 실질임금이 오른 것으로 착각하는 것을 의미한다. (O, ×)

25 기대부가 필립스곡선은 장기의 경우 실업률감소를 위한 재량적인 안정화정책은 물가상승만 초래한다. (O, ×)

26 실업보험, 최저임금제, 노동조합은 모두 자연실업률을 높인다. (O, ×)

27 통화주의는 경제안정화는 준칙에 의해 통화공급증가율을 일정하게 유지해야 한다고 주장한다. (O, ×)

28 합리적 기대 속에 시장청산이 가능하다는 것이 새고전학파의 기본가정이다. (O, ×)

29 단기 필립스 곡선에서 기대 인플레이션이 높아지면 단기 필립스곡선은 위쪽으로 이동한다. (O, ×)

정답 및 해설

19 O

20 × 자연실업률은 마찰적 실업과 구조적 실업만 존재할 때의 실업률이다.

21 O

22 × 자연실업률 $u_N = \dfrac{s}{f+s}$ 이므로 s = 0.02, f = 0.14이면 자연실업률 $u_N = \dfrac{0.02}{0.14 + 0.02} = 0.125$ 이다.

23 × 노동가능인구 = 경제활동인구 + 비경제활동인구이다.

24 O

25 O

26 O

27 O

28 O

29 O

30 장기노동계약자의 비중이 높을수록 단기필립스곡선이 가파른 기울기를 가진다. (O, X)

31 노동자들의 예상물가상승률이 높아지면 필립스곡선이 하방으로 이동한다. (O, X)

32 단기 필립스 곡선이 장기 필립스 곡선보다 더 가파른 기울기를 가진다. (O, X)

33 물가연동 노동계약의 비중이 클수록 단기 필립스 곡선은 더 가파른 기울기를 가진다. (O, X)

34 기대 인플레이션이 적응적 기대에 의해 이루어질 때, 실업률 증가라는 고통 없이 디스인플레이션(disinflation)이 가능하다. (O, X)

35 단기 필립스 곡선에서 합리적 기대와 정부의 정책에 대한 신뢰가 확보된 경우 고통 없는 인플레이션 감축이 가능하다. (O, X)

36 단기 필립스 곡선은 실업률이 낮은 시기에 인플레이션율도 낮아지는 경향이 있음을 밝힌 것이다. (O, X)

37 자연실업률 가설에 따르면 장기에서는 실업률과 인플레이션율 사이에 양의 관계가 존재한다. (O, X)

38 기대 인플레이션율이 적응적 기대에 의한다면, 단기 필립스곡선은 인플레이션율과 실업률을 모두 낮추려는 정책이 가능함을 보여준다. (O, X)

39 이력현상(hysteresis)이 존재할 경우 거시경제정책은 장기적으로도 실업률에 영향을 미칠 수 있다. (O, X)

40 디스인플레이션 정책에 따른 희생률은 적응적 기대보다 합리적 기대에서 작게 나타난다. (O, X)

정답 및 해설

30 X 장기노동계약자의 비중이 높다면 물가 상승하더라도 임금은 별로 상승하지 않으므로 총공급곡선은 완만하다.
31 X 예상물가상승률이 높아지면 필립스곡선은 상방으로 이동한다.
32 X 장기 필립스 곡선은 수직이다.
33 O
34 X 기대 인플레이션이 합리적 기대에 의해 이루어질 때, 실업률 증가라는 고통 없이 디스인플레이션(disinflation)이 가능하다.
35 O
36 X 단기 필립스 곡선은 실업률이 낮은 시기에 인플레이션율도 높아지는 경향이 있음을 밝힌 것이다.
37 X 자연실업률 가설에 따르면 장기에서는 실업률과 인플레이션율 사이에는 관계가 없다.
38 X 기대 인플레이션율이 적응적 기대에 의한다면, 단기 필립스곡선은 인플레이션율과 실업률을 모두 낮추려는 정책이 불가능하다.
39 O
40 O

41 필립스(A. W. Phillips)는 적응적 기대 가설을 이용하여 최초로 영국의 실업률과 인플레이션 간의 관계가 수직임을 그래프로 보였다. (O, ×)

42 1970년대 석유파동 때 미국의 단기 필립스 곡선은 왼쪽으로 이동되었다. (O, ×)

43 단기 총공급곡선이 가파를수록 단기 필립스곡선은 가파른 모양을 가진다. (O, ×)

44 프리드먼(M. Friedman)과 펠프스(E. Phelps)에 따르면 실업률과 인플레이션 간에는 장기 상충(trade-off)관계가 존재한다. (O, ×)

45 자연실업률가설은 장기 필립스 곡선이 우상향함을 설명한다. (O, ×)

46 필립스 곡선이 수직에 가깝다면 인플레이션율을 1% 하락시키기 위한 국민소득의 감소분으로 표현되는 희생비율이 크다. (O, ×)

47 우상향하는 총공급곡선과 우하향하는 필립스 곡선은 모두 총수요 관리정책을 통하여 국민소득 안정화정책이 가능함을 의미한다. (O, ×)

48 장기총공급곡선과 장기 필립스 곡선하에서는 화폐의 중립성이 성립한다. (O, ×)

49 새케인즈 학파에 의하면 이력현상으로 인해 실업에 따른 사회적 비용은 장기간 지속될 수 있다. (O, ×)

50 실업률의 이력현상에 의하면 재량적인 안정화정책은 자연실업률을 낮출 수 없고, 장기에는 물가상승을 가져올 뿐이므로 재량적인 정책은 바람직하지 않다. (O, ×)

정답 및 해설

41 × 필립스(A. W. Phillips)는 적응적 기대 가설을 이용하여 최초로 영국의 실업률과 인플레이션 간의 관계가 우하향하는 그래프로 보였다.

42 × 1970년대 석유파동 때 미국의 단기 필립스 곡선은 오른쪽으로 이동되었다.

43 O

44 × 프리드먼(M. Friedman)과 펠프스(E. Phelps)에 따르면 실업률과 인플레이션 간에는 장기에는 아무런 관계가 없다.

45 × 자연실업률가설은 장기 필립스 곡선이 수직임을 설명한다.

46 × 필립스 곡선이 수직선에 가깝다면 긴축적인 정책으로 물가가 하락하더라도 실업률이 별로 상승하지 않는다. 실업률이 별로 높아지지 않는다는 것은 산출량 손실이 크지 않음을 의미한다. 긴축적인 정책으로 물가가 하락하더라도 산출량 손실이 크지 않다면 희생비율이 낮다.

47 O

48 O

49 O

50 × 실업률의 이력현상이 나타나는 경우에는 정부가 안정화정책을 통해 실제실업률을 상당기간 동안 낮은 수준으로 유지하면 자연실업률이 낮아질 수도 있다.

51 A국의 생산가능인구는 100만명, 경제활동인구는 60만명, 실업자는 6만명이다. 실망실업자(구직단념자)에 속했던 10만명이 구직활동을 재개하여, 그 중 9만명이 일자리를 구했다. 그 결과 실업률은 5%이다.
(O, ×)

52 경제활동인구가 6,000만명으로 불변인 A국에서 매기 취업자 중 직업을 잃는 비율인 실직률이 0.05이고, 매기 실업자 중 새로이 직업을 얻는 비율인 구직률이 0.2이다. 균제상태(steady-state)에서의 실업자의 수 1,200만명이다.
(O, ×)

53 고용률과 실업률은 동반 상승할 수 있다.
(O, ×)

54 경제활동참가율과 실업률은 동반 상승할 수 있다.
(O, ×)

55 경제활동참가율과 고용률은 동반 상승할 수 있다.
(O, ×)

56 실업률은 일정한데 고용률이 상승했다면 경제활동참가율이 감소했기 때문이다.
(O, ×)

정답 및 해설

51 × 1) 실망실업자는 비경제활동인구이며 구직활동을 하게되면 경제활동인구가 된다.

2)

	변화 전	변화 후
생산가능인구	100만명	100만명
경제활동인구	60만명	70만명
실업자	6만명	7만명
취업자	54만명	63만명

3) 실업률 = $\dfrac{\text{실업자: 7만명}}{\text{경제활동인구: 70만명}} \times 100 = 10\%$

4) 고용률 = $\dfrac{\text{취업자: 63만명}}{\text{생산가능인구: 100만명}} \times 100 = 63\%$

52 O 1) 자연실업률 = $\dfrac{s}{s+f} = \dfrac{\text{실직률}}{\text{실직률 + 구직률}} = \dfrac{0.05}{0.05+0.2} = 0.2$

2) 실업자 = 경제활동인구 × 실업률 = 6,000만 명 × 0.2 = 1,200만 명

53 O

54 O

55 O

56 × 1) 실업률 + 취업률 = 100%이므로 실업률이 일정하다면 취업률도 일정하다는 것이다.
2) 고용률이 상승했으므로 취업자수가 증가하였다.
3) 취업률 = $\dfrac{\text{취업자}}{\text{경제활동인구}} \times 100$이므로 취업자수가 증가했다면 경제활동인구도 증가해야 한다.
4) 따라서 경제활동 참가율이 증가했다는 것을 알 수 있다.

57 기억효과(hysteresis)가 존재하는 경우 고통 없는 디스인플레이션이 용이해진다. (O, X)

58 필립스곡선이 원점에 볼록하다면, 인플레이션이 낮은 상황에서의 희생률이 인플레이션이 높은 상황에서의 희생률보다 크다. (O, X)

59 낮은 실업률과 안정적인 물가를 선호하는 甲국 중앙은행의 t기 손실함수는 $L_t = u_t + 0.1\pi_t^2$이다. 중앙은행이 인플레이션율을 1로 예상했으나, 실현된 인플레이션율이 5일 때의 손실규모(L_t)는 4이다. [단, 필립스 곡선은 $\pi_t = \pi_t^e - 4(u_t - 4)$, π_t는 t기 인플레이션율, π_t^e는 t기 예상 인플레이션율, u_t는 t기 실업률이다] (O, X)

정답 및 해설

57 X 기억효과(hysteresis)는 실업의 이력현상이다. 기억효과가 있으면 장기에서도 필립스곡선이 우하향한다. 이 경우 인플레이션 줄이기 위해서는 실업이 생기므로 고통이 없을 수 없게 된다.

58 O

59 X 1) $\pi_t = \pi_t^e - 4(u_t - 4)$에 문제의 조건을 대입하면 $5 = 1 - 4(u_t - 4)$ ➔ $u_t = 3$
2) $L_t = u_t + 0.1\pi_t^2$에 위에 구한 조건을 대입하면 $L_t = 3 + 0.1 \times 5^2$ ➔ $L_t = 5.5$이다.

해커스 감정평가사
ca.Hackers.com

해커스 공무원
gosi.Hackers.com

해커스 서호성 경제학원론 핵심포인트

제9장

경기변동과 경기안정화정책

Topic 28 경기변동
Topic 29 경제성장론

제9장 경기변동과 경기안정화정책

Topic 28 경기변동

[핵심정리]

01 경기와 경기변동

경기	국민 경제의 총체적 활동 수준을 말함
경기 변동 원인	1) 총수요의 변동(가계 소비, 기업 투자, 정부 지출, 수출 등의 변동) 　① 총수요 증가 ➡ GDP 증가(고용 증가, 실업 감소), 물가 상승 ➡ 경기 활성화 　② 총수요 감소 ➡ GDP 감소(고용 감소, 실업 증가), 물가 하락 ➡ 경기 침체 2) 총공급의 변동(원자재 가격, 임금 등 생산비 변동 등이 원인) 　① 총공급 증가 ➡ GDP 증가(고용 증가, 실업 감소), 물가 하락 ➡ 경기 활성화 　② 총공급 감소 ➡ GDP 감소(고용 감소, 실업 증가), 물가 상승 ➡ 경기 침체
경기 지수	**선행종합지수**: 구인구직비율, 재고순환지표, 기계수주액, 자본재수입액, 종합주가지수, 소비자기대지수, 금융기관유동성 등 **동행종합지수**: 비농가 취업자수, 산업생산지수, 건설기성액, 제조업가동률지수 등 **후행종합지수**: 이직자수, 상용근로자수, 가계소비지출, 소비재 수입액 등

02 경제 안정화 정책

자동안정화	1) **자동 안정 장치**: 경기 변동에 따라 자동적으로 경기 안정 효과를 발휘하는 제도적 장치 　① 누진세 제도, 실업 보험 제도 등 　② 경기 과열 시 세금과 보험료를 많이 내게 되어 경기를 진정시키는 효과가 있음 　③ 경기 침체 시 소득 감소로 세금은 적게 내고, 실업자가 된 경우에는 보험금을 받게 되어 경기를 부양시키는 효과가 있음
재정정책	정부가 조세(세율)와 정부 지출(세출)을 통해 경제의 성장과 성장을 도모하는 정책 1) **경기 과열시 재정 정책**: 세율 인상, 정부 지출 축소(긴축 재정) 2) **경기 침체시 재정 정책**: 세율 인하, 정부 지출 확대(확장 재정)
금융정책	중앙 은행이 통화량이나 이자율(금리)을 조절하여 경제의 안정적 성장을 도모하는 정책 1) 통화량 증가 ➡ 이자율 하락 ➡ 소비 증가, 투자 증가 ➡ 생산 확대, 고용 증대 ➡ 물가 상승 2) 통화량 감소 ➡ 이자율 상승 ➡ 소비 감소, 투자 위축 ➡ 생산 위축, 실업 증가 ➡ 물가 하락(안정)

재할인율 정책	의미	중앙은행이 일반 은행에 대출 이자율(재할인율)과 대출 규모를 조정하여 통화량을 조절
	영향	재할인율 인상(인하) ➔ 은행 대출 감소(증가) ➔ 통화량 감소(증가)
지급 준비율 정책	의미	시중은행의 고객 인출을 대비하는 법정 지급 준비금 비율을 조절하는 정책
	영향	지급준비율 인상(인하) ➔ 대출 감소(증가) ➔ 통화량 감소(증가)
공개 시장 조작	의미	중앙은행이 국,공채 또는 통화 안정 증권을 매입 또는 매각하여 통화량을 조절하는 정책
	영향	매각(매입) ➔ 통화량 감소(증가)

03 새고전파의 경기변동이론

균형경기변동이론	1) 시장은 항상 균형 새고전학파는 경기변동현상을 개별경제주체들이 합리적기대 하에 최적화 행동을 추구하는 과정에서 외부적 충격이 발생하면 최적화행동에 교란이 발생하는 현상으로 보므로 시장은 항상 균형상태에 있는 것으로 파악하고 있다. 2) 구분 충격을 주는 요인에 의해 화폐적 균형경기변동이론과 실물적 균형경기변동이론으로 나눈다.
화폐적 균형경기이론 (MBC)	1) 경기변동의 원인 주요인을 예상치 못한 화폐적 충격으로 보고 있다. 2) 경기변동 과정 ① 불완전정보 상항에서 예상치 못한 통화량변화는 기업들로 하여금 상대가격 변화와 일반물가수준의 변화를 구별하지 못한다. ② 예상치 못한 통화량증가가 발생하면 루카스 공급함수 $Y = Y_N + \alpha(P - P^e)$에서 P^e는 변하지 않은 반면 P는 증가하므로 $P - P^e > 0$이 되어 생산과 소득이 증가하여 경기호황이 발생한다. ③ 예상치 못한 통화량증가가 있더라도 합리적기대를 통하여 예상물가상승률을 조정하면 다시 완전고용산출량으로 회복하게 된다. ④ 중앙은행은 예측가능한 정책운용을 통해 물가예상 착오에 따른 사회적 비용을 최소화해야 한다.
실물적 경기변동이론 (RBC)	1) 경기변동의 원인 경기변동의 주 요인을 생산성충격, 기술혁신. 경영혁신, 천연자원 발견 및 석유파동, 기후변화, 노동시장의 변화 등 생산물의 총공급측면이라 보고 있다. 2) 긍정적 공급충격(기술혁신)에 의한 경기변동 ① 기술혁신은 총요소생산성 향상시키므로 생산함수 상방이동을 가져와 노동의 한계생산물을 증가시킨다. ② 노동의 기간 간 대체, 건설기간 등의 개념을 사용하여 경기변동의 지속성을 설명한다.

3) 실물적 균형경기변동이론의 특징
① 경기변동이 발생하더라도 완전고용산출량 자체가 변하므로 경제는 항상 균형 상태에 있다고 본다.
② 초기에는 주로 생산성충격(기술진보)에 주목했으나 이후 IS곡선에 영향을 미치는 충격도 인정한다.
③ 화폐의 중립성을 가정하기에 LM 곡선에 영향을 미치는 충격은 경기변동의 요인이 되기 어렵다고 본다.

04 새케인즈 학파의 경기변동이론

의미	1) 불균형 성장이론 경기변동의 주 요인을 총수요측면이라 보고 경제주체들이 합리적 기대하에 최적화 행위를 하여도 가격의 경직성 때문에 균형국민소득에서 이탈하는 것으로 보는 이론 2) 총수요 충격 중시 가격변수가 경직적이고 IS 곡선이나 LM 곡선에 영향을 미치는 총수요충격이 발생하면 산출량 변화가 초래된다고 본다.
내용	1) 새고전학파와 마찬가지로 경제주체들이 합리적 기대하에 최적화 행동을 한다고 가정한다. 2) 가격·임금의 경직성은 경제주체들의 최적화행위의 결과이다. 3) 최초의 균형점 외부의 충격으로 총수요가 감소 → IS곡선이 좌측으로 이동 → 새로운 균형점에서 산출량이 감소하여 경기침체가 발생한다. 4) 메뉴비용, 조정실패 등으로 경기침체를 설명한다. 5) 정부의 개입필요 가격경직성 때문에 가격조정이 즉각적으로 이루어지지 않아 상당기간 침체상태 유지되므로 정부가 총수요를 높여주어야 한다.

[핵심정리 O/X]

01 경기변동은 경제활동수준이 상승과 하강을 주기적으로 반복하는 현상이다. (O, ×)

02 총수요 충격으로 인한 경기변동에서 물가는 경기순행적이다. (O, ×)

03 총공급 충격으로 인한 경기변동에서 물가는 경기역행적이다. (O, ×)

정답 및 해설
01 O
02 O
03 O

04 총공급 충격에 의한 스태그플레이션은 합리적 기대 가설이 주장하는 정책무력성의 근거가 될 수 있다. (O, X)

05 명목임금이 하방 경직적일 경우 음(−)의 총공급 충격이 발생하면 거시경제의 불균형이 지속될 수 있다. (O, X)

06 기술진보로 인한 양(+)의 총공급 충격은 자연실업률 수준을 하락시킬 수 있다. (O, X)

07 잠재총생산과 실제총생산의 차이로부터 정의되는 총생산 갭과 경기적실업 사이의 역의 관계는 피셔방정식으로 서술된다. (O, X)

08 A국에서 인플레이션 갭과 산출량 갭이 모두 확대될 때, 테일러 준칙(Taylor's rule)에 따른 중앙은행의 정책은 정책금리를 인하하여야 한다. (O, X)

09 인플레이션율이 높은 시기에는 예상 인플레이션율이 높아져 명목이자율도 높아지고, 인플레이션율이 낮은 시기에는 예상인플레이션율이 낮아져 명목이자율이 낮아진다는 관계를 나타낸 것은 필립스곡선이다. (O, X)

10 통화량의 변동이 실물변수들에는 영향을 주지 못하고 명목변수만을 비례적으로 변화시킬 때 화폐의 중립성이 성립한다고 말한다. (O, X)

11 동일한 화폐금액이 어느 나라에 가든지 동일한 크기의 구매력을 가지도록 환율이 결정된다는 이론을 자동안정화장치라고 부른다. (O, X)

12 총수요와 총공급이 증가하면 경기가 활성화된다. (O, X)

13 경제변수가 실질GDP와 같은 방향으로 움직일 경우 경기순응적이라고 한다. (O, X)

정답 및 해설

04 X 정책무력성정리는 합리적 기대하에 예상된 정부정책의 효과가 없다는 것이다. 공급충격에 의한 스태그플레이션과는 별 관계가 없다.

05 O

06 O

07 X GDP갭과 경기적 실업 사이의 관계를 나타내 주는 것은 오쿤의 법칙이다.

08 X 테일러 준칙에 의하면 실제 인플레이션이 중앙은행의 목표치를 상회하거나 실제 GDP가 잠재 GDP를 초과할 경우 정책금리를 인상해야 한다.

09 X 예상인플레이션율이 높을수록 명목이자율도 높아지는 것을 보여주는 것은 피셔효과이다.

10 O

11 X 동일한 화폐금액이 어느 나라에 가든지 동일한 구매력을 가지도록 환율이 결정됨을 설명하는 것은 자동안정화장치가 아니라 구매력평가설이다.

12 O

13 O

14 경기 호황 시 실업은 감소하나 물가가 상승한다는 문제가 발생한다. (O, ×)

15 디플레이션은 경기가 침체와 물가상승이 동시에 일어나는 현상이다. (O, ×)

16 종합주가지수는 경기선행지수, 회사채 유통수익률은 경기후행지수이다. (O, ×)

17 소매판매액지수는 경기동행지수, 광공업 생산지수는 경기 후행지수이다. (O, ×)

18 재정정책은 공개시장조작정책과 조세를 도구로 한다. (O, ×)

19 정부는 조세 징수, 국채발행, 중앙은행에서의 차입 등을 통해 재원을 조달한다. (O, ×)

20 정부지출이 증가하면 총공급곡선은 우측으로 이동한다. (O, ×)

21 확장재정정책은 구축효과를 초래한다. (O, ×)

22 재정지출 증가로 이자율이 상승하지 않으면 구축효과는 크게 나타난다. (O, ×)

23 투자가 이자율에 비탄력적일수록 구축효과는 크게 나타난다. (O, ×)

24 한계소비성향이 클수록 정부지출의 국민소득 증대효과는 작게 나타난다. (O, ×)

25 소득이 증가할 때 수입재 수요가 크게 증가할수록 정부지출의 국민소득 증대효과는 크게 나타난다.
(O, ×)

정답 및 해설

14 O

15 × 스태그플레이션에 관한 설명이다.

16 O

17 × 광공업 생산지수는 경기동행지수이다.

18 × 공개시장조작정책은 금융정책이다.

19 O

20 × 총수요곡선이 우측으로 이동한다.

21 O

22 × 재정지출 증가로 이자율이 상승해야 구축효과가 나타난다.

23 × 구축효과가 크게 나타나려면 IS곡선이 완만한 기울기를 가져야 한다. 따라서 투자의 이자율 탄력성이 클수록 구축효과는 크게 나타난다.

24 × 일반적 승수는 $\dfrac{1}{1-c(1-t)+m-i}$ 이므로 한계소비성향이 클수록 정부지출의 국민소득 증대효과는 크게 나타난다.

25 × 일반적 승수는 $\dfrac{1}{1-c(1-t)+m-i}$ 이므로 한계소비성향이 클수록 승수는 작아진다. 따라서 소득이 증가할 때 수입재 수요가 크게 증가할수록 정부지출의 국민소득 증대효과는 작게 나타난다.

26 소득세가 비례세보다는 정액세일 경우에 정부지출의 국민소득 증대효과는 크게 나타난다. (O, X)

27 고전학파는 구축효과, 화폐의 중립성을 들어 경제 안정화정책을 쓸 필요가 없다고 주장한다. (O, X)

28 케인즈 경제학자(Keynesian)는 IS곡선이 가파르고, LM곡선은 완만하므로 적극적인 재정정책이 경제안정화정책으로 바람직하다고 주장한다. (O, X)

29 통화주의자(Monetarist)는 신화폐수량설, 자연실업률 가설을 들어 재량적인 경제안정화정책을 주장한다. (O, X)

30 새고전학파(New Classical School)는 예상치 못한 경제안정화정책은 일시적으로 유효할 수 있다는 점을 인정한다. (O, X)

31 새케인즈 학파(New Keynesian School)는 임금과 물가가 경직적인 경우에는 경제안정화정책이 유효하다고 주장한다. (O, X)

32 중앙은행은 통화량이나 금리를 조절함으로써 물가수준을 안정적으로 유지한다. (O, X)

33 예금은행의 중앙은행에 대한 의존도에 따라 재할인율 정책의 효과가 달라진다. (O, X)

34 중앙은행이 국공채를 매입하면 시중 통화량이 증가한다. (O, X)

35 중앙은행이 아니더라도 국공채의 매입주체는 통화량에 영향을 미칠 수 있다. (O, X)

36 재할인율은 예금은행이 중앙은행으로부터 차입할 때 적용되는 이자율이다. (O, X)

37 새케인즈 학파의 경기변동론은 최적화 결과로 사회적 후생손실은 없다고 보기에, 경기변동을 기본적으로 균형현상으로 파악한다. (O, X)

정답 및 해설

26 O
27 O
28 O
29 X 통화주의자(Monetarist)는 신화폐수량설, 자연실업률 가설을 들어 준칙적인 경제안정화정책을 주장한다.
30 O
31 O
32 O
33 O
34 O
35 X 영향을 미칠 수 없다.
36 O
37 X 고전학파는 균형현상으로 새케인즈 학파는 불균형 현상으로 파악한다.

38	루카스의 화폐적 균형경기변동이론은 경기변동의 지속성을 설명하지 못하는 한계가 있다. (O, X)
39	실물적 균형경기변동이론(RBC)은 LM곡선에 영향을 미치는 충격은 경기변동의 요인이 되기 어렵다고 본다. (O, X)
40	실물적 경기변동이론에서 메뉴비용(menu cost)은 경기변동의 주요 요인이다. (O, X)
41	실물적 경기변동이론에서 비자발적 실업이 존재하지 않아도 경기가 변동한다. (O, X)
42	실물적 경기변동이론에서 경기변동이 발생하는 과정에서 가격은 비신축적이다. (O, X)
43	실물적 경기변동이론에서 정책결정자들은 경기침체를 완화시키는 재정정책을 자제해야 한다. (O, X)
44	실물경기변동(real business cycle)이론에서 가계는 기간별로 최적의 소비 선택을 한다. (O, X)
45	실물경기변동이론은 가격의 경직성을 전제한다. (O, X)
46	실물경기변동이론은 화폐의 중립성을 가정하지 않는다. (O, X)
47	가격의 비동조성(staggering pricing)이론은 새고전학파(New Classical) 경기변동이론에 속한다. (O, X)
48	새케인즈 학파(New Keynesian)는 공급충격이 경기변동의 원인이라고 주장한다. (O, X)
49	외부시차는 경제에 충격이 발생한 시점과 이에 대한 정책 시행 시점 사이의 기간이다. (O, X)
50	자동안정화장치는 내부시차를 줄여준다. (O, X)

정답 및 해설

- 38 O
- 39 O
- 40 X 메뉴비용(menu cost)은 새케인즈 학파와 관련 있다.
- 41 O
- 42 X 경기변동이 발생하는 과정에서 가격은 신축적이다.
- 43 O
- 44 O
- 45 X 실물경기변동이론은 균형경기변동이론이므로 가격의 신축성을 전제한다.
- 46 X 실물경기변동이론은 화폐의 중립성을 가정한다.
- 47 X 가격의 비동조성(staggering pricing)이론은 새케인즈학파(New Classical) 경기변동이론에 속한다.
- 48 X 새케인즈 학파(New Keynesian)는 수요충격이 경기변동의 원인이라고 주장한다.
- 49 X 외부시차는 정부의 정책을 실시한 시점과 효과가 나타날 때까지 걸리는 시간을 의미한다. 지문은 내부시차에 대한 설명이다.
- 50 O

51 루카스(R. Lucas)는 정책이 변하면 경제주체의 기대도 바뀌게 되는 것을 고려해야 한다고 주장하였다. (O, ×)

52 시간적 불일치성 문제가 있는 경우 자유재량적 정책이 바람직하다. (O, ×)

53 실물경기변동이론(real business cycle theory)은 통화량 변동 정책이 장기적으로 실질 국민소득에 영향을 준다고 주장한다. (O, ×)

54 실물경기변동이론은 단기에는 임금이 경직적이라고 전제한다. (O, ×)

55 가격의 비동조성(staggered pricing)이론은 새고전학파(New Classical) 경기변동이론에 포함된다. (O, ×)

56 새케인즈 학파(New Keynesian) 경기변동이론은 기술충격과 같은 공급충격이 경기변동의 근본 원인이라고 주장한다. (O, ×)

57 실물경기변동이론에 따르면 불경기에도 가계는 기간별 소비선택의 최적조건에 따라 소비를 결정한다. (O, ×)

58 실물경기변동이론(real business cycle theory)에서는 임금 및 가격이 경직적이다. (O, ×)

59 실물경기변동이론(real business cycle theory)에서는 불경기에는 생산의 효율성이 달성되지 않는다. (O, ×)

60 실물경기변동이론(real business cycle theory)에서는 화폐의 중립성(neutrality of money)이 성립된다. (O, ×)

61 실물경기변동이론(real business cycle theory)에서는 경기변동은 시간에 따른 균형의 변화로 나타난다. (O, ×)

정답 및 해설

51 O
52 × 시간적 불일치성을 동태적 비일관성이라고 하는데 이는 정부정책의 무력성을 의미한다. 따라서 문제가 있는 경우 재량적인 정책보다는 준칙적인 정책이 바람직하다.
53 × 화폐경기변동이론은 통화량 변동 정책이 장기적으로 실질 국민소득에 영향을 준다고 주장한다.
54 × 실물경기변동이론은 균형경기변동이론이므로 단기에는 임금이 신축적이라고 전제한다.
55 × 가격의 비동조성이론은 가격의 경직성을 의미하므로 새케인즈학파 경기변동이론에 포함된다.
56 × 새케인즈 학파 경기변동이론은 수요충격의 근본 원인이라고 주장한다.
57 O
58 × 실물적 경기변동론은 균형경기변동이므로 임금 및 가격이 신축적이다.
59 × 불경기와 관계없이 생산의 효율성이 달성된다.
60 O
61 O

62 실물경기변동이론(real business cycle theory)에서는 노동시장에서도 시장청산이 이루어지므로 경기변동과정에서 발생하는 실업은 자발적이다. (O, ×)

63 실물경기변동이론(real business cycle theory)에서는 개별노동자들의 노동공급곡선이 완만하므로 시장전체의 노동공급곡선도 매우 급경사이다. (O, ×)

64 실물경기변동이론(real business cycle theory)에서는 통화량과 생산량 변화 간에는 역의 인과관계가 성립한다. (O, ×)

65 실물경기변동이론(real business cycle theory)은 경기가 침체할 경우에는 노동퇴장이 이루어지므로 경기침체기에는 노동의 평균생산성이 낮게 측정된다. (O, ×)

66 국내총생산이 장기추세치보다 더 큰 값을 가질 때 경제는 호황기에 있다. (O, ×)

67 국내총생산의 단기적 동향을 경기변동이라 하고 장기적 추세를 경제성장이라고 한다. (O, ×)

68 국내총생산이 늘어나는 시기에 실업률이 줄어들고 국내총생산이 줄어드는 시기에 실업률이 늘어나는 양상을 공행성의 예라 할 수 있다. (O, ×)

69 어떤 변수가 일정한 시차를 갖고 다른 변수보다 선행(leading)하거나 후행(lagging)하는 경우 두 변수 사이에 공행성이 없다고 말한다. (O, ×)

70 실물경기변동이론은 노동공급의 기간 간 대체를 인정하지 않는다. (O, ×)

71 실물경기변동이론에서 경기후퇴는 경제적 의사결정을 하는 경제주체들 사이의 조정실패(coordination failure)에 기인한다고 본다. (O, ×)

정답 및 해설

62 O

63 × 실물적 경기변동이론에서는 개별노동자의 노동공급곡선은 급경사이나 실질임금이 상승하면 노동시장에 참가하는 사람의 수가 증가하므로 시장전체의 노동공급곡선은 매우 완만하다고 설명한다.

64 × 실물적 경기변동이론에서는 화폐의 중립성이 존재한다.

65 × 노동퇴장은 경기침체기에 노동생산성이 낮아짐을 설명하기 위해 새케인즈학파가 사용하는 개념으로 실물적 경기변동이론과는 관계가 없다.

66 O

67 O

68 O

69 × 공행성은 어떠한 상황이 연결되어 있다는 것이다. 따라서 어떤 변수가 일정한 시차를 갖고 다른 변수보다 선행(leading)하거나 후행(lagging)하는 경우와 관계없이 공행성이 있다고 말한다.

70 × 노동공급의 기간 간 대체를 인정한다.

71 × 조정실패 모형은 새 케인즈학파의 모형이다.

72 실물경기변동이론에서는 생산량 변동이 통화공급의 변동을 일으키므로 통화공급은 내생적이라고 본다.
(O, ×)

73 실물경기변동이론에 의하면 사회후생을 높이기 위해 경기변동을 억제하려는 정책당국의 개입이 정당화 된다.
(O, ×)

정답 및 해설
72 O
73 × 새고전학파의 이론인 실물경기변동이론은 정부의 개입을 정당화 하지 않는다.

Topic 29 경제성장론

[핵심정리]

01 해로드-도마의 경제성장이론

가정	1) 생산량 1단위당 필요한 노동 및 자본의 양은 일정불변이다. ① $v = \dfrac{K}{Y}$ (= 자본계수로 일정)이 성립 ② 이는 자본과 노동의 대체성이 없으므로 등량곡선이 L자형인 레온티에프 생산함수($Y = \min[\dfrac{K}{v}, \dfrac{L}{\alpha}]$)이다. ③ 이 때 효율적인 생산이 이루어지면(K와 L이 완전고용이 되기 위한 조건) $Y = \dfrac{K}{v} = \dfrac{L}{\alpha}$이 성립한다. 2) 저축은 소득의 일정비율(s = 한계저축성향)로 저축과 투자는 항상 일치한다. $S = sY$ (0 < s < 1) 이고 S(저축) = I(투자)이다. 3) 나머지 가정 ① 재화가 하나밖에 없는 경제를 상정한다. ② 인구증가율(노동력)은 n으로 일정하다. ③ 생산함수는 규모에 대한 수익불변을 가정한다.
특징	1) 현실성이 떨어짐 ① 인구증가율, 저축률, 자본계수 등이 모두 일정한 상수이므로 기본방정식은 우연이 아니면 성립하지 않는다. ② 일반적으로 불완전고용하의 성장이 이루어진다. 2) 불안정한 모형 ① 실제성장률(G_A)이 적정성장률(G_w)에서 한번 벗어나면 균형을 다시 회복할 수 없을 뿐 아니라 균형에서 점점 멀어진다. ② 불안정적 모형이다.

02 솔로우 모형

가정	1) 노동과 자본을 생산요소로 하는 생산함수는 요소대체가 가능한 1차 동차함수이다. ① $Y = f(K, L)$ ➔ $\dfrac{Y}{L} = f(\dfrac{K}{L})$ ➔ $y = f(k)$ (단, $k = \dfrac{K}{L}$, $y = \dfrac{Y}{L}$) ② 즉, 1인당 산출량(y)은 1인당 자본(k)에 대한 (증가)함수이다. 2) 저축은 소득의 일정비율(s = 한계저축성향)로 저축과 투자는 항상 일치한다. $S = sY$ (0 < s < 1)이고 S = I($= \Delta K$)이다. 3) 나머지 가정 ① 재화가 하나밖에 없는 경제를 상정한다. ② 인구증가율(노동력)은 n으로 일정하다 ③ 생산함수는 규모에 대한 수익불변이며 수확체감의 법칙을 가정한다.

균제상태	1) 의미	
	① 균제상태에서는 1인당 자본량과 1인당 생산량이 일정하게 유지된다.	
	② 그러나 매년 인구가 n의 비율로 증가하므로 경제 전체의 총생산량도 n의 비율로 증가한다.	
	③ 균제상태에서는 경제성장률이 인구증가율과 일치한다.	
	④ 생산함수의 접선의 기울기로 측정되는 MP_k가 일정하게 유지되므로 실질 이자율도 일정하게 유지된다.	
	2) 기본공식	
	1인당 자본량 증가율 $\left(\dfrac{\Delta k}{k}\right)$ = 자본증가율 $\left(\dfrac{s \cdot f(k)}{k}\right)$ - 인구증가율(n)	
	($\Delta k = sf(k) - nk$에서 양변을 k로 나누어 구한 것이다.)	
	3) 감가상각이 있는 경우	
	① 감가상각은 1인당 자본량을 감소시키는 요인이므로 인구증가율과 성격이 같다.	
	② 1인당 자본량의 변화로 표현하면 $\Delta k = sf(k) - (n+d)k$ (단, d는 감가상각률이다.)	
	③ 1인당 자본량의 변화율로 표현하면 양변을 k로 나누어주면 되므로 $\dfrac{\Delta k}{k} = \dfrac{sf(k)}{k} - (n+d)$로도 표현할 수 있다.	
	④ 기술진보까지 있는 균제상태는 $s \cdot f(k) = (n+d+g)k$(단, g는 기술진보율)이다.	
경제성장의 결정요인	1) 인구증가	
	1인당 성장률은 감소하나 인구가 증가하므로 총생산량은 증가한다.	
	2) 저축률 증가	
	① 1인당 산출량증가율은 단기적으로는 증가하나 장기적으로는 균제상태에 도달하기 때문에 0이 된다.	
	② 수준효과(level effect)만 있고 성장효과 (growth effect)는 없다.	
	3) 기술진보	
	지속적인 기술진보에 의해서만 지속적인 경제성장(1인당 소득 증가)이 가능하다.	
자본축적의 황금률	1) 의미	
	① 1인당 소비가 극대화되는 상태를 자본축적의 황금률이라 한다.	
	② 감가상각만 존재하는 경우 $f'(k) = n+d$에서 달성된다. ($f'(k) = MP_K$)	
	2) 황금률에서의 상황	
	① 1인당 소비가 극대화	
	② 노동소득 = 소비이다.	
	③ 자본소득 = 저축 = 투자이다.	
	④ 저축률 = 자본소득분배율	
한계	1) 기술진보의 외생성	
	지속적인 기술진보가 경제성장의 주요인이라는 결론만 제시할 뿐 지속적인 기술진보의 요인을 모형 안(내생적)에서 설명하지 못하고 있다.	
	2) 수렴가설(따라잡기 효과)	
	① 수확체감의 법칙으로 인하여 자본이 풍부한 국가는 자본의 한계생산성이 낮은 반면 자본이 적은 국가는 자본의 한계생산성이 높다.	
	② 가난한 나라의 자본축적의 속도가 빠르게 되어 결국 두 나라는 균제상태에서의 1인당 산출량은 수렴하게 된다.	
	③ 수렴가설과는 반대로 지속적으로 확대되는 국가별 소득격차를 설명하지 못하는 문제점을 갖고 있다.	

성장회계	1) 총요소생산성 ① 성장회계는 경제성장률에서 총요소(자본 + 노동)투입 성장률을 뺀 나머지 부분을 잔여항(residuals)이라 부르고, 이를 생산성 증가율 또는 총요소 생산성(total factor productivity: TFP)로 해석한다. ② $\frac{\Delta A}{A} = \frac{\Delta Y}{Y} - \alpha \frac{\Delta L}{L} - \beta \frac{\Delta K}{K}$ (단, $\alpha + \beta = 1$) 2) 솔로우잔차 이러한 분석을 솔로우(Solow)가 최초로 제시하였기 때문에 솔로우 잔차(Solow residual)라고도 한다.

03 내생적 성장모형

의미	1) 기술진보 중시 기술진보는 물적자본축적, 인적자본에 대한 투자, 연구·개발(R & D)투자 등 내생적 요인에 의해 결정된다. 2) 종류 ① 연구개발모형(R&D모형)과 같이 기술진보가 내생적·지속적으로 유도되는 모형 ② AK모형이나 인적자본모형과 같이 인적자본이나 지식자본을 포함시키어 자본의 한계생산성이 체감하지 않는 것을 보는 방법이나, 축적된 실물자본이 외부성을 갖는 것으로 가정하는 방법이 있다.
AK모형	1) AK모형의 개념 ① AK모형에서는 생산함수를 Y = AK로 하여 수확체감의 법칙이 적용되지 않는다면 경제는 지속적으로 성장이 가능해지는 것이다. ② 이 모형에서의 K는 물적자본, 인적자본까지 포함하는 자본재로 가정한다. 2) AK모형의 성장률 ① 생산함수: Y = AK (자본에 대한 수확이 일정) → 1인당 생산함수: y = Ak ② 총자본증가분: $\Delta K = sAK - (n+d)K$ (s는 저축률, n은 인구증가율, d는 감가상각률) ③ 총자본 증가율: $\frac{\Delta K}{K} = sA - (n+d)$ 이다. ④ 저축률이 성장률을 결정하는 중요한 요소: $sA > (n+d)$ 이면 외생적 기술진보를 가정하지 않고도 해당 경제의 소득은 지속적으로 성장하며 그때의 성장률은 $sA - (n+d)$ 이다. ⑤ 정부정책의 방향: 저축률을 증가시키는 정부정책은 지속적인 경제성장을 가져올 수 있는 것이다.
장점	생산의 효율성 향상, 규모의 경제 실현, 소비자의 다양한 선택 기회, 부존 자원과 기술 취약 해결, 기술과 정보의 축적
단점	경쟁력 없는 유치산업의 도태, 국내 경제 정책의 자율성 침해, 실업의 발생

04 경제발전론

경제발전 단계설	1) 로스토우(W. Rostow): 경제발전과정을 중심으로 분석 2) 호프만(W. Hoffman): 공업화단계를 중심으로 실증분석(공업구조이행과정) 3) 클라크(C. Clark): 19C 이후 각국의 산업구조 및 소비구조이행과정을 분석
경제발전이론	1) 균형성장전략 ① 국내시장확대. 수요중시전략(상호보완수요효과) ② 모든 산업에 고르게 투자하여 각 산업제품을 연쇄구매하도록 하여 국내시장을 확대한다. ③ 국내시장 각 부문의 고른 성장을 통해 상호보완적 수요를 창출한다. 2) 불균형성장전략 ① 집중투자. 공급중시전략(상호보완공급효과) ② 후진국은 자본이 빈약하므로 후방연관효과가 큰 산업(공업부문)에 우선 투자하여 상호보완적 공급을 창출한다. ③ 투자부문 생산물의 판로확보, 산업 및 지역 간 불균형, 근대적 부문과 전근대적 부문이 동시에 존재하는 이중경제(dual economy) 등의 문제가 발생한다.

[핵심정리 O/X]

01   헤로드-도마 모형에서는 인구증가율, 자본계수, 저축률이 외생적으로 주어진다.   (O, ×)

02   헤로드-도마모형에서는 요소대체가 불가능한 레온티에프 생산함수를 사용한다.   (O, ×)

03   인구증가율, 자본계수, 저축률이 모두 외생적으로 결정되기에, H-D 모형의 기본방정식은 기본적으로 불안정이다.   (O, ×)

04   솔로우 모형에서는 내생적 경제성장의 요인으로 인적자본의 축적이나 지식의 진보를 들고 있다.   (O, ×)

05   솔로우 모형에서는 요소대체가 가능한 1차 동차생산함수를 사용한다.   (O, ×)

정답 및 해설
01 O
02 O
03 O
04 ×   솔로우 모형은 기술진보율이 외생적으로 주어진다고 가정한다.
05 O

06 솔로우 모형에서는 균제상태가 존재한다. (O, X)

07 Solow 모형의 기본방정식에서 자본증가율이 가변적이기에 균형은 자동적으로 충족되고 모형은 안정적이다. (O, X)

08 총요소생산성 증가율은 생산량증가율에서 자본투입량증가에 의한 생산량증가율과 노동투입량증가에 의한 생산량증가율의 차감으로 계산한다. (O, X)

09 경제적 요인만 고려하여 양적인 증가를 주로 분석하는 경제발전론과 달리, 경제성장론은 경제적 요인 외 사회적·제도적 요인까지 고려하여 양적인 증가와 질적인 변화를 모두 분석한다. (O, X)

10 자원이 빈약할수록, 시장기능이 원활하지 못할수록 불균형성장론이 타당하다. (O, X)

11 솔로우 모형에서 인구증가를 고려할 경우, 국가별 1인당 GDP가 다름을 설명할 수 있다. (O, X)

12 솔로우 모형에서 지속적인 기술진보는 1인당 GDP의 지속적인 성장을 설명할 수 있다. (O, X)

13 솔로우 모형에서 저축률은 1인당 자본량을 증가시키므로 항상 저축률이 높을수록 좋다. (O, X)

14 솔로우 모형에서 자본량이 황금률 안정상태보다 큰 경우 저축을 감소시키면 소비가 증가한다. (O, X)

15 솔로우 성장모형은 생산요소 간의 비대체성을 전제로 한다. (O, X)

16 솔로우 성장모형은 기술진보는 균형성장경로의 변화 요인이다. (O, X)

17 솔로우 성장모형은 저축률 변화는 1인당 자본량의 변화 요인이다. (O, X)

정답 및 해설

06 O
07 O
08 O
09 X 경제적 요인만 고려하여 양적인 증가를 주로 분석하는 경제성장론과 달리, 경제발전론은 경제적 요인 외 사회적·제도적 요인까지 고려하여 양적인 증가와 질적인 변화를 모두 분석한다.
10 O
11 O
12 O
13 X 저축률이 황금률의 균제상태보다 더 높다면 저축을 감소시켜야 1인당 소비가 증가한다. 그러므로 저축률이 반드시 좋다고 볼 수 없다.
14 O
15 X 솔로우의 성장모형은 생산요소 간 대체가 가능한 콥-더글라스 생산함수를 가정한다.. 비대체성은 레온티에프 함수를 사용한 해로드-도마 모형의 특징이다.
16 O
17 O

18 솔로우 성장모형은 인구증가율이 상승할 경우 새로운 정상상태(steadystate)의 1인당 산출량은 증가한다. (O, ×)

19 솔로우 성장모형에서 인구증가율이 낮아지면 균제상태(steady state)에서의 1인당 국민소득은 증가한다. (O, ×)

20 솔로우 성장모형에서 저축률이 높아지면 균제상태에서의 일인당 국민소득은 증가한다. (O, ×)

21 솔로우 성장모형에서 자본의 감가상각률이 높아지면 균제상태에서의 일인당 국민소득의 증가율은 감소한다. (O, ×)

22 솔로우 성장모형에서 균제상태에서 자본량과 국민소득은 같은 속도로 증가한다. (O, ×)

23 솔로우 성장모형에서 기술수준이 높을수록 균제상태에서 일인당 국민소득의 증가율이 높다. (O, ×)

24 솔로우 성장모형에서 균제상태에서 자본의 한계생산물은 일정하다. (O, ×)

25 솔로우 성장모형에서 인구증가율이 낮아지면 균제상태에서 일인당 국민소득은 높아진다. (O, ×)

26 인구 증가와 기술진보가 없는 솔로우 성장모형에서 황금률 균제상태가 달성되는 조건은 자본의 한계생산이 감가상각률과 같을 때이다. (O, ×)

27 기술진보가 없는 솔로우 성장모형의 황금률하에서 정상상태(steady state)의 1인당 투자는 극대화된다. (O, ×)

28 기술진보가 없는 솔로우 성장모형의 정상상태(steady state)의 1인당 자본량이 황금률 수준보다 많은 경우 소비 극대화를 위해 저축률을 높이는 것이 바람직하다. (O, ×)

정답 및 해설

18 × 인구증가율이 높아지면 1인당 자본량이 감소하므로 새로운 정상상태에서 1인당 산출량이 감소한다.
19 O
20 O
21 × 감가상각률이 높아지면 1인당 자본량이 감소하므로 1인당 소득이 감소하나 새로운 균제상태에서는 또다시 1인당 소득이 일정하게 유지되므로 최초의 균제상태에서 마찬가지로 1인당 국민소득 증가율은 0으로 유지된다.
22 O
23 × 기술수준이 높다고 하더라도 기술수준의 변화가 없다면 균제상태에서는 1인당 국민소득 증가율이 0이 된다. 1인당 국민소득 증가율이 높아지려면 기술수준이 아니라 기술진보율이 높아야 한다.
24 O
25 O
26 O
27 × 1인당 소비가 극대화된다.
28 × 정상상태의 1인당 자본량이 황금률보다 많다면 1인당 소비의 극대화를 위해서는 저축률을 낮추어야 한다.

29	기술진보가 없는 솔로우 성장모형에서는 저축률이 내생적으로 주어져 있기 때문에 황금률의 자본축적이 항상 달성된다. (O, X)
30	기술진보가 없는 솔로우 성장모형의 황금률(Golden Rule)하에서 자본의 한계생산물은 인구증가율과 감가상각률의 합과 같다. (O, X)
31	솔로우 성장모형에서는 1인당 소득이 높은 나라일수록 경제가 빠르게 성장한다. (O, X)
32	솔로우 경제성장 모형에서 황금률은 경제성장률을 극대화하는 조건이다. (O, X)
33	솔로우 경제성장 모형에서 인구 증가율이 감소하면, 균제상태에서의 1인당 소득은 감소한다. (O, X)
34	솔로우 경제성장 모형에서 균제상태에 있으면, 총자본스톡 증가율과 인구 증가율이 같다. (O, X)
35	기술진보가 없으며 1인당 생산(y)과 1인당 자본량(k)이 $y=2\sqrt{k}$의 함수 관계를 갖는 솔로우 모형이 있다. 자본의 감가상각률(δ)은 20%, 저축률(s)은 30%, 인구증가율(n)은 10%일 때, 이 경제의 균제상태(steady state)에의 1인당 자본량은 2이다. (O, X)
36	솔로우(Solow)의 경제성장모형하에서 A국의 생산함수는 $Y=10\sqrt{LK}$, 저축률은 30%, 자본 감가상각률은 연 5%, 인구증가율은 연 1%, 2015년 초 A국의 1인당 자본량은 100일 경우 2015년 한 해 동안 A국의 1인당 자본의 증가량은 25이다. (단, L은 노동, K는 자본을 나타낸다.) (O, X)
37	B국의 총생산함수는 $Y=AL^aK^{1-a}$이다. B국의 경제성장률이 10%, 노동증가율이 10%, 자본증가율이 5%, 총요소생산성 증가율이 3%일 때 노동소득분배율은 0.4이다. (단, Y는 총생산, A는 총요소생산성, L은 노동, K는 자본, a는 0과 1 사이의 상수이다.) (O, X)

정답 및 해설

29 × 저축률이 외생적으로 주어져 있다고 가정하므로 황금률 균제상태에 도달한다는 보장이 없다.

30 ○

31 × 솔로우 모형에서는 자본에 대해 수확체감 현상이 나타나므로 1인당 소득수준이 낮은 나라일수록 경제성장률이 높다.

32 × 솔로우 경제성장 모형에서 황금률은 1인당 소비가 극대화되는 조건이다.

33 × 솔로우 경제성장 모형에서 인구 증가율이 감소하면, 균제상태에서의 1인당 소득은 증가한다.

34 ○

35 × 1) 균제상태의 1인당 자본량을 구하기 위해 $sf(k)=(n+d)k$이다.
2) 문제에서 제시한 조건을 대입하면 $0.3 \times 2\sqrt{k}=(0.1+0.2)k$, $\sqrt{k}=2$, $k=4$이다.

36 × 1) 1인당 생산함수가 $y=10\sqrt{k}$이므로 솔로우 경제성장 모형에 저축률 s = 0.3, 인구증가율 n = 0.01, 감가상각률 d = 0.05이고, 2015년 초 1인당 자본량 k = 100을 대입하면 다음과 같다.
2) $\Delta k = sf(k)-(n+d)k = (0.3 \times 10\sqrt{100})-(0.01+0.05) \times 100 = 24$

37 ○ $\frac{\Delta Y}{Y}=\frac{\Delta A}{A}+a(\frac{\Delta L}{L})+(1-a)(\frac{\Delta K}{K})$
→ $10 = 3 + (a \times 10) + (1-a) \times 5$
→ $5a = 2$
→ $a = 0.4$

38 내생적 성장이론(endogenous growth theory)에 따르면 저소득 국가는 고소득 국가보다 빨리 성장하여 수렴현상이 발생한다. (O, X)

39 내생적 성장이론에 따르면 균제상태의 경제성장률은 외생적 기술진보 증가율이다. (O, X)

40 성장회계는 현실에서 이룩된 경제성장을 각 요인별로 분해해 보는 작업을 말한다. (O, X)

41 쿠즈네츠 가설에 따르면 경제성장의 초기 단계에서 발생한 소득불평등은 처음에 개선되다가 점차 악화된다. (O, X)

42 내생적 성장이론에 따르면 기술진보 없이는 성장할 수 없다. (O, X)

43 내생적 성장이론에 따르면 자본의 한계생산성 체감을 가정한다. (O, X)

44 내생적 성장이론에 따르면 경제개방, 정부의 경제발전 정책 등의 요인을 고려한다. (O, X)

45 내생적 성장이론에 따르면 AK 모형의 K는 물적 자본과 인적 자본을 모두 포함한다. (O, X)

46 내생적 성장이론은 일반적으로 자본에 대한 수확체감을 가정한다. (O, X)

47 R&D 모형에서 기술진보는 지식의 축적을 의미하며, 지식은 비경합성과 비배제성을 갖는다고 본다. (O, X)

48 R&D 모형과 솔로우(Solow) 모형은 한계수확체감의 법칙과 경제성장의 원동력으로서의 기술진보를 인정한다는 점에서는 동일하다. (O, X)

정답 및 해설

38 X 솔로우 이론에서 저소득 국가는 고소득 국가보다 빨리 성장하여 수렴현상이 발생한다. 내생적 성장이론은 고소득 국가와 저소득 국가가 격차가 벌어지는 것을 설명한다.

39 X 솔로우 이론에 따르면 균제상태의 경제성장률은 외생적 기술진보 증가율이다. 내생적 성장이론에서는 기술개발을 내생적 변수로 본다.

40 O

41 X 쿠즈네츠 가설에 따르면 경제성장의 초기 단계에서 발생한 소득불평등은 처음에 개선되다가 점차 개선된다.

42 X AK모형에서의 경제성장률은 sA이므로 저축률(s)이 상승하면 경제성장률이 높아진다. 즉, 기술진보가 이루어지지 않더라도 저축률이 높아지면 경제성장이 이루어질 수 있다.

43 X 내생적 성장이론의 대표적인 모형의 하나인 AK모형에서는 생산함수가 Y = AK이므로 자본투입량이 증가하면 생산량이 비례적으로 증가한다. 즉, 자본에 대해 수확체감이 나타나지 않는다.

44 O

45 O

46 X 내생적 성장모형의 대표이론인 AK모형은 자본에 대한 수확불변을 가정한다.

47 X R&D 모형에서는 기업들이 연구개발을 통해 축적한 지식 중 일부는 특허권 획득을 통해 일정기간 동안 배제가 가능하다고 본다.

48 O

49 솔로우(Solow) 모형과 달리 AK 모형에서의 저축률 변화는 균제상태에서 수준효과뿐만 아니라 성장효과도 갖게 된다. (O, X)

50 AK 모형에서 인적자본은 경합성과 배제가능성을 모두 가지고 있다. (O, X)

51 솔로우(Solow) 경제성장모형에서 1인당 생산함수는 $y = 2k^{1/2}$이다. 감가상각률이 0.2, 인구증가율과 기술진보율이 모두 0이라면, 이 경제의 1인당 소비의 황금률 수준(golden rule level)은 4이다. (단, y는 1인당 생산, k는 1인당 자본량이다.) (O, X)

52 甲국 경제는 기술 진보가 없는 솔로우 경제성장모형의 균제상태(steady state)에 있다. 현재의 1인당 자본량 k^*는 황금률(golden rule) 수준의 자본량 k_G 보다 크다. 이 경우 저축률이 하락하면 황금률 수준의 자본량이 달성될 수 있다. (O, X)

53 생산함수 $Y = K^{0.5}L^{0.5}$를 갖는 솔로우(Solow) 모형에서 균제상태의 1인당 소비량은 5이다. (단, 기술진보는 없고, Y, K, L은 각각 생산물, 자본, 노동이며, 인구성장률은 1%, 감가상각률은 4%, 한계소비성향은 0.7이다.) (O, X)

54 생산함수 $Y = K^{0.5}L^{0.5}$를 갖는 솔로우(Solow) 모형에서 황금률 수준에서 1인당 소비량은 5이다. (단, 기술진보는 없고, Y, K, L은 각각 생산물, 자본, 노동이며, 인구성장률은 1%, 감가상각률은 4%, 한계소비성향은 0.7이다.) (O, X)

정답 및 해설

49 O

50 O

51 × 1) 황금률의 조건은 $f'(k) = n + d$이다.
2) $MP_K = \dfrac{1}{\sqrt{k}}$이며 인구증가율과 기술진보율이 0이므로 $\dfrac{1}{\sqrt{k}} = 0.2$이므로 k = 25이다. 이때 y = 10이다.
3) 생산함수를 총생산 함수의 형태로 바꾸면 $Y = 2L^{\frac{1}{2}}K^{\frac{1}{2}}$이므로 황금률수준에서의 소비는 0.5이다. 따라서 10 × 0.5 = 5이다.

52 O

53 × 1) $Y = K^{0.5}L^{0.5}$ → 일인당 함수로 바꾸면 $y = \sqrt{k}$이다.
2) 문제에서 기술진보가 없으므로 균제상태의 조건은 $s \cdot f(k) = (n+d)k$ -
3) 한계소비성향 + 한계저축성향 = 1이므로 한계저축성향(= 저축률) = 0.3이다.
4) $0.3 \cdot \sqrt{k} = (0.01+0.04)k$ → $6\sqrt{k} = k$ → k = 36 → y = 6이다.

54 O 1) 황금률은 $MP_k = n + d$이다. 문제의 조건을 대입하면 $\dfrac{1}{2\sqrt{k}} = 0.05$ → k = 100이다.
2) 황금률의 $y = \sqrt{100} = 10$, 노동소득 분배율 0.5가 소비이므로 소비는 5이다.

55 생산함수 $Y = ZK^{\alpha}L^{1-\alpha}$를 가정하자. (Y, Z, K, L는 각각 총생산, 총요소생산성, 자본투입량, 노동투입량을 의미한다.) 총생산증가율이 6%이며, 자본투입증가율과 노동투입 증가율은 각각 5%와 4%이다. 노동소득분배율은 60%라고 가정하고, 솔로우 잔차(Solow residual)가 의미하는 기술진보율 2%이다.
(O, ×)

56 총생산함수 $Y = AK$를 가정하는 경제성장 이론에서 개별 기업 차원에서는 자본의 한계생산이 체감할 수 있다. (O, ×)

57 인구와 기술수준이 불변인 AK모형이 Y = AK로 주어졌다. Y와 K는 각각 총생산량과 총자본량이며 총소득의 60%가 저축된다. 감가상각액은 총자본량의 8%이며, 자본의 순한계생산물이 0.12이라면, 1인당 소득 증가율은 4%이다. (O, ×)

정답 및 해설

55 × 1) $\dfrac{\Delta Y}{Y} = \dfrac{\Delta A}{A} + \alpha \dfrac{\Delta K}{K} + (1-\alpha)\dfrac{\Delta L}{L}$ 이다.

  2) $6\% = \dfrac{\Delta A}{A} + 0.4 \times 5\% + 0.6 \times 4\%$ ➜ $\dfrac{\Delta A}{A} = 1.6\%$

56 O

57 O 1) 주어진 함수를 1인당 함수로 바꾸면 $y(=\dfrac{Y}{L}) = Ak$이다.
  2) $\Delta k = sAk - (n+d)k$ ➜ $\dfrac{\Delta k}{k} = sA - (n+d)$ 이다.
  3) 1인당 자본량의 증가율 = 1인당 소득의 증가율이다.
  4) 자본의 순한계생산물 = $MP_k - d$ ➜ $0.12 = A - 0.08$ ➜ $A = 0.20$이다.
  5) 1인당 자본량의 증가율 = $0.6 \times 0.2 - 0.08 = 0.04$ ➜ 4%이다.

해커스 감정평가사
ca.Hackers.com

해커스 공무원
gosi.Hackers.com

해커스 서호성 경제학원론 핵심포인트

제10장

무역이론

Topic 30 무역이론
Topic 31 자유무역과 보호무역

제10장 무역이론

Topic 30 무역이론

[핵심정리]

01 무역

절대 우위론	두 국가 간에 생산비의 절대적 차이가 발생 함을 전제로 절대 우위의 상품만을 특화, 생산하여 교환		
비교 우위론	절대 우위, 절대 열위에 있더라도 생산비가 상대적으로 적게 드는 비교 우위의 상품을 특화, 생산하여 교환		
산업내무역	구분	산업 내 무역	산업 간 무역
	개념	동일한 산업 내의 수출·수입	서로 다른 산업 간에 생산되는 재화의 수출·수입
	발생원인	규모의 경제, 독점적 경쟁(제품의 차별화)	비교우위, 자원부존의 차이
	발생국가	경제발전 정도가 비슷한 국가	경제발전 정도가 상이한 국가
	실제 예	일본이 미국에 소형자동차를 수출하고 대형 자동차를 수입하는 경우	우리나라가 중국에 휴대폰을 수출하고 마늘을 수입하는 경우
	비고	• 주로 제조업 분야에서 발생 • 국제 간 분쟁소지 작음 • 시장확대로 규모가 커지면 재화가격 하락하여 무역 이익발생	• 소득 재분배 발생 • 국제 간 분쟁소지 많음 • 상대가격이 변화하여 무역 이익 발생
교역조건	1) 수출상품 1단위와 교환되는 수입상품의 수량 2) 순상품교역조건 = $\dfrac{수출단가지수}{수입단가지수} \times 100$		

02 헥셔-오린정리

의미와 가정	1) **의미** 각국의 비교우위가 발생하는 원인을 요소부존의 차이로 설명하는 이론이다. 2) **가정** ① 2국 - 2재화 - 2요소의 무역모형이다. ② 두 국가의 생산함수가 동일하다(생산함수는 수확체감의 법칙이 작용하고 규모에 대한 수익이 불변이다). ③ 기회비용이 체증하여 생산가능곡선이 원점에 대하여 오목하다. ④ 두 국가(A국, B국) 사이의 부존자원비율이 서로 다르다. ⑤ 두 재화(X재, Y재) 생산의 요소집약도($\frac{K}{L}$)가 서로 다르다. ⑥ 두 국가의 수요에 대한 사회무차별곡선(선호)이 동일하다. ⑦ 두 국가 간 생산요소의 이동은 불가능하다. ⑧ 두 국가 간 상품의 무역은 자유롭게 이루어지며 운송비는 없다. ⑨ 생산물시장과 생산요소시장은 완전경쟁시장이다.

요소가격균등화 정리	1) **무역 이전**
	① 갑국은 노동 풍부국이고, 을국은 자본풍부국이다.
	② X재는 노동집약재이고, Y재는 자본집약재이다.
	③ 갑국은 노동풍부국이므로 노동집약재인 X재를 많이 생산할 수 있고, 을국은 자본풍부국이므로 자본집약재인 Y재를 더 많이 생산할 수 있다.
	2) **무역 이후**
	① 노동풍부국인 갑국은 노동집약재인 X재 생산에, 그리고 자본풍부국인 을국은 자본집약재인 Y재 생산에 특화한다.
	② 노동풍부국(갑국)
	  • 노동풍부국은 자본풍부국에 비하여 상대적으로 임금이 낮으므로 $(\frac{w}{r})^{갑국} < (\frac{w}{r})^{을국}$이다.
	  • 노동풍부국이 노동집약적 산업에 부분특화하게 되면 노동수요가 증가하여 임금이 상승한다. ➔ $(\frac{w}{r})^{갑국}$ 상승
	③ 자본풍부국(을국)
	  • 자본풍부국은 노동풍부국에 비하여 상대적으로 자본임대료가 낮으므로 $(\frac{w}{r})^{갑국} > (\frac{w}{r})^{을국}$이다.
	  • 자본풍부국이 자본집약적 산업에 부분특화하게 되면 자본수요가 증가하여 자본임대료가 상승한다. ➔ $(\frac{w}{r})^{을국}$ 하락
	④ 무역을 통해 결국 $(\frac{w}{r})^{갑국} = (\frac{w}{r})^{을국}$이 성립하게 된다.
	3) **요소가격균등화정리(헥셔-올린-사무엘슨 정리)**
	궁극적으로 교역당사국의 상품가격뿐만 아니라 생산요소의 가격도 상대적으로 같아진다.

립진스키 정리	재화의 상대가격이 변하지 않을 때 한 생산요소(노동)의 부존량이 증가하면 그 생산요소(노동)를 집약적으로 사용하는 재화의 생산량은 증가하고 다른 요소(자본)를 집약적으로 사용하는 재화의 생산은 감소한다는 정리
스톨퍼-사무엘슨정리	무역을 통하여 이루어진 한 재화의 상대가격인상은 그 재화 생산에 집약적으로 사용된 생산요소의 가격을 재화가격인상에 비해 더 높게 인상시키며 다른 생산요소의 가격은 절대적으로 하락하게 된다. 무역과 소득분배의 관련성을 설명하는 이론
레온티에프(Leontief)의 역설	레온티에프가 미국의 1947년 투입-산출표를 이용하여 분석한 결과, 그 당시 미국은 다른 나라에 비하여 상대적으로 자본풍부국임에도 불구하고 자본집약재를 수입하고 노동집약재를 수출하는 것으로 나타났다.

[핵심정리 O/X]

〈생산비와 무역〉

다음은 A국과 B국이 각각 신발과 전화기를 1단위씩 생산하는 데 투입한 노동량을 비교한 것이다. (단, 두 나라 간에 생산요소 이동은 없고, 생산비에는 노동량만 포함된다고 가정한다.)

구분	A국	B국
신발(1단위)	7명	6명
전화기(1단위)	9명	5명

01 절대우위론에 따르면 두 국가 간의 무역은 이루어지지 않는다. (O, X)

02 신발 생산에 대한 절대우위와 비교우위는 B국에 있다. (O, X)

03 B국은 신발 생산에 절대우위가, 전화기 생산에 절대우위와 비교우위가 있다. (O, X)

정답 및 해설

〈생산비와 무역〉

01 O

02 X 기회비용을 구하면 다음과 같다.

구분	A국 - 기회비용	B국 - 기회비용
신발(1단위)	7명 - 전화기 7/9개	6명 - 전화기 6/5개
전화기(1단위)	9명 - 신발 9/7개	5명 - 신발 5/6개

이를 통해 A국이 신발을 B국이 전화기를 특화함(비교우위)을 알 수 있다.

03 O

〈생산량과 무역〉

표는 A국 노동자와 B국 노동자가 각각 동일한 기간에 생산할 수 있는 쌀과 옷의 양을 나타낸 것이다. 리카도의 비교우위에 관한 설명으로 옳지 않은 것은? (단, 노동이 유일한 생산요소이다.) (O, X)

구분	A국	B국
쌀(섬)	5	4
옷(벌)	5	2

04 쌀과 옷 생산 모두 A국의 노동생산성이 B국보다 더 크다. (O, X)

05 A국은 쌀을 수출하고 옷을 수입한다. (O, X)

06 A국의 쌀 1섬 생산의 기회비용은 옷 1벌이다. (O, X)

07 B국의 옷 1벌 생산의 기회비용은 쌀 2섬이다. (O, X)

〈생산가능곡선과 무역〉

甲국과 乙국은 X, Y재만을 생산하며, 교역 시 비교우위가 있는 재화 생산에 완전특화한다. 양국의 생산가능곡선이 다음과 같을 때 이에 대한 설명으로 옳은 것은? (단, 양국의 생산요소 양은 같고 교역은 양국 간에만 이루어진다) (O, X)

甲국: $4X + Y = 40$
乙국: $2X + 3Y = 60$

08 甲국이 X재 생산을 1단위 늘리려면 Y재 생산을 2단위 줄여야 한다. (O, X)

정답 및 해설

〈생산량과 무역〉

04 O

05 X 기회비용을 구하면 다음과 같다.

구분	A국	B국
쌀 1단위	옷 1단위	옷 0.5단위
옷 1단위	쌀 1단위	쌀 2단위

따라서 A국은 옷을 수출하고 쌀을 수입한다.

06 O

07 O

〈생산가능곡선과 무역〉

08 X Y에 대해 정리하면 甲국의 생산가능곡선이 $Y = -4X + 40$이므로 X재 생산의 기회비용은 Y재 4개이다.

09 甲국은 X재 생산에 절대우위를 갖는다. (O, X)

10 乙국은 X재 생산에 비교우위를 갖는다. (O, X)

11 X재와 Y재의 교역비율이 1 : 1이라면 갑국만 교역에 응할 것이다. (O, X)

12 생산요소가 노동 하나뿐인 A국과 B국은 소고기와 의류만을 생산한다. 소고기 1단위와 의류 1단위 생산에 필요한 노동투입량이 다음과 같을 때, 양국이 교역하기 위한 교역조건은 $0.5 \leq \dfrac{P_{\text{소고기}}}{P_{\text{의류}}} \leq 2$이다. (O, X)

구분	소고기 1단위	의류 1단위
A	1	2
B	6	3

13 A국은 한 단위의 노동으로 하루에 쌀 5kg을 생산하거나 옷 5벌을 생산할 수 있다. B국은 한 단위의 노동으로 하루에 쌀 4kg을 생산하거나 옷 2벌을 생산할 수 있다. 두 나라 사이에 무역이 이루어지기 위한 쌀과 옷의 교환비율로 $\dfrac{P_{\text{쌀}}}{P_{\text{옷}}} = 0.4$가 될 수 있다. (단, A국과 B국의 부존노동량은 동일하다.) (O, X)

14 자유무역에서 부분특화 또는 불완전특화가 일어나는 것은 생산을 늘릴수록 생산의 기회비용이 체증하기 때문이다. (O, X)

정답 및 해설

09 X
1) 甲국의 생산가능곡선이 $Y = -4X + 40$, 乙국의 생산가능곡선이 $Y = -\dfrac{2}{3}X + 20$이다.
2) 생산가능곡선 기울기(절댓값)가 X재 생산의 기회비용이므로 甲국의 X재 생산의 기회비용은 Y재 4단위, 乙국의 X재 생산의 기회비용은 Y재 $\dfrac{2}{3}$단위이다.
3) 따라서 X재 생산을 乙국이, Y재 생산은 甲국이 비교우위를 가지게 된다.

10 O

11 X   X재 1개와 Y재 1개를 바꾸는 조건이면 양국이 이익을 얻는 교역조건 사이에 값이므로 교역이 이루어질 것이다.

12 O

13 X   국내가격비 ($\dfrac{P_{\text{쌀}}}{P_{\text{옷}}}$)은 쌀 1단위와 교환되는 옷의 양을 의미하므로 각국의 국내가격비는 쌀 생산의 기회비용과 같다.
甲국은 5쌀=5옷이므로 1옷 = 1쌀이고, 乙국은 4쌀=옷2벌이므로 1쌀은 1/2옷이다. 따라서 이 기회비용의 사이에 존재해야 한다.

14 O

15	자유무역에서 부분특화 또는 불완전특화가 일어나는 것은 생산가능곡선이 원점에 대하여 볼록하기 때문이다.	(O, ×)
16	레온티에프의 역설은 자본이 상대적으로 풍부한 나라인 미국이 노동집약적인 제품을 수출하고 자본집약적인 제품을 수입하는 현상을 일컫는다.	(O, ×)
17	핵셔-올린정리는 두나라의 요소부존도는 동일하다고 가정한다.	(O, ×)
18	핵셔-올린정리에서는 두 나라의 선호체계를 반영하는 사후후생함수는 동일하다고 가정한다.	(O, ×)
19	핵셔-올린정리에 의하면 각국은 상대적으로 풍부한 생산요소를 많이 사용하여 생산하는 제품에 비교우위가 있다.	(O, ×)
20	핵셔-올린정리에 의하면 생산요소의 국가 간 이동이 불가능하더라도 생산요소의 상대가격이 균등화되는 경향이 있다.	(O, ×)
21	핵셔-올린정리에 의하면 국가 간 생산함수에 차이가 있다고 가정한다.	(O, ×)
22	甲국과 乙국으로 이루어진 세계경제가 있다. 생산요소는 노동과 자본이 있는데, 甲국은 노동 200단위와 자본 60단위, 乙국은 노동 800단위와 자본 140단위를 보유하고 있다. 양국은 두 재화 X와 Y를 생산할 수 있는데, X는 노동집약적 재화이고 Y는 자본집약적 재화이다. 핵셔-올린 모형에 따를 때 甲은 X를 수출하고 乙은 Y를 수출할 것이다. (단, 노동과 자본은 양국에서 모두 동질적이다.)	(O, ×)
23	핵셔-올린정리는 두재화를 모두 생산하여 무역으로 교환하는 이론이다.	(O, ×)

정답 및 해설

15 × 원점에 대하여 볼록한 것은 기회비용이 체감하기 때문이다. 불완전 특화는 기회비용이 체증해야 하므로 원점에 대하여 오목하다.

16 O

17 × 각국의 요소부존도가 다름을 가정하고 있다.

18 O

19 O

20 O

21 × 핵셔-올린정리는 국가 간 생산함수의 차이가 없다고 가정한다.

22 × 1) 각 국가가 어떤 부존자원의 풍부국인지 살펴보면 $(\frac{K}{L})^甲 = \frac{60}{200}$이고, $(\frac{K}{L})^乙 = \frac{140}{800} = \frac{35}{200}$이므로 $(\frac{K}{L})^甲 > (\frac{K}{L})^乙$이다. $(\frac{K}{L})^甲 > (\frac{K}{L})^乙$이므로 甲국은 자본풍부국, 乙국은 노동풍부국이다.
2) 핵셔-올린 정리에 의하면 각국은 풍부한 생산요소를 집약적으로 투입하는 재화 생산에 특화하므로 두 나라 사이에 무역이 이루어지면 甲국은 자본 집약재인 Y재, 乙국은 노동집약적인 X재 생산에 특화하여 수출할 것이다.

23 O

24. 두 국가 간 자동차 무역에 의하면 무역은 자동차 가격의 하락과 다양성의 감소를 가져온다. (O, ×)

25. 두 국가 간 자동차 무역에 의하면 각국의 생산자잉여를 증가시키지만, 소비자잉여를 감소시킨다. (O, ×)

26. 교역조건이란 한 단위의 수출상품과 수입상품이 교환되는 비율을 말한다. (O, ×)

27. 자국의 화폐가 평가절하되면 교역조건은 악화된다. (O, ×)

28. 이론적으로 교역조건은 상품의 수출입 뿐 아니라 서비스 거래까지 포함된다. (O, ×)

29. 한 국가의 수출상품 1단위와 교환될 수 있는 수입품의 양이 증가하면 교역조건은 개선된다. (O, ×)

30. 교역조건이 악화되면 반드시 경상수지가 악화된다. (O, ×)

31. 노동집약적인 X재와 자본집약적인 Y재를 생산하는 핵셔-오린모형에서 비교우위를 갖는 X재를 수출하는 국가에서 자본에 대한 노동의 상대가격이 상승한다. (O, ×)

32. 노동집약적인 X재와 자본집약적인 Y재를 생산하는 핵셔-오린모형에서 비교우위를 갖는 X재를 수출하는 국가에서 X재는 더 자본집약적으로 생산된다. (O, ×)

33. 노동집약적인 X재와 자본집약적인 Y재를 생산하는 핵셔-오린모형에서 비교우위를 갖는 X재를 수출하는 국가에서 Y재는 더 자본집약적으로 생산된다. (O, ×)

34. 노동집약적인 X재와 자본집약적인 Y재를 생산하는 핵셔-오린모형에서 비교우위를 갖는 X재를 수출하는 국가에서 노동자의 실질임금은 증가한다. (O, ×)

정답 및 해설

24. × 다양성의 증가를 가져온다.
25. × 생산자잉여와 소비자잉여 모두 증가한다.
26. O
27. O
28. O
29. O
30. × 수출품의 가격이 하락하면 더 많은 수출이 일어날 수 있으므로 반드시 악화된다고 말할 수 없다.
31. O
32. O
33. O
34. O

35 노동집약적인 X재와 자본집약적인 Y재를 생산하는 헥셔–오린모형에서 비교우위를 갖는 X재를 수출하는 국가에서 X재에 대한 Y재의 상대가격은 상승한다. (O, X)

36 A국은 노동과 자본만을 사용하여 노동집약재와 자본집약재를 생산하며 자본에 비해 상대적으로 노동이 풍부한 나라다. 스톨퍼–사무엘슨 정리를 따를 때, 자본의 실질보수가 상승하고 노동의 실질보수가 하락한다. (O, X)

37 산업 내 무역은 규모의 경제와 관계없이 발생한다. (O, X)

38 산업 내 무역은 부존자원의 상대적인 차이 때문에 발생한다. (O, X)

39 산업 내 무역은 경제여건이 다른 국가 사이에서 이루어진다. (O, X)

40 산업 내 무역은 유럽연합 국가들 사이의 활발한 무역을 설명할 수 있다. (O, X)

41 甲국과 乙국의 무역 개시 이전의 X재와 Y재에 대한 단위당 생산비가 다음과 같다. 무역을 개시하여 두 나라 모두 이익을 얻을 수 있는 교역조건(P_X / P_Y)은 1보다 크다. (단, P_X는 X재의 가격이고, P_Y는 Y재의 가격이다.) (O, X)

구분	X재	Y재
甲국	5	10
乙국	8	13

정답 및 해설

35 X 노동집약적 재화를 생산하여 수출하므로 X재의 상대가격이 상승한다.

36 X 스톨퍼–사무엘슨 정리에 의하면 자유무역이 이루어지면 각국에서 풍부한 생산요소의 실질소득은 증가하나 희소한 생산요소의 실질소득이 감소한다. A국은 노동풍부국이므로 자유무역이 이루어지면 A국에서는 노동의 실질소득은 증가하고 자본의 실질소득은 감소하게 될 것이다.

37 X 산업 내 무역은 규모의 경제가 발생한다.

38 X 부존자원의 차이가 아닌 독점적 경쟁이나 규모의 경제에 의해 발생한다.

39 X 경제여건이 유사한 국가들 사이에 발생한다.

40 O

41 X 1) 기회비용을 표현하면 다음과 같다.

구분	X재	Y재
甲국	5 → 기회비용 Y재 $\frac{5}{10}$	10 → 기회비용 X재 $\frac{10}{5}$
乙국	8 → 기회비용 Y재 $\frac{8}{13}$	13 → 기회비용 X재 $\frac{13}{8}$

2) 교역조건은 기회비용의 사이에 있으므로 $\frac{5}{10} < \frac{P_X}{P_Y} < \frac{8}{13}(=0.62)$ 사이에 있어야 한다.

Topic 31 자유무역과 보호무역

[핵심정리]

자유무역	1) 수출국의 생산자, 수입국의 소비자 유리 2) 수입국의 생산자, 수출국의 소비자 불리
관세	관세선을 통과하는 상품에 대해 부과하는 조세. 가장 널리 사용되는 무역 정책 수단
관세의 경제적 효과 (소국모형)	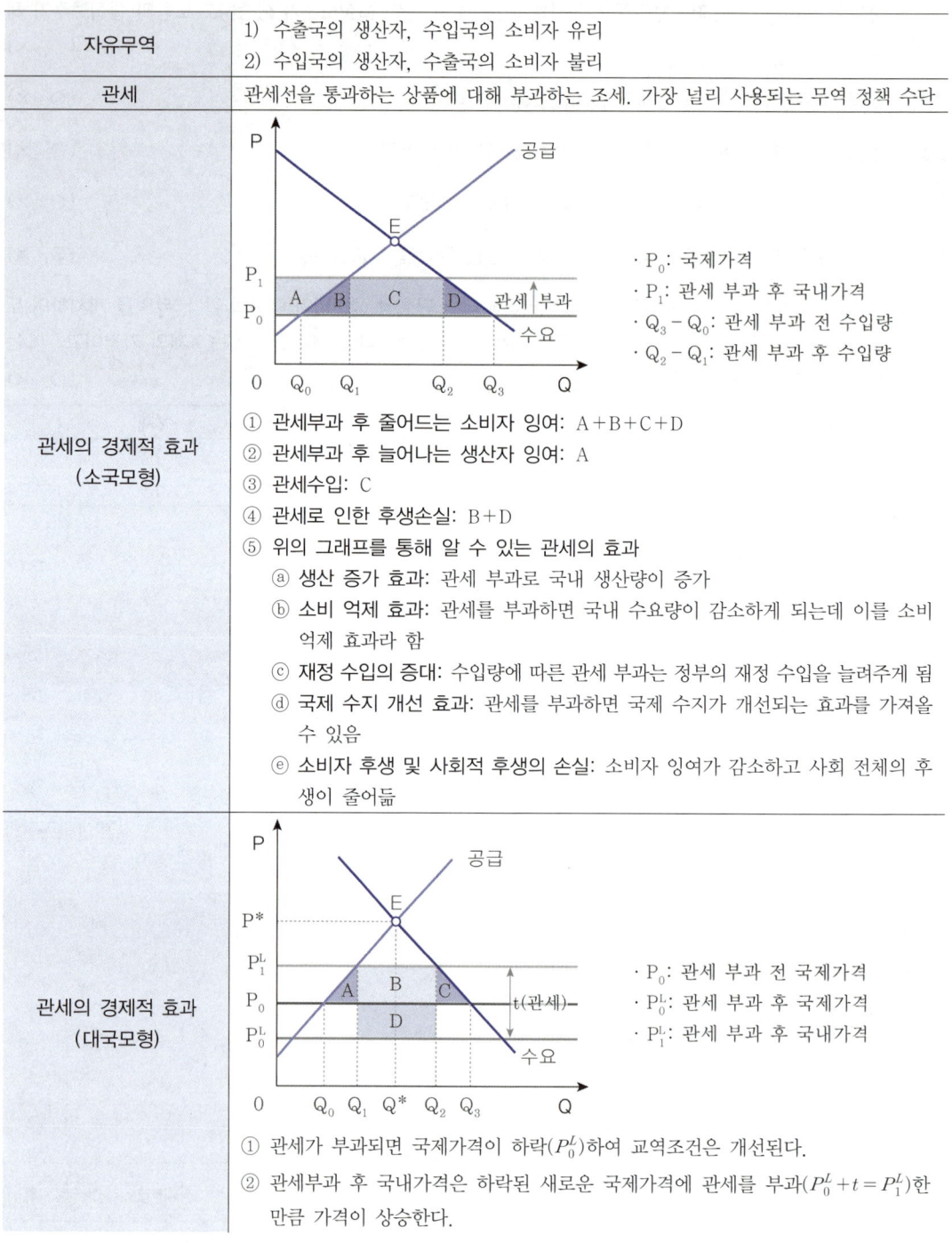 · P_0: 국제가격 · P_1: 관세 부과 후 국내가격 · $Q_3 - Q_0$: 관세 부과 전 수입량 · $Q_2 - Q_1$: 관세 부과 후 수입량 ① 관세부과 후 줄어드는 소비자 잉여: $A+B+C+D$ ② 관세부과 후 늘어나는 생산자 잉여: A ③ 관세수입: C ④ 관세로 인한 후생손실: $B+D$ ⑤ 위의 그래프를 통해 알 수 있는 관세의 효과 　ⓐ 생산 증가 효과: 관세 부과로 국내 생산량이 증가 　ⓑ 소비 억제 효과: 관세를 부과하면 국내 수요량이 감소하게 되는데 이를 소비 억제 효과라 함 　ⓒ 재정 수입의 증대: 수입량에 따른 관세 부과는 정부의 재정 수입을 늘려주게 됨 　ⓓ 국제 수지 개선 효과: 관세를 부과하면 국제 수지가 개선되는 효과를 가져올 수 있음 　ⓔ 소비자 후생 및 사회적 후생의 손실: 소비자 잉여가 감소하고 사회 전체의 후생이 줄어듦
관세의 경제적 효과 (대국모형)	· P_0: 관세 부과 전 국제가격 · P_0^L: 관세 부과 후 국제가격 · P_1^L: 관세 부과 후 국내가격 ① 관세가 부과되면 국제가격이 하락(P_0^L)하여 교역조건은 개선된다. ② 관세부과 후 국내가격은 하락된 새로운 국제가격에 관세를 부과($P_0^L + t = P_1^L$)한 만큼 가격이 상승한다.

	③ 대국의 경우는 소국에 비하여 국내가격이 작게 상승하여 작은 관세효과($P_1^L - P_0$)가 발생한다. ④ 국내생산 증가, 국내소비 감소, 국제수지개선, 소비자잉여 감소, 생산자잉여 증가 등이 발생한다. ⑤ 재정수입 = b + d ⑥ 사회적 후생변화 • 소비자잉여 감소 + 생산자 잉여 증가 + 관세수입 − 후생손실 = d − (a + c) • 사회적 후생변화 분은 양일 수도 음일 수도 있다.
최적관세율	1) 관세부과로 교역조건이 개선되면 관세부과국의 사회후생이 증대될 수 있는데, 관세부과국의 사회후생이 극대가 되는 관세이다. 2) $t = \dfrac{1}{\epsilon^* - 1}$ (ϵ^*: 외국의 수입수요의 가격탄력성)
메츨러의 역설	1) 관세부과로 수입품의 국내상대가격이 관세부과 전보다 하락하는 현상을 메츨러의 역설이라 한다. 2) 조건 • 상대국의 수입수요가 비탄력적(관세부과로 수출품의 생산량 감소 시 수출품의 가격 대폭 상승)이다. • 수입품에 대한 한계소비성향이 작을 때(관세부과로 실질소득 증가에도 수입품의 가격 소폭 상승) 발생한다.
실효보호관세율	1) 관세부과로 특정산업이 보호받는 정도를 실효보호관세율이라 한다. 2) $q = \dfrac{\text{부과 후 부가가치} - \text{부과 전 부가가치}}{\text{부과 전 부가가치}}$

[핵심정리 O/X]

01 A국이 수출 물품에 단위당 일정액을 지급하는 보조금 정책을 실시하면 A국이 대국이면, 교역조건은 악화된다. (O, X)

02 A국이 수출 물품에 단위당 일정액을 지급하는 보조금 정책을 실시하면 A국이 소국이면, 교역조건은 개선된다. (O, X)

03 A국이 수출 물품에 단위당 일정액을 지급하는 보조금 정책을 실시하면 A국이 소국이면, 국내시장에서 수출품의 가격은 상승한다. (O, X)

04 소규모 개방경제에서 관세를 부과하면 재화의 국내생산이 감소한다. (O, X)

정답 및 해설

01 O

02 X A국이 소국이라면 수출보조금을 지급하더라도 수출품의 국제가격이 변하지 않으므로 교역조건도 변하지 않는다.

03 O

04 X 소규모 개방경제에서 관세를 부과하면 재화의 국내생산이 증가한다.

05 소규모 개방경제에서 관세를 부과하면 국내 소비자잉여가 감소한다. (O, X)

06 한 나라의 쌀 시장에서 국내 생산자의 공급곡선은 $P = 2Q$, 국내 소비자의 수요곡선은 $P = 12 - Q$이며, 국제시장의 쌀 공급곡선은 $P = 4$이다. 만약 이 나라 정부가 수입 쌀에 대해 50%의 관세를 부과한다면 정부의 관세수입 규모 12이다. (단, 이 나라는 소규모 경제이며 Q는 생산량, P는 가격이다.)(O, X)

07 소규모 개방경제에서 관세를 부과하면 재화의 수요와 공급의 가격탄력성이 낮을수록 관세 부과로 인한 경제적 손실(deadweight loss)이 커진다. (O, X)

08 소규모 개방경제에서 관세를 부과하면 어느 한 개인이라도 이전보다 후생수준이 낮아지는 일은 없다. (O, X)

09 소규모 개방경제에서 관세를 부과하면 산업 간 무역보다는 산업 내 무역이 더 많이 생길 것이다. (O, X)

10 소규모 개방경제에서 관세를 부과하면 무역의 확대로 양국에서의 실업이 감소한다. (O, X)

11 소규모 개방경제에서 관세를 부과하면 수출재 시장의 생산자잉여와 수입재 시장의 소비자잉여가 모두 증가한다. (O, X)

12 관세와 수입쿼터제의 공통점은 국내생산자의 잉여를 증가시킨다는 것이다. (O, X)

13 수입쿼터제는 관세와 달리 국내의 허가된 수입업자가 국제가격과 국내가격의 차액만큼 이익을 본다. (O, X)

정답 및 해설

05 O

06 X 1) 국제가격이 4이므로 수입 쌀에 대해 50%의 관세를 부과하면 국내에서 쌀 가격이 6으로 상승한다.
       2) $P = 6$을 수요함수에 대입하면 국내수요량이 6이고, $P = 6$을 공급곡선에 대입하면 국내공급량이 3이므로 관세부과 후의 수입량은 3이 된다.
       3) 단위당 관세액이 2이고, 관세부과 후의 수입량이 3이므로 정부가 얻는 관세수입의 크기는 6임을 알 수 있다.

07 X 재화의 수요와 공급의 가격탄력성이 낮을수록 관세 부과로 인한 경제적 손실(deadweight loss)이 작아진다.

08 X 수입국의 생산자는 손해를 본다.

09 X 알 수 없다.

10 X 무역의 확대로 수입국에서는 생산이 감소할 것이므로 실업이 증가할 수 있다.

11 O

12 O

13 O

14 대국의 경우에 수입재에 대해 관세를 부과하면 교역조건이 개선되어 사회후생이 증가할 수 있다.
(O, X)

15 소국의 경우에 수입재에 대해 관세를 부과하면 교역조건에 영향을 미치지 않으며 사회후생은 감소한다.
(O, X)

16 소국의 수입관세부과는 소국의 소비자 잉여를 감소시킨다. (O, X)

17 소국의 수입관세부과는 소국의 생산자 잉여를 증가시킨다. (O, X)

18 소국의 수입관세부과는 소국의 사회후생을 감소시킨다. (O, X)

19 대국의 수입관세부과가 대국의 사회후생에 미치는 효과는 일률적이지 않다. (O, X)

20 대국의 수입관세부과는 대국의 교역조건을 악화시킨다. (O, X)

21 국내수요가 완전비탄력적이면 관세가 부과되더라도 경상수지 개선효과는 나타나지 않는다. (O, X)

22 국내공급이 완전비탄력적이면 관세가 부과되더라도 수입감소효과는 나타나지 않는다. (O, X)

23 관세가 부과되더라도 소국의 경우에는 교역조건이 변하지 않으나 대국의 경우에는 교역조건이 악화된다.
(O, X)

24 국내에서 수요와 공급이 매우 탄력적이면 관세율 인상 시 정부의 관세수입이 감소할 수도 있다.
(O, X)

25 수입품 1단위당 부과되는 관세액이 동일하더라도 국내가격은 대국의 경우 소국보다 더 크게 상승한다.
(O, X)

정답 및 해설

14 O
15 O
16 O
17 O
18 O
19 O
20 X 대국이 관세를 부과하면 수입가격이 하락하므로 교역조건이 개선된다.
21 X 관세를 부과하면 국내가격상승이 일어난다. 따라서 공급곡선이 우상향하는 경우 국내공급이 늘어나 수입이 감소한다.
22 X 관세를 부과하면 국내가격상승이 일어난다. 우하향하는 수요곡선인 경우 수입감소가 나타난다.
23 X 대국의 경우 수입품의 가격이 하락하여 교역조건이 개선된다.
24 O
25 X 관세부과 시 국내가격은 소국의 경우는 단위당 관세액만큼 상승하는 데 비해, 대국의 경우에는 단위당 관세액보다 작게 상승하므로 관세부과 시 국내가격은 소국의 경우가 더 크다.

26 최적관세는 외국의 수입수요가 탄력적일 때 부과될 수 있다. (O, X)

27 소국의 경우에는 최적관세율이 항상 +이다. (O, X)

28 최종재에 대한 관세율이 중간재에 대한 관세율보다 높은 경우 수입되는 중간재투입비율이 높을수록 실효보호관세율이 높아진다. (O, X)

29 최종재와 중간재에 대한 관세율이 동일하다면 실효보호관세율은 0이 된다. (O, X)

30 메츨러 효과는 국제시장의 점유율이 매우 큰 국가나 수출공급의 가격탄력성이 매우 높은 재화에서 나타난다. (O, X)

31 소국인 A국에서 X재의 국내 수요함수와 공급함수는 각각 $P=12-Q$, $P=Q$(P: 가격, Q: 수량)이며, 세계시장에서의 X재 가격은 4이다. A국이 X재 시장을 전면 개방한 직후 국내 수요함수와 공급함수에 변화가 없다면, 개방 후 A국의 후생은 8만큼 증가한다. (단, 후생은 소비자잉여와 생산자잉여의 합이다.) (O, X)

32 소국에 관세 부과 시 국내소비량은 감소하며, 수요가 가격탄력적일수록 감소 효과가 커진다. (O, X)

정답 및 해설

26 O

27 X 소국의 경우 관세를 부과하더라도 교역조건 개선에 따른 이득이 발생하지 않으므로 관세부과 시 항상 사회적인 후생손실이 발생한다. 그러므로 소국의 경우는 최적관세율이 0이다.

28 O

29 X 실효보호 관세율은 $q = \dfrac{T - \alpha t}{1 - \alpha}$ (T는 최종재에 대한 관세율, 중간재에 대한 관세율 t, 중간재 투입계수 α)이다. 만약 중간재에 대한 관세율(t)이 매우 높다면 실효보호관세율이 -가 될 수도 있다.

30 X 메츨러 효과는 대국에서 관세부과 후 수입재의 국내상대가격이 오히려 하락하는 경우를 말한다. 이는 국제시장의 점유율이 매우 큰 국가가 관세를 부과하거나 수출공급의 가격탄력성이 매우 낮을 때 나타난다.

31 X 1) 그래프

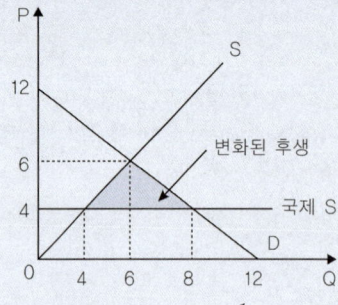

2) 변화된 후생은 $2 \times 4 \times \dfrac{1}{2} = 4$이다.

32 O

33 소국에 관세 부과 시 국내생산과 생산잉여가 증가한다. (O, ×)

34 소국에 관세 부과 시 사회후생의 손실이 발생한다. (O, ×)

35 소국에 관세 부과 시 수입의 감소로 국제가격이 하락하므로 국내가격은 단위당 관세보다 더 적게 상승한다. (O, ×)

36 그림은 어느 대국 개방 경제에서 수입 재화에 대한 관세 부과로 인한 효과를 나타낸다. 관세 부과는 자국 내 가격을 P_W에서 P_T로 상승시키지만 세계시장가격을 P_W에서 P_T^*로 하락시킨다. 이 때 사회후생은 증가할 수 있다. (O, ×)

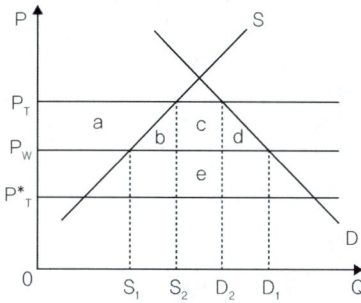

정답 및 해설

33 O

34 O

35 × 소국인 경우 국제가격에 영향을 주지 못한다.

36 O 정부의 관세수입은 c + e이므로 위의 소비잉여와 생산잉여의 감소분을 더하면 총잉여의 변화분은 e − (b + d)이다. 따라서 b + d의 크기가 e보다 작으면 관세 부과로 인해 사회적 후생은 커진다.

해커스 감정평가사
ca.Hackers.com

해커스 공무원
gosi.Hackers.com

해커스 서호성 경제학원론 핵심포인트

제11장

환율과 국제수지

Topic 32 환율
Topic 33 국제수지

Topic 32 환율

[핵심정리]

01 환율의 의미와 결정

의미	자국 화폐와 외국 화폐의 교환 비율
환율 표시법	1) 우리나라는 자국 화폐 표시 환율 채택 → 환율은 외국 화폐의 가격 2) 예 1달러 = 1000원 or 원/달러 = 1000원
환율의 종류	1) 명목환율 　① 의미: 자국화폐와 외국화폐의 교환비율을 의미한다. 　② 1달러 = 1000원로 표기 2) 실질환율 　① 의미: 한나라의 재화와 서비스가 다른 나라의 재화와 서비스가 교환되는 비율로 두나라의 물가를 고려한 환율을 말한다. 　② $\epsilon = \dfrac{e \times P_f}{P}$ (e: 명목환율, P_f: 외국물가, P: 국내물가)
환율 변동	1) 원/달러 환율 상승(평가절하): 달러화에 대해 원화의 가치가 떨어짐 2) 원/달러 환율 인하(평가절상): 달러화에 대해 원화의 가치가 높아짐
외화 수요	외화가 해외로 유출되는 것 예 수입, 해외투자, 해외여행, 외채상환, 해외 송금 등
외화 공급	외화가 국내로 유입되는 것 예 수출, 외국인의 국내투자와 국내관광, 차관도입 해외 친지의 국내 송금 등
환율 결정	외환 시장에서 외화의 수요와 공급이 일치하는 수준에서 결정
고정환율제도	한 나라의 환율을 정부가 결정, 운영하는 제도
변동환율제도	외환 시장에서 외화의 수요와 공급에 의해 결정되는 제도

02 환율 변동의 영향

구분	환율 하락(평가 절상)	환율 상승(평가 절하)
수출	수출품 외화표시 가격 상승 → 수출에 부정적 영향 증가	수출품 외화표시 가격 하락 → 수출에 긍정적 영향 증가
수입	수입품 원화표시 가격 하락 → 수입에 긍정적 영향 증가	수입품 원화표시 가격 상승 → 수입에 부정적 영향
국제 수지	악화	개선
국내 물가	수입원자재가격 안정, 물가안정	수입원자재가격 상승, 물가상승
서비스 분야	해외 관광 증가, 해외 유학 증가, 외국인 국내 관광 감소	해외 관광 감소, 해외 유학 감소, 외국인 국내 관광 증가
외자 도입 기업	원화 환산 외채 감소, 외채 상환 부담 감소	원화 환산 외채 증가, 외채 상환부담 증가

03 구매력평가설과 이자율평가설

구매력 평가설	1) 상대적 구매력평가설 $\frac{\Delta e}{e}$(원/달러 환율상승률) = $\frac{\Delta P}{P}$(한국의 물가상승률) − $\frac{\Delta P_f}{P_f}$(미국의 물가상승률) 2) 평가 단기적인 환율의 움직임은 잘 나타내고 있지 못하고 있으나 장기적인 환율의 변화추세에는 잘 반영하는 것으로 평가되고, 거래비용이 낮은 선진국들 사이에서는 구매력평가설이 잘 적용되는 것으로 나타남
이자율 평가설	1) 이자율이 높은 곳으로 외화가 이동하여 환율을 변화시킨다는 것 2) 가정 ① 국가 간 자본이동이 완전하므로 양국에서의 투자수익률이 동일함 ② 거래비용이 존재하지 않음 3) 이자율평가설에서의 균형 ① 양국에서의 투자수익률이 동일해질 때까지 자본이 이동함 ② $\frac{\Delta e}{e}$(원/달러 환율상승률) = r(한국이자율) − r_f(미국이자율) 4) 평가 ① 자본통제와 같은 제도적 제약이 존재하거나 거래비용으로 인해 국가 간 자본이동성이 완전하지 못하면 이자율 평가설이 성립하지 않는다. ② 이자율평가설의 현실성 부합성 여부는 두 나라 간 자본이동이 얼마나 자유로운지, 금융자산이 얼마나 동질적인지에 따라 결정된다.

[핵심정리 O/X]

01 기본적으로 환율은 정부의 정책에 따라 결정된다. (O, X)

02 우리가 실제 생활에서 흔히 쓰는 환율은 실질환율이다. (O, X)

03 실질환율은 한 나라의 재화와 서비스가 다른 나라의 재화와 서비스로 교환되는 비율을 말한다.
(O, X)

04 실질환율은 두 나라의 물가를 고려한 환율이다. (O, X)

정답 및 해설

01 X 외환시장의 수요와 공급에 의해 결정된다.
02 X 명목환율이다.
03 O
04 O

05 우리나라와 미국의 인플레이션율이 각각 5%와 4%로 예상되고, 미국 달러화 대비 원화 가치가 6% 상승할 것으로 예상된다. 이때 한국 재화로 표시한 미국 재화의 가치인 실질환율의 변동은 9% 하락이다. (O, X)

06 해외물가수준이 상승하면 외환공급은 증가한다. (O, X)

07 변동환율제도를 채택할 경우 중앙은행의 독자적인 통화정책이 곤란하다. (O, X)

08 국내이자율 상승은 환율하락의 요인이 된다. (O, X)

09 국내물가수준의 하락은 원화가치 상승의 요인이 된다. (O, X)

10 원화의 평가절상은 원유 등 생산 원자재를 대량으로 수입하는 우리나라의 수입 원가부담을 낮춰 내수물가안정에 기여한다. (O, X)

11 미국의 기준금리 인상은 원화의 평가절하를 유도하여 우리나라의 수출 기업에 유리하게 작용한다. (O, X)

12 대규모 외국인 직접투자가 우리나라로 유입되면 원화의 평가절하가 발생하고 우리나라의 수출 증대로 이어진다. (O, X)

13 환율이 상승하면 경상수지가 악화된다. (O, X)

14 인위적인 원화가치 부양은 외환보유고를 줄인다. (O, X)

15 국내 이자율의 상승은 환율의 상승을 유발한다. (O, X)

정답 및 해설

05 X 실질환율의 변화율 = 명목환율의 변화율 + 미국의 물가상승률 − 한국의 물가상승률이다.
따라서 (−6%) + 4% − 5% = −7%

06 O

07 X 어느 정도의 개입은 가능하다.

08 O

09 O

10 O

11 O

12 X 외화공급 증가 ➔ 환율 하락으로 원화평가절상이 발생한다.

13 X 수출이 잘되므로 경상수지가 호전될 수 있다.

14 O 원화의 가치를 높게 유지하려면 중앙은행이 외환시장에서 외환을 매각해야 하는데, 보유한 외환을 매각하면 중앙은행의 외환보유고가 감소한다.

15 X 국내 이자율의 상승은 외환의 공급의 증가요인이므로 환율의 하락을 유발한다.

16 변동환율제도를 채택하고 있는 A국 중앙은행이 보유하던 미국 달러를 매각하고 자국통화를 매입하면 A국의 물가가 상승하고 실질 GDP가 증가한다. (O, X)

17 원화가치가 상승하면 외채상환부담이 감소한다. (O, X)

18 환율이 상승하면 상품수지와 서비스수지가 개선된다. (O, X)

19 구매력평가설은 국제적 일물일가의 법칙을 바탕으로 한다. (O, X)

20 구매력평가설에 따르면 경제에서 비교역재의 비중이 큰 나라 간의 환율을 설명하는 데에는 적합하지 않다. (O, X)

21 구매력평가설에 따르면 두 나라 화폐 간의 명목환율은 두 나라의 물가수준에 의해 결정된다고 설명한다. (O, X)

22 구매력평가설에 따르면 장기보다는 단기적인 환율의 움직임을 잘 예측한다는 평가를 받는다. (O, X)

23 구매력평가설에 따르면 동질적인 물건의 가격은 어디에서나 같아야 한다는 일물일가의 법칙을 국제시장에 적용한 것이다. (O, X)

24 환율상승률은 외국물가상승률에서 자국물가상승률을 차감한 값이다. (O, X)

25 구매력평가설은 장기적인 환율의 변화추세를 잘 반영하지 못하는 것으로 평가된다. (O, X)

26 구매력평가이론(Purchasing Power Parity theory)은 양국의 화폐 1단위의 구매력이 같도록 환율이 결정된다는 것이다. 구매력평가이론에 따르면 양국 통화의 명목환율은 양국의 물가수준에 따라 결정되며, 구매력평가이론이 성립하면 명목환율은 불변이다. (O, X)

정답 및 해설

16 X 원화가치가 상승하므로 순수출이 감소하여 총수요가 감소한다. 총수요가 감소하면 실질 GDP도 감소하고 물가도 하락한다.
17 O
18 O
19 O
20 O
21 O
22 X 물가는 장기변수이므로 구매력평가설은 단기보다 장기에 있어 환율의 움직임을 잘 설명해준다.
23 O
24 X 자국의 환율 변화율 = 자국물가상승률 − 외국물가상승률이다.
25 X 구매력평가설은 장기적인 환율의 변화추세를 반영하는 데 유리하다.
26 X 명목환율이 아니라 실질환율이 불변이다.

27	이자율평가설은 이자율에 따라 환율이 변화한다는 것이다.	(O, ×)
28	이자율평가설에 의하면, 환율변화율 = 국내이자율 − 해외이자율이다.	(O, ×)
29	현재 우리나라 채권의 연간 명목수익률이 5%이고 동일 위험을 갖는 미국 채권의 연간 명목수익률이 2.5%일 때, 현물환율이 달러당 1,200원인 경우 연간 선물환율은 1,220원/달러이다. (단, 이자율 평가설이 성립한다고 가정한다.)	(O, ×)
30	현재 한국과 미국의 연간 이자율이 각각 4%와 2%이고, 1년 후의 예상 환율이 1,122원/달러이다. 양국 간에 이자율평형조건(interest parity condition)이 성립하기 위한 현재 1,120원/달러이다.	(O, ×)
31	이자율평가설과 구매력평가설이 항상 성립할 때 외국의 실질이자율과 자국의 실질이자율은 동일한 값을 가진다.	(O, ×)
32	무위험이자율평가설에 따르면 두 나라의 이자율이 고정된 상태에서 선물환율이 상승하면 자본유출이 발생하여 현물환율이 하락한다.	(O, ×)
33	무위험이자율평가설에 따르면 선물환율이 고정된 상태에서 외국의 이자율이 상승하면 자본유출이 발생하여 현물환율이 상승한다.	(O, ×)
34	무위험 이자율 평가설에 따르면 선물환율이 고정된 상태에서 현물환율이 상승하면 자본유입이 발생하여 국내이자율이 하락한다.	(O, ×)
35	해외경기 상승, 해외물가 상승, 국내물가 하락으로 환율은 하락한다.	(O, ×)

정답 및 해설

27 O

28 O

29 ×　1) 무위험이자율 평가설은 국내이자율 = 외국이자율 + $\dfrac{\text{선물환율} - \text{현물환율}}{\text{현물환율}}$ 가 성립한다.

　　　2) $0.05 = 0.025 + \dfrac{\text{선물환율} - 1,200}{1,200}$ → 선물환율은 1,230원/달러

30 ×　1) 이자율평형설에서 환율변화율(2%) = 한국의 이자율(4%) − 미국의 이자율(2%)이다.

　　　2) 따라서 현재 환율보다 2% 상승한 1년 뒤의 예상환율이 1,122원이므로 현재환율은 1,100원임을 알 수 있다.

31 O

32 ×　무위험이자율평가설이 성립하면 $(1+i) = \dfrac{F}{S}(1+i_f)$이 성립하므로 선물환율이 상승하면 현물환율도 상승한다.

33 O

34 O

35 O

36 빅맥지수가 원달러 환율보다 작으면, 원화는 미달러화에 비해 저평가되어 있는 것이다. (O, X)

37 국가 간 자본이동이 불완전해도 이자율 평가설은 성립한다. (O, X)

38 킹스턴 체제는 변동환율제도를 채택하고 있다. (O, X)

39 마샬-러너조건에 의하면 양국의 수입수요의 가격탄력성의 합이 1보다 커야 한다. (O, X)

40 오버슈팅모형에 의하면 사람들이 합리적이라고 하더라도 물가가 비신축적인 경우 통화량이 감소하면 단기적으로 환율이 급상승할 수 있다. (O, X)

41 한국과 미국의 인플레이션율이 각각 3%와 5%이다. 구매력평가설과 이자율평가설(interest parity theory)이 성립할 때, 미국의 명목이자율이 5%라면, 한국의 명목이자율은 3%이다. (단, 기대인플레이션율은 인플레이션율과 동일하다.) (O, X)

42 각 나라의 빅맥 가격과 현재 시장환율이 다음 표와 같다. 빅맥 가격을 기준으로 구매력평가설이 성립할 때, 다음 중 자국 통화가 가장 고평가(overvalued) 되어 있는 나라는 영국이다. (O, X)

구분	빅맥 가격	현재 시장환율
미국	3달러	-
영국	2파운드	1파운드 = 2달러
한국	3,000원	1달러 = 1,100원
인도네시아	20,000루피아	1달러 = 8,000루피아
멕시코	400페소	1달러 = 120페소

정답 및 해설

36 O

37 X 완전한 경우에 성립한다.

38 O

39 O

40 X 물가가 비신축적인 경우 통화량의 감소로 이자율이 상승하면 자본유입으로 환율이 급격히 하락한다.

41 O 1) 구매력평가설: 원/달러 환율변화율 = 한국의 물가상승률 - 미국의 물가상승률
  2) 문제의 조건을 대입하면 3% - 5% = -2%, 원/달러 환율 변화율은 -2%이다.
  3) 이자율평가설: 원/달러 환율변화율 = 한국의 명목이자율 - 미국의 명목이자율
  4) 구매력평가설과 이자율평가설이 동시 성립하므로 -2% = 한국의 명목이자율 - 5%이므로 한국의 명목이자율은 3%이다.

42 O 1) 영국: 3달러/2파운드 = 1.25달러/파운드
  2) 한국: 3,000원/3달러 = 1,000원/달러
  3) 인도네시아: 20,000루피아/3달러 = 약 6666루피아/달러
  4) 멕시코: 400페소/3달러 = 약 133페소/달러

43 프랑스에서 와인 한 병의 가격은 35유로이고, 한국에서는 7만 원이다. 명목 환율이 1유로당 1,400원일 때, 실질환율은 1,000원당 0.7유로이다. (O, X)

44 다음은 2020년과 2021년 한국과 미국의 물가지수, 원/달러 명목환율 추이를 나타낸 표이다. 2021년은 명목환율 상승으로 한국의 대미 순수출이 증가한다. (O, X)

구분	2020년	2021년
한국물가지수	10,000	12,000
미국물가지수	100	100
원/달러 명목환율	100	120

45 A국은 교역의존도가 높은 경제로 변동환율제도를 채택하고 있다. 다른 조건이 일정할 때 국내 물가의 상승은 A국 통화의 가치를 단기적으로 상승시킨다. (O, X)

46 A국은 교역의존도가 높은 경제로 변동환율제도를 채택하고 있다. 다른 조건이 일정할 때 수입품에 대한 국내 수요 감소는 A국 통화의 가치를 단기적으로 상승시킨다. (O, X)

47 A국은 교역의존도가 높은 경제로 변동환율제도를 채택하고 있다. 다른 조건이 일정할 때 해외 경기의 침체는 A국 통화의 가치를 단기적으로 상승시킨다. (O, X)

48 A국은 교역의존도가 높은 경제로 변동환율제도를 채택하고 있다. 다른 조건이 일정할 때 외국인 주식투자액 한도의 축소는 A국 통화의 가치를 단기적으로 상승시킨다. (O, X)

49 오버슈팅모형에서는 단기에서 물가가 경직적이라는 가정을 이용하여 외부충격 발생 시 단기에 환율이 급변하는 현상을 설명한다. (O, X)

50 무역장벽이 높아질수록 구매력평가설의 설명력이 떨어진다. (O, X)

정답 및 해설

43 X   1) 실질환율 = 명목환율 × $\frac{타국가격}{자국가격}$

   2) $\frac{1,400원}{1유로} \times \frac{35유로}{7,000원} = \frac{35}{50} = \frac{0.7}{1}$

   3) 우리나라보다 프랑스의 와인이 0.7배 싸다는 것을 알 수 있다. 따라서 실질환율은 프랑스 와인 1병당 한국 와인 0.7병이다.

44 X   명목환율은 상승하였으나 실질환율이 불변이므로 한국의 대미 순수출이 증가한다고 볼 수 없다.

45 X   국내 물가의 상승은 수출에 불리하므로 외화의 공급이 감소한다.

46 O

47 X   해외 경기의 침체는 수출이 안 되므로 외화의 공급이 감소한다.

48 X   외국인 주식투자액 한도의 축소는 외국인의 투자가 감소하여 외화의 공급이 감소한다.

49 O

50 O

Topic 33 국제수지

[핵심정리]

01 국제수지의 구성

의미		1년간 한 나라가 수취한 외화와 지불한 외화의 차액으로 국제수지는 균형을 이룸
거래특성에 의한 구분		1) 경상수지: 일상적인 대외 거래 결과에 따른 외화의 차액 2) 자본·금융계정: 외국과의 자본 거래 결과에 따른 외화의 차액
경상 수지	상품 수지	1) 상품의 수출과 수입에서 생긴 외화의 차액 2) 국제수지에서 가장 큰 비중 3) 국민경제의 소득 및 고용과 직접 관련
	서비스 수지	운수, 여행, 통신, 보험, 특허권 사용료 등에서 생긴 외화의 차액
	본원소득 수지	임금소득, 대외 자산 및 부채와 관련된 이자, 투자에 대한 배당금 등에서 생긴 외화의 차액
	이전소득 수지	아무런 대가없이 무상으로 주고 받는 외화의 차액 예 해외교포의 국내 송금, 구호금, 무상원조, 국제 기금 출연금
자본 수지	금융계정수지	직접투자, 증권 같은 간접 투자 등에서 자본 유출 및 유입의 차액
	자본 수지	자산 거래에 의한 외화의 차액
준비자산의 증감		1) 의미 한국은행이 국제수지의 불균형을 바로잡기 위해 사용할 수 있는 준비자산의 변동으로, 준비자산은 금·외화자산 등의 형태로 보유한다. 중앙은행을 제외한 모든 경제주체들이 각종 대외거래를 한 결과 외화가 부족한 경우에는 중앙은행이 보유하고 있는 준비자산으로 메워야 한다. 이 경우 준비자산은 감소하게 된다. 2) 준비자산의 증감 = 경상수지 + 자본금융계정 + 오차 및 누락

02 국제수지의 균형

균형	1) 외화의 수치=외화의 지급 2) 흑자나 적자가 없는 상태 3) 현실적으로 매번 달성하는 것은 불가능하지만 중장기적 균형 추구
국제수지 흑자 (수취 > 지급)	1) 장점: 소득증가, 고용확대, 외채상환, 국가신인도 상승, 원자재 안정적 공급, 외국인 투자 확대, 해외 직접 투자 확대 2) 단점: 통화량 증대, 물가 상승, 무역 마찰
국제수지 적자 (수취 < 지급)	1) 단기적 적자를 무조건 손해라고 볼 필요는 없음 2) 만성적 적자, 경기 침체 지속, 통화량 감소, 외채 증가, 국가 신인도 하락, 외환위기 발생

국민소득 항등식과 경상수지	1) 경상수지와 국내총생산 　① 국민소득의 균형을 나타내는 식 $Y=C+I+G+X-M$을 순수출(경상수지)을 나타내는 식으로 정리하면 경상수지(X-M) = 국내총생산(Y) – 국내총지출($C+I+G$)이다. 　② 국내총생산(Y) > 국내총지출($C+I+G$)이면 경상수지($X-M$) 흑자이다. 　③ 국내총생산(Y) < 국내총지출($C+I+G$) ➜ 경상수지($X-M$) 적자이다. 2) 경상수지와 국내저축·투자와의 관계 　① 국민소득의 균형을 나타내는 식 $Y=C+I+G+X-M$을 순투자(I)에 대한 식으로 다시 정리하면 경상수지(X-M) = 민간저축($Y-T-C$) + 정부저축($T-G$) – 투자(I) = 국내총저축 – 투자 　② 국내총저축 > 투자이면 경상수지 흑자이다. 　③ 국내총저축 < 투자 이면 경상수지 적자이다. 　④ 다시 위의 식을 투자(I)에 대한 식으로 다시 정리하면 국내총투자(I) = 민간저축($Y-T-C$) + 정부저축($T-G$) + 해외저축($M-X$) = 국내총저축 + 해외저축 　⑤ 투자의 재원조달은 국내저축(민간저축 + 정부저축)과 해외저축에 의해 충당된다. 3) 쌍둥이 적자(twin deficit) 　① 국내총투자(I) = 민간저축($Y-T-C$) + 정부저축($T-G$) + 해외저축($M-X$)을 X-M으로 다시 정리하면 $X-M=(Y-T-C)-I+(T-G)$ 　➜ 경상수지(X-M) = (민간저축 – 투자) + (국내재정) 　② (민간저축-투자)가 일정한 경우 재정적자가 증가하면 경상수지적자도 증가한다. 　③ 한편 재정적자와 경상수지적자가 동시에 발생하는 경우를 쌍둥이적자라 한다.

03 BP곡선

의미	BP곡선은 외환시장 및 국제수지(경상수지 + 자본수지 + 오차 및 누락)를 균형시키는 국민소득과 이자율의 관계를 나타내는 곡선이다.
BP곡선의 기울기	1) 자본이동성이 큰 경우 　자본시장이 개방되어 자본이동성이 크면 작은 이자율 차이에도 자본유출입이 많아지므로 BP곡선기울기가 완만해진다. 즉, 국민소득이 증가하여 경상수지가 악화될 때 이자율이 조금만 상승해도 자본유입이 원활하게 이루어진다. 2) 소국개방경제 　자본시장이 완전히 개방되어 있고 경제규모가 작아서 세계경제에 영향을 미칠 수 없는 경제를 소국개방경제라고 한다. 소국개방경제의 이자율은 세계이자율 수준과 같으므로 BP곡선은 세계이자율 수준에서 수평이다.
BP곡선의 이동	환율이 인상되거나 물가가 하락하면 BP곡선 하방(우측)이동한다.
균형	IS, LM, BP곡선이 교차하는 점에서 달성되며 생산물시장과 화폐시장과 국제수지의 동시균형을 의미한다.
완전개방경제하의 재정정책과 통화정책	1) 고정환율제도일 경우 　재정정책효과 있으며 통화정책은 효과가 없다. 2) 변동환율제도일 경우 　통화정책 효과 있으며 재정정책 효과가 없다.

[핵심정리 O/X]

01 국제수지는 크게 경상수지와 무역수지로 나눌 수 있다. (O, X)

02 자본·금융계정이란 외국과의 자본거래 결과에 따른 외화의 차액이다. (O, X)

03 쌍둥이 적자는 경상수지와 자본·금융계정이 모두 적자인 상태를 말한다. (O, X)

04 변동환율제하의 국제수지표에서 국민소득이 국내총지출보다 크면 경상수지는 적자이다. (단, 국제수지표에서 본원소득수지, 이전소득수지, 오차와 누락은 모두 0과 같다.) (O, X)

05 변동환율제하의 국제수지표에서 국민저축이 국내투자보다 작으면 경상수지는 적자이다. (단, 국제수지표에서 본원소득수지, 이전소득수지, 오차와 누락은 모두 0과 같다.) (O, X)

06 변동환율제하의 국제수지표에서 순자본유출이 정(+)이면 경상수지는 흑자이다. (단, 국제수지표에서 본원소득수지, 이전소득수지, 오차와 누락은 모두 0과 같다.) (O, X)

07 한국은행의 외환매입에 따른 한국은행의 외화자산 증가(준비자산)는 차변에, 민간부문의 외화자산 감소(금융계정)는 대변에 기록하게 된다. (O, X)

08 경상수지와 자본수지는 같은 방향으로 발생한다. (O, X)

정답 및 해설

01 X 경상수지와 자본·금융계정으로 나눌 수 있다.

02 O

03 X 경상수지와 재정수지가 모두 적자인 것을 의미한다.

04 X 1) 국내총지출 $A = C + I + G$이다.
2) GDP항등식 $Y = C + I + G + (X - M)$은 $Y = A + (X - M)$, $(X - M) = Y - A$로 바꾸어 쓸 수 있다.
3) 이 식에서 $Y > A$이면 $(X - M) > 0$이므로 국민소득이 국내총지출보다 크면 경상수지가 흑자임을 알 수 있다.

05 O

06 O

07 O

08 X 경상수지와 자본수지의 합은 항상 0이므로 경상수지와 자본수지는 늘 반대방향으로 발생한다.

09 실질환율의 하락은 경상수지를 개선한다. (O, X)

10 국내 경제의 불확실성이 높아지면 환율이 하락한다. (O, X)

11 원/달러 환율 상승 → 수출 증가 → 외환공급 증가 (O, X)

12 재미교포의 국내송금 감소는 원/달러 환율의 하락(원화 강세)을 야기하는 요인이다. (O, X)

13 미국인의 국내주식에 대한 투자 증가는 원/달러 환율의 하락(원화 강세)을 야기하는 요인이다.
(O, X)

14 미국산 수입품에 대한 국내수요 증가는 원/달러 환율의 하락(원화 강세)을 야기하는 요인이다.
(O, X)

15 미국 기준금리 상승은 원/달러 환율의 하락(원화 강세)을 야기하는 요인이다. (O, X)

16 미국인 관광객의 국내 유입 감소로 인한 관광수입 감소는 원/달러 환율의 하락(원화 강세)을 야기하는 요인이다. (O, X)

17 한 나라의 국내저축이 증가할 때, 국내투자에 변화가 없다면 순자본유출이 감소하여 순수출이 증가한다.
(O, X)

18 고정환율제도에서 자본이동이 완전한 경우, BP 곡선은 수평선으로, 재정정책은 매우 효과적이다.
(O, X)

19 변동환율제도에서 환율상승으로 IS 곡선이 우측이동하고, BP 곡선이 우측이동한다. (O, X)

20 자본이동 및 무역거래가 완전히 자유로운 소규모 개방경제인 경우 고정환율제에서 확장적 재정정책과 확장적 통화정책 모두 국민소득을 증대시키는 효과가 있다. (O, X)

정답 및 해설

09 X 실질환율의 하락은 경상수지를 악화시킨다.

10 X 국내 경제의 불확실성이 높아지면 자국화폐의 가치가 하락하므로 환율이 상승한다.

11 O

12 X 재미교포의 국내송금 감소는 외화의 공급감소 → 환율상승

13 O

14 X 미국산 수입품에 대한 국내수요 증가는 외화의 수요 증가 → 환율 상승

15 X 미국 기준금리 상승은 외화가 유출되므로 외화의 수요증가 → 환율 상승

16 X 미국인 관광객의 국내 유입 감소로 인한 관광수입 감소는 외화의 공급 감소 → 환율 상승

17 X 국내저축이 증가하면 대부자금의 공급이 증가하므로 이자율이 하락한다. 이자율이 하락하면 외국으로 자본유출이 이루어지고 그에 따라 환율이 상승한다. 환율이 상승하면 순수출이 증가하게 된다.

18 O

19 O

20 X 먼델-플레밍 모형에서 고정환율제인 경우 재정정책만 효과가 있다.

21 자본이동 및 무역거래가 완전히 자유로운 소규모 개방경제인 경우 고정환율제에서 확장적 재정정책은 국민소득을 증대시키는 효과가 없지만, 확장적 통화정책은 효과가 있다. (O, X)

22 자본이동 및 무역거래가 완전히 자유로운 소규모 개방경제인 경우 고정환율제에서 확장적 재정정책은 국민소득을 증대시키는 효과가 있지만, 확장적 통화정책은 효과가 없다. (O, X)

23 자본이동 및 무역거래가 완전히 자유로운 소규모 개방경제인 경우 변동환율제에서 확장적 재정정책은 국민소득을 증대시키는 효과가 있지만, 확장적 통화정책은 효과가 없다. (O, X)

24 자본이동 및 무역거래가 완전히 자유로운 소규모 개방경제인 경우 변동환율제에서 확장적 재정정책과 확장적 통화정책 모두 국민소득을 증대시키는 효과가 없다. (O, X)

25 국민소득 항등식을 통해 민간소비가 증가하면 경상수지가 개선된다. (O, X)

26 국민소득 항등식을 통해 민간저축이 증가하면 경상수지가 개선된다. (O, X)

27 국민소득 항등식을 통해 민간투자가 감소하면 경상수지가 개선된다. (O, X)

28 국민소득 항등식을 통해 재정적자가 증가하면 경상수지가 악화된다. (O, X)

29 외부로부터 디플레이션 충격이 발생하여 국내 경제에 영향을 미치고 있을 때, 확장적 통화정책을 시행할 경우 폐쇄경제모형에 따르면 이자율이 하락하여 투자가 증가한다. (O, X)

30 외부로부터 디플레이션 충격이 발생하여 국내 경제에 영향을 미치고 있을 때, 확장적 통화정책을 시행할 경우 자본시장이 완전히 자유로운 소규모 개방경제모형에서는 고정환율을 유지하려면 다른 충격에 대응하는 통화정책을 독립적으로 사용할 수 없다. (O, X)

정답 및 해설

21 × 먼델-플레밍 모형에서 고정환율제인 경우 재정정책만 효과가 있다.
22 ○
23 × 먼델-플레밍 모형에서 변동환율제인 경우 통화정책만 효과가 있다.
24 × 먼델-플레밍 모형에서 고정환율제인 경우 재정정책만 효과가 있다.
25 × Y = C + I + G + X − M이 ➜ X = M = Y − (C + I + G)이다. 따라서 소비가 증가하면 경상수지가 악화된다.
26 ○
27 ○
28 ○
29 ○
30 ○

31 외부로부터 디플레이션 충격이 발생하여 국내 경제에 영향을 미치고 있을 때, 확장적 통화정책을 시행할 경우 변동환율제를 채택하고 자본시장이 완전히 자유로운 소규모 개방경제모형에서는 수출이 감소한다. (O, ×)

32 먼델-플레밍 모형에서 정부가 수입규제를 시행할 경우, 변동환율제에서는 순수출이 불변이고, 고정환율제에서는 순수출이 증가한다. (O, ×)

33 자본이동이 불완전하고 변동환율제도를 채택한 소규모 개방경제의 IS-LM-BP 모형에서 균형점이 (Y_0, i_0)으로 나타났다. 이때, 확장적 재정정책에 따른 새로운 균형점은 총소득은에 총소득은 Y_0보다 크고, 이자율은 i_0보다 높다. (단, Y는 총소득, i는 이자율이다.) (O, ×)

34 변동환율제도하에서 화폐수요가 감소하면 LM곡선이 오른쪽으로 이동한다. (O, ×)

35 변동환율제도하에서 이자율 하락으로 인한 자본유출로 외환수요가 증가하면 환율이 상승한다. (O, ×)

36 변동환율제도하에서 평가절하가 이루어지면 순수출이 증가하고 LM곡선이 우측으로 이동하여 국민소득은 감소하게 된다. (O, ×)

37 고정환율제도하에서 외환에 대한 수요증가로 환율상승 압력이 발생하면 중앙은행은 외환을 매각한다. (O, ×)

38 고정환율제도하에서 화폐수요가 감소하여 LM곡선이 오른쪽으로 이동하더라도 최초의 위치로는 복귀하지 않는다. (O, ×)

39 먼델-플레밍 모형에서 정부지출의 증가는 재정적자와 경상수지 적자를 동시에 증가시킨다. (O, ×)

정답 및 해설

31 × 확장적 통화정책을 쓰면 이자율이 하락하므로 환율이 상승하여 수출이 증가한다.
32 ○
33 ○
34 ○
35 ○
36 × 순수출이 증가하면 IS곡선이 우측으로 이동한다.
37 ○
38 × 고정환율제도이므로 최초의 위치로 복귀한다.
39 ○

40 먼델-플레밍 모형에서 국채의 공개시장 매각은 소비 감소와 순수출 증가를 가져온다. (○, ×)

41 개방경제하에서 국민소득의 구성 항목이 아래와 같을 때 경상수지는 80이다.(단, C는 소비, I는 투자, G는 정부지출, T는 조세, S^P는 민간저축이다.) (○, ×)

- C = 200
- I = 50
- G = 70
- T = 50
- S^P = 150

42 먼델-플레밍(Mundell-Fleming) 모형을 가정할 때, 글로벌 경기 침체를 극복하기 위해 A국은 국채를 통한 재정지출을 증가시키고 B국은 통화량을 증가시킬 경우 A국의 경상수지가 악화된다.(○, ×)

43 먼델-플레밍(Mundell-Fleming) 모형을 가정할 때, 글로벌 경기 침체를 극복하기 위해 A국은 국채를 통한 재정지출을 증가시키고 B국은 통화량을 증가시킬 경우 모두 변동환율제도를 채택하고 있다면 A국과 B국의 경기가 회복된다. (○, ×)

44 甲국은 자본이동이 완전히 자유로운 소규모 개방경제로 IS-LM곡선이 만나는 거시경제 균형상태에 있다. 甲국이 변동환율제도를 채택하였다고 가정할 때 정부지출의 증가는 자본 유입을 유발한다. (○, ×)

45 甲국은 자본이동이 완전히 자유로운 소규모 개방경제로 IS-LM곡선이 만나는 거시경제 균형상태에 있다. 甲국이 변동환율제도를 채택하였다고 가정할 때 통화정책이 소득에 미치는 효과가 커진다. (○, ×)

정답 및 해설

40 × 공개시장에서 국채를 매각하고 통화량이 감소하여 LM곡선이 왼쪽으로 이동하므로 이자율이 상승한다. 이자율이 상승하면 자본유입이 이루어지므로 환율이 하락한다. 이로 인해 순수출이 감소하므로 IS곡선도 왼쪽으로 이동한다. 긴축적인 통화정책을 실시하였을 때 IS곡선까지 왼쪽으로 이동하면 국민소득이 큰폭으로 감소한다. 국민소득이 감소하면 소비지출은 감소한다.

41 ○ 1) 경상수지는 X - M이다.
2) S^P = Y - C - T이므로 주어진 조건을 대입하면 150 = Y - 200 - 50 → Y = 400이다.
3) Y = C + I + G + X - M이므로 주어진 조건을 대입하면 400 = 200 + 50 + 70 + X - M
→ X - M = 80이다.

42 ○

43 × 먼델플레밍 모형에서는 고정환율제에서는 재정정책이, 변동환율제도에서는 통화정책이 효과가 있다. 따라서 변동환율제도를 채택하고 있는 상태에서 A국은 재정정책을 실시했으므로 효과가 없고 B국은 통화정책을 실시했으므로 효과가 있다.

44 ○

45 ○

46 甲국은 자본이동이 완전히 자유로운 소규모 개방경제로 IS-LM곡선이 만나는 거시경제 균형상태에 있다. 甲국이 변동환율제도를 채택하였다고 가정할 때 통화정책의 독립성을 상실한다. (O, ×)

[47~49] 자본이동이 완전히 자유로운 소규모 개방경제에서 IS-LM-BP곡선이 만나는 균형상태에 있다. (단, IS 곡선은 우하향하고, LM 곡선은 우상향하며, 환율예상은 정태적이다)

47 변동환율제도하에서 수입할당은 환율을 상승시키고 총소득에는 영향을 미치지 못한다. (O, ×)

48 변동환율제도하에서 확장통화정책은 환율을 상승시키고 총소득을 증대시킨다. (O, ×)

49 고정환율제도하에서 중앙은행은 통화공급에 대한 자율성이 제한된다. (O, ×)

50 고정환율제도하에서 관세부과는 국내 통화확장을 유발하고 총소득을 증대시킨다. (O, ×)

51 변동환율제도하에서 화폐공급량을 늘리면 국민소득과 물가의 상승폭은 환율상승으로 인해 폐쇄경제의 경우보다 더 크게 나타난다. (O, ×)

52 변동환율제도하에서 정부지출을 늘리면 국민소득과 물가의 상승폭은 순수출의 감소로 일부 상쇄된다. (O, ×)

정답 및 해설

46 × 고정환율제도는 통화정책의 독립성이 없다. 변동환율제도로 변화하였으므로 통화정책의 독립성이 확보되었다.

47 × 변동환율제도하에서 수입할당은 수입을 감소시켜 IS곡선을 우측으로 이동(①)시킨다. 이로인해 환율은 하락하고 순수출이 감소하여 IS곡선이 좌측으로 이동(②)한다. 이로인해 총소득에는 영향을 미치지 못한다.

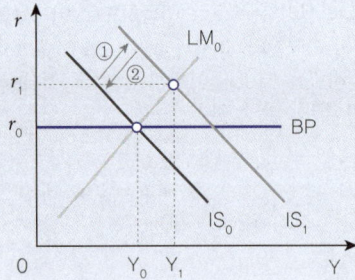

48 ○
49 ○
50 ○
51 ○
52 ○

53 고정환율제도하에서 화폐공급량을 늘리면 외환의 초과공급을 해소시키는 과정에서 원래의 확장효과가 상쇄되는 결과가 나타난다. (O, ×)

54 고정환율제도하에서 정부지출을 늘리면 화폐공급의 증가로 경기확장 효과가 커지므로 통화정책보다 더욱 효과적인 경기조절 수단이 된다. (O, ×)

정답 및 해설

53 × 고정환율제도하에서 화폐공급량을 늘리면 이자율이 하락하여 환율이 상승한다. 고정환율제도라서 환율을 다시 하락시켜야 원상태로 돌아오므로 외환의 초과수요를 해소시키는 과정에서 원래의 확장효과가 상쇄되는 결과가 나타난다.

54 O

MEMO

서호성

약력
- 현 | 해커스 감정평가사 교수
- 현 | 해커스 경영아카데미 교수
- 현 | 해커스공기업 교수
- 현 | 해커스금융 교수
- 현 | 해커스공무원 경제학 강의
- 현 | 메가스터디 공무원 7급 경제학 강사
- 현 | 인스티비 보험계리사 경제학 강사
- 현 | 공단기 공무원 7급 경제학 강사
- 전 | 윌비스 고시학원 7급 경제학 강사
- 전 | 합격의 법학원 감정평가사, 노무사

저서
- 해커스 감정평가사 서호성 경제학원론 1차 기본서
- 해커스 감정평가사 서호성 경제학원론 1차 기출+예상문제집
- 해커스 서호성 경제학원론 핵심포인트
- 해커스 서호성 경제학 1 미시
- 해커스 서호성 경제학 2 거시·국제
- 해커스 서호성 객관식 경제학 1 미시
- 해커스 서호성 객관식 경제학 2 거시·국제
- 해커스 세무사 서호성 재정학
- 해커스 세무사 서호성 객관식 재정학
- 해커스 세무사 재정학 FINAL
- 해커스공기업 쉽게 끝내는 경제학 기본서
- 해커스공기업 쉽게 끝내는 경제학 이론+기출동형문제
- 해커스 매경TEST 2주 완성 이론+적중문제+모의고사
- 해커스 TESAT(테셋) 2주 완성 이론+적중문제+모의고사
- 서호성 ABC 경제학, 메가공무원
- 서호성 ABC 경제학 기출문제집, 메가공무원
- ABC 경제학 핵심포인트, 메가공무원

2026 최신판

해커스 서호성 경제학원론 핵심포인트

초판 1쇄 발행 2026년 1월 2일

지은이	서호성 편저
펴낸곳	해커스패스
펴낸이	해커스 감정평가사 출판팀
주소	서울특별시 강남구 강남대로 428 해커스 감정평가사
고객센터	1588-2332
교재 관련 문의	publishing@hackers.com
	해커스 감정평가사 사이트(ca.Hackers.com) 1:1 고객센터
	gosi@hackerspass.com
	해커스공무원 사이트(gosi.Hackers.com) 교재 Q&A 게시판
	카카오톡 채널 [해커스공무원 노량진캠퍼스]
학원 강의 및 동영상강의	해커스 감정평가사 ca.Hackers.com
	해커스공무원 gosi.Hackers.com
ISBN	979-11-7404-714-4 (13320)
Serial Number	01-01-01

저작권자 ⓒ 2026, 서호성

이 책의 모든 내용, 이미지, 디자인, 편집 형태는 저작권법에 의해 보호받고 있습니다. 서면에 의한 저자와 출판사의 허락 없이 내용의 일부 혹은 전부를 인용, 발췌하거나 복제, 배포할 수 없습니다.

한 번에 합격!
해커스 감정평가사 ca.Hackers.com
T해커스 감정평가사

- 서호성 선생님의 **본 교재 인강**(교재 내 할인쿠폰 수록)
- 해커스 스타강사의 **감정평가사 무료 특강**

공무원 교육 1위
해커스공무원 gosi.Hackers.com
T해커스공무원

- 해커스 스타강사의 **공무원 경제학 무료 특강**
- **해커스공무원 학원 및 인강**(교재 내 인강 할인쿠폰 수록)
- 정확한 성적분석으로 약점 극복이 가능한 **합격예측 온라인 모의고사**
   (교재 내 응시권 및 해설강의 수강권 수록)

한경비즈니스 2024 한국품질만족도 교육(온·오프라인 공무원학원) 1위